西南财经大学中国金融法研究中心资助项目

法学实践性课程的场景革命

——探索法学实践性课程革命的中国路径

FAXUE SHIJIANXING KECHENG DE
CHANGJING GEMING

TANSUO FAXUE SHIJIANXING KECHENG GEMING DE
ZHONGGUO LUJING

廖振中　高晋康　王伦刚◎主编

西南财经大学出版社

中国·成都

图书在版编目(CIP)数据

法学实践性课程的场景革命:探索法学实践性课程革命的中国路径/廖振中,
高晋康,王伦刚主编.—成都:西南财经大学出版社,2021.10
ISBN 978-7-5504-5082-0

Ⅰ.①法…　Ⅱ.①廖…②高…③王…　Ⅲ.①法学教育—教学研究
Ⅳ.①D90-42

中国版本图书馆 CIP 数据核字(2021)第 192409 号

法学实践性课程的场景革命——探索法学实践性课程革命的中国路径
廖振中　高晋康　王伦刚　主编

责任编辑:王利
助理编辑:马安妮
封面设计:墨创文化
责任印制:朱曼丽

出版发行	西南财经大学出版社(四川省成都市光华村街55号)
网　　址	http://cbs.swufe.edu.cn
电子邮件	bookcj@swufe.edu.cn
邮政编码	610074
电　　话	028-87353785
照　　排	四川胜翔数码印务设计有限公司
印　　刷	郫县犀浦印刷厂
成品尺寸	170mm×240mm
印　　张	12.5
字　　数	230 千字
版　　次	2021 年 10 月第 1 版
印　　次	2021 年 10 月第 1 次印刷
书　　号	ISBN 978-7-5504-5082-0
定　　价	78.00 元

前　言

　　为坚持以马克思主义法学思想和中国特色社会主义法治理论为指导，建设符合我国实际的法学学科体系和教学体系，坚持德法并举、德法交融，努力培养更多优秀法治人才，在过去的 20 年中，教育部、最高人民法院、最高人民检察院及各法学院校均在孜孜不倦地寻求本科法律教育的本土定位与发展路径。与此同时，中国法律教育与全球其他国家及地区的法治教育的交流也愈加频繁。

　　这些探索的重要结论之一，就是法律的生命在于实践，法治人才素质的核心就是实践能力。习近平总书记 2017 年在对中国政法大学进行考察时指出，"法学学科是实践性很强的学科，法学教育要处理好知识教学和实践教学的关系"。中国的法学教育、法学研究和法治实际工作者，都要致力于实现建设社会主义法治国家的共同理想。一个合格的法学教育与法学研究工作者，必须深入了解法律实际工作，带头践行社会主义核心价值观，用自己的实际行动引领学生成长为优秀的法治人才。

　　必须承认，目前的法学实践性教育与上述目标还存在一定差距，法学教育实践改革任重而道远。第一，法学实践性改革存在供需不对称，学生是法律教育的最直接受益者，但他们对学校所提供的教育资源和模式缺乏评估能力；同时，学生个人的兴趣不一定与法律职业最终消费者的目标一致。因此，我们需要对法学实践性教学的学习模式进行反思。第二，显而易见的是，现代法律教育已经迈入跨专业发展阶段。税务、金融、企业内控、法律检索（例如用Python 抓取裁判文书）、思想政治建设及职业伦理道德培养都需要法学院校之外的其他领域师资力量配合。因此，如何实现交叉学科、校内外师资协同以及教师角色转换成为法学实践性教学所要面对的重要问题之一。第三，进入新千年以后，法学教育最重要的变化是认识到法律已经开始进入人工智能阶段。牛津大学教授萨斯坎德 2017 年在《法律人的明天会怎样？法律职业的未来》一书中指出，"在法律中应用人工智能（AI）的想法引发了全行业创新者的无穷想象"，而国内法学实践性教学还未能跟上这一发展步伐。

从域外移植的法学实践性教学经验——无论是法律诊所、德国民法请求权基础案例，还是美国郎代尔（Langdell）所创的苏格拉底式讨论教学法——在中国本土实践中都存在着一定程度的水土不服情况。理想状况下，法学院本科学生在四年的学习中，每一年都应当进行某种体验式学习。例如，2015年以来，西南财经大学法学院通过进行卓越法治人才培养自媒体多方互动教学平台的建设，逐年开展了"小班化课程金课建设项目：商事诉讼律师技能与实务""优化思维""双师同堂：法税同审"等小班实践性教学尝试。这些课程中每个班的学生人数都被控制在30名以内，每个学生都被要求按照给定交易模式和场景起草合同，进行商业谈判，准备证据目录和可视化材料，参与对抗式庭审练习等。结果显示，法学院可以通过基于实际情景的类似练习，提供商事交易的复杂场景，给予法科学生更多的法律实践经验，并给学生提供更多反馈。这说明下一阶段的中国法学实践性教学可以尝试和摸索更为本土化的方法。

《法学实践性课程的场景革命——探索法学实践性课程革命的中国路径》一书是对过去五年来我国各大高校法学院法学实践性教学本土化的一个提炼与总结。本书的写作目的在于探讨当前法学实践性教学所面临的迫切问题及改革的各方面核心要素，并希望激发大家对法学实践性教学未来发展的反思与讨论。

本书一共分为四篇：

在第一篇中，冯果、房绍坤、刘坤轮、高晋康等学者回顾、检讨了我国现行法学实践性教学发展的历史以及当前存在的问题；

在第二篇中，刘坤轮、章武生、张泷纶、廖振中、高晋康、汤火箭等学者着力于探索法学实践性教学中的主动学习模式，包括"个案全过程教学法""学训一体""案例教学"及"双向场景案例讨论法"；

在第三篇中，赵吟、陈伟、黄梦圆、宋志军、班小辉等学者讨论了法学实践性教学中的师资协同、教师角色转换路径、校外导师介入模式及"双师多域协同"等问题；

在第四篇中，周江洪、贾引狮、梁红霞、杨自意等学者致力于法学实践性教学中人工智能（AI）的实现与可能带来的问题的研究。

值得一提的是，本书并不介绍具体法学课程的内容，而是重点展示未来法学实践性教学中需要重视的问题。从这个意义上讲，法学院校的学生和教师都是这本书潜在的阅读者。另外，本书中所有文章均完成于《中华人民共和国民法典》生效之前，所提及的某些法条可能已经失效，敬请广大读者注意。

本书也是国家级教学成果奖项目"从法律诊所到法律医院"的延续，同时也是"西南财经大学教学成果一等奖建设项目：卓越法治人才培养自媒体多方互动教学平台建设""线上线下混合式金课建设：民法总论""小班化课程金课建设项目：商事诉讼律师技能与实务""优化思维""双师同堂：法税同审"等实践性教学课程的成果。本书能够顺利出版，首先要感谢西南财经大学及法学院为本书写作团队提供的便利与支持。同时，西南财经大学出版社王利编辑、马安妮编辑精心审校本书，本书写作团队在此向他们致以诚挚的谢意！

本书作者时间和精力有限，书中疏漏舛误之处难免，期望各界朋友不吝指正。如有批评、意见、建议，均请惠赐：lzz@swufe.edu.cn，不胜感激之至。

廖振中　高晋康　王伦刚

2021 年 8 月 31 日

目　录

第一篇
我国现行法学
实践性教学检讨

在法学教育职业化的背景下，法学实践教学受到了各方的高度重视。然而，不可否认的是，目前看来，我国法学实践教学的效果和质量并不理想。第一篇的四篇文章主要讨论了我国现行法学实践教学中存在的种种问题。

第一篇文章指出，新文科建设给法学教育带来了全新的挑战：其一，法学教育回应前沿实践的能力不足；其二，知识教育与实践教育未能实现有机融合；其三，专业设置陈旧、不合理；其四，教学模式单一、教学手段陈旧；其五，教学组织生硬僵化。由此，我们需要创新法治人才培养体系，如重新进行人才培养战略定位、改革课程体系、更新教学内容等。第二篇文章指出，我国教学实践存在以下几个问题：一是法学实践教学的定位不够清晰，二是法学实践教学的课程设置缺乏系统性，三是法学实践教学的训练方法缺乏科学性，四是法学实践教学的考核机制不健全，五是教师不能为学生提供优质的实践教学服务。第三篇文章提出了实践前置的方法，希望能解决中国法学实践性教学中存在的知识教学和实践教学断裂、理论传授和能力培养分离等问题。作者对实践性教学的内涵、中国实践性教学形态多元化、法律实践教育课程属性和使命及发展趋势进行论述，论证了法学实践前置这一方法的可行性和必要性。第四篇文章提出了法律医院的实践教学模式。文章论述了法律医院的产生、内涵以及法律医院的实践效果。同时，作者也在文章最后提出，法律医院作为一个新兴概念，有待继续的实践探索与理论完善。

新理念与法学教育创新

冯果①

摘要： 新文科建设是推动我国高等教育改革、繁荣哲学社会科学的一项重大战略举措。作为社会科学重要组成部分的法学学科，应顺应新文科建设的需要，在育人观念、人才战略定位、专业建设、课程体系、教学模式和授课方式等方面进行全面改革，构筑适应新时代社会需要的法治人才培养机制。

关键词： 新文科；法学教育；法治人才；创新机制

最近，教育部、科技部等13个部门联合启动"六卓越一拔尖"计划2.0，全面推进新工科、新医科、新农科、新文科建设，这无疑是我国教育现代化建设的重要战略部署。法学教育是新文科建设中的重要组成部分。如何培养出符合未来社会和经济发展需要的新型法治人才，是法学教育面临的一项重要任务。

一、新文科的本质与观念重塑

新文科是相对于传统文科而言的，是对传统文科的提升，其建设目的在于打破专业壁垒和扫除学科障碍，以广博的学术视角、开阔的问题意识和深厚的学术积累为基础，为学生提供更契合现代社会需求的素养训练，是对快速变革的社会生活的主动回应。

新文科建设代表着一种学科融合的趋势，是对长期以来的知识精细化、专业化和学科化分布的一次"反正"。在不具备认识事物全貌条件的特殊历史背景下，基于深入研究不同事物的需要，学术界需要将作为整体的科学划分为一个个狭窄的学科专业。学科和专业细分虽然有助于研究效率的提高，但随之出现了学科间相互隔离、互不往来的局面，制约了学术发展和人才培养质量的提升。新文科建设的目的就是要打破专业壁垒和扫除学科障碍。

---

① 冯果，武汉大学法学院院长、教授。

新文科建设是对人才定位和培养导向的一种调适。高校担负着学术研究和人才培养的重任，但很长一段时间，高校的人才培养尤其是人文社会科学的人才培养并不是以社会需求为导向而是以学科为导向的，不仅专业设置以学科为依归，而且同一学科之下还进一步细分若干不同或相关的专业。然而，社会越发展，现实问题越复杂，单一专业的知识背景和狭隘的学科思维无法解决纷繁复杂的现实难题，过于精细化的专业人才培养无法满足复杂社会的需求。新文科建设的提出，正是寄希望于通过文科的内部融通、文理交叉来研究、认识和解决学科本身以及现实中人和社会等复杂问题，满足快速发展的社会的需要。为此，新文科建设将更加注重人才培养的综合效能及社会适应性，其培养过程将必然由以学科为导向转向以需求为导向。

新文科建设是知识创新的引擎。新文科建设强调在注重传统文科知识积累的基础上，更加重视人文社会科学新兴研究领域和跨学科研究，关注新的研究领域、产生新的研究范式和新的理论视角。这既有利于填补单一学科微观研究领域的空白，又有利于释放人文社会科学的研究活力，促进人文社会科学知识在更高和更深层次上实现重组，进而在整体上推动知识创新。新文科建设必然带来观念的重塑。新文科建设要求用创新的眼光推进文科的创新发展和学术繁荣，促进社会的进步。在中国，就是要用习近平新时代中国特色社会主义思想指导重大理论创新和重大现实问题研究；就是要坚持"以学生为本"，扎根中国大地办学，突出时代特色和国际视野，培养学生具备家国情怀和全球视野；就是要坚持以学校为办学主体和发展主体，落实高校办学自主权，鼓励高校开展人才培养模式和办学体制机制改革，推动中国教育的现代化。

二、新文科建设对法学教育带来的全新挑战

改革开放以来，传统的法律人才培养体系为我国法治事业培养了大批优秀人才，但随着社会的发展和社会主义法治国家建设的不断深入，法学教育面临着重重挑战，难以适应新时代的法治需求。

其一，法学教育回应前沿实践的能力不足。法学是应用学科，法学知识应源于实践、服务实践，接受实践检验，并在实践中不断丰富和发展。但传统法学教育过于注重借鉴域外经验，偏重于从概念体系出发进行逻辑推演，存在内容陈旧、知识老化、教条空洞等问题，无法反映全球环境恶化、民粹主义和保守主义抬头、科技快速发展等最新社会动向，对前沿实践回应不足。

其二，知识教育与实践教育未能实现有机融合。传统法学教育偏重课堂知识讲授，缺乏充分运用知识解决实践问题的有效教学环节，习惯于用概念解释概念，无法为实践教学提供理想环境，缺乏法学研究成果及时转化为教学内容的机制与渠道，导致知识教育与实践教育脱节，学生实践与创新能力不足。

其三，专业设置陈旧、不合理。传统法学以学科为导向，固守"理论法学+部门法学"的僵化模式，学科分类越来越精细化，学科内部不同专业之间壁垒森严，法学与其他学科的交叉融合更是不够。随着新一轮科技革命的兴起，新科技快速迭代升级，颠覆性技术创新不断涌现，推动经济和社会发展变革，同时带来巨大风险，急需法学学科予以关注和做出回应，而囿于过于单一化的学制和有限的师资，法学学科和其他学科交叉融合面临新的巨大挑战。

其四，教学模式单一、教学手段陈旧。传统的法学教学方式仍局限于课堂讲授，以单向灌输教育为主，属于一种粗放式教学，鲜有互动式、讨论式、体验式方法的采用。信息化浪潮扑面而来，但当前的法学教学仍未能实现实质意义上的信息化、数字化。大多数教学手段仍局限于 PPT、QQ 群、微信群、邮箱、多媒体课件以及不甚普及的远程教育系统，对信息技术的使用已远落后于时代步伐，即便是近年来风行的 MOOC 一度备受瞩目，但其使用者仍然寥寥，且其本质上是一种普通的线上教学工具，难以实现真正的教学反馈①。

其五，教学组织生硬僵化。教学组织自 17 世纪的夸美纽斯确立班级授课制以来，教学活动的基本形式即被定型，法学教育至今依旧如此，并未有显著变化。这种班级制的教学模式映射了工业化时代标准化、规模化的人才生产需求，以课堂为中心的教学模式，虽然成功地解决了大规模知识型、技能型人才的培养问题，但很少顾及不同学生的差异，难以满足学习者的个性化需求。课堂宣教式教学亦以教师为中心，剥夺了学生的主体地位，在知识传授上也预设了知识体系，导致教学模式变成被动填鸭式教育，不利于培养学生的独立性、发散性、批判性及创造性思维。

三、创新法治人才培养体系

新文科建设具有战略性、创新性和融合性的时代特点，新文科建设中的法学学科建设的推进，需要我们在人才培养战略目标、专业设置、课程结构、教学模式和方法等方面进行深层次的改革。

1. 重新进行人才培养战略定位

"培养什么样的法治人才"是我国法学教育转型中亟待解决的首要问题。

---

① 朱兵强，曾妍. MOOC 时代的法学教育：困境及应对［J］. 当代教育理论与实践，2016（11），8（11）：39-41.

迫于就业压力，近年来我国法学教育人才培养目标和定位在由通才教育向职业教育转型的过程中出现了功利化以及法学教育的目标和模式单一化等问题，法学教育过于注重理论知识的讲授和学生技能的提高，忽略了法科学生品性和创新精神的锻造①。培养"像律师一样思考"的法律职业型人才成为法律人才培养的核心目标，学法律成为一个人谋生的重要手段和工具②。对法律技巧的过于专注和专业的自我设限与封闭，导致学生信仰缺失、视野狭窄、创新能力不足。

就新文科建设中的法学学科建设而言，其人才培养战略就是要落实习近平总书记"全面推进依法治国是一项长期而重大的历史任务，要坚持中国特色社会主义法治道路，坚持以马克思主义法学思想和中国特色社会主义法治理论为指导，立德树人，德法兼修，培养大批高素质法治人才"的讲话精神，以立德树人为核心，强调育人过程中的能力、知识与人格塑造的统一，在现代人文及科技与法律科学的有机结合中，突出人才培养目标的综合性和社会适应性，造就一批信仰坚定、视野开阔、了解现代技术、法律业务精湛、富有创新精神和创新能力的社会主义法治人才。为此，需要在培养坚定的政治素养、扎实的"法律+人文素养"、立体的"法律+国际视野"、精湛的实践技能和前沿的"法律智能+科技能力"等战略目标之间实现协调统一。

2. 创新性推进学科和专业建设

对新文科建设背景下的法学学科建设来讲，改革学科和专业建设就是要解决传统法学学科划分过窄过细以及对现实问题关注和回应不足的问题，因此，需要创新性地推进学科和专业建设，把新兴学科和交叉学科建设融入法学学科体系构建中。一方面，需要根据时代需要，以问题为导向，加强跨学科建设，关注生态、能源、气候、知识产权、人工智能等新问题和新领域，开设环境法学、能源法学、家事和医疗法学、工程法学、网络与智能法学等具有时代特征的新兴与交叉专业，将法学专业优势扩张到相邻的交叉性的专业领域；另一方面，又要正确处理新兴专业与传统法学学科之间的关系，不能由于交叉融合而失去法学学科自身的秉性。更为重要的是，要在保持法学学科自身禀赋和思维优势的基础上，用其他学科的知识和理论反哺强化法学学科的核心优势，特别是用经济学、社会学乃至大数据、云计算等新的研究范式丰富既有的专业内涵。切忌形式主义，尤其不能简单地将法律、经济、计算机、艺术等课程进行

---

① 岳红强. 论我国法学人才培养目标定位与改革路径 [J]. 大学教育，2014（5）：57-59，65.

② 冯果. 论新时代法学教育的公共精神向度 [J]. 中国大学教学，2018（10）：54-58，82.

"拼盘"，培养出"学法律不像法律人、学经济不像经济人、学工程不像工程人"的"四不像"人才。

3. 改革课程体系，更新教学内容

基于学科交叉、文理融合的时代需要，法学教学课程体系改革势在必行。法学学科尤其需要利用新科技成果、新技术手段，开展以学习效果为导向、以问题为导向的课程体系重构和教学内容更新。一方面，需要适时开设计算机算法、工程法学、健康法学、伦理学、经济与法等跨学科的复合课程群，以知识主体为导向，培养学生形成独特的跨越学科界限的知识视野和思维方式，塑造既有广博知识面又有知识深度的复合型创新型人才，有效满足现代社会对法治人才培养知识谱系"宽度""深度"和"新度"的需求；另一方面，要充分运用大数据技术和教学网络资源程序及时剔除过于陈旧和凌乱的知识，定期根据数据资源的自适性属性动态更新知识，实现教学内容"传统基础"与"现代新颖"的有机结合①。

4. 革新教学模式和手段

新文科建设对法学人才培养模式提出了更高的要求。新文科建设强调人才培养过程中对于新技术的应用和整合，力图通过在教学中运用各种新技术来扩张基础理论知识的应用空间，为文科人才培养提供新的动能。就法学教育而言，其必须与现代信息技术深度融合，在顺应信息化的浪潮中寻求变革之道。既要将大数据、人工智能等技术应用于法学教育全过程，利用技术手段充分还原法律人职业场景，开展实践性教学，又要利用深度学习、知识谱系等技术对法学知识体系进行补充或重构，进一步丰富法学教育的内容和方法②。

在大数据浪潮下，为了保证学生习得知识、获得方法，应多层次、多路径地采用新教学方式，探索开放式课程教学模式。信息化的教学手段包括但不限于以下几种形式：①同步远程学习模式——传统课堂讲授的升级版，师生参与在时间上同步、空间上不同步，实现即时通信和双向互动交流；②非同步远程学习模式，涉及参与者时间和空间的分离，教师录制讲座内容，学生可在任何时间、任何地点，不限次数地随时学习；③翻转课堂，也称混合式学习，主要指在线辅导和面授指导的结合，学生先通过教学视频资料主动在网络上学习，然后在课堂上与教师进行深入的探讨交流。这些方式的创新使用可使教学不再局限于课堂，从而延伸法学教学的时空场域。而且，相关资料均可在云平台获

---

① 冯果. 大数据时代的法学教育及其变革 [J]. 法学教育研究，2018，21（2）：3-13.
② 郜占川. 新时代卓越法治人才培养之道与术 [J]. 政法论坛，2019，37（2）：38-46.

得，学生对传统课堂的依赖度降低，学生先自主探索、合作学习，后集中反馈交流，教师由灌输者变为指引者，学生由被动接收向主动学习转变，有利于提升学生的方法择取能力，增强其发散思维能力和创新意识①。此外，在实践教学中，可充分利用大数据技术开展场景模拟课程，构建虚拟仿真的法律实训平台，进行体验式学习，以提升学生的实践创新能力。

5. 创新教学组织形式，激发学生自主学习能力和个性化培养方式

英国大数据研究先驱舍恩伯格认为："大数据能够收集对过去而言既不现实也不可能集聚起来的反馈数据，我们可以迎合学生个体需求……通过概率预测优化学生的学习内容、学习时间和学习方式。"② 利用大数据技术可以实现法学教育的"私人定制"，通过数据处理对师生教学行为进行精细化描摹，使合适的人能得到合适的受教内容，引导学生自主选用教学资源、自主调控学习行为、自主选择学习方式。学生也可基于自己的认知方式选取教学内容的表达方式，依据自己的偏好选择教学内容的呈现顺序，遵循自己的学习习惯灵活调控教学时机和氛围，逐步实现由教师主导的统一步调式教学过程转化为在教师指导下，学生自主安排的多线程的异步化学习。此外，在信息化环境下，要将传统专业教育的刚性培养模式变革为更加灵活的菜单式、可定制的自主学习模式，可以适当弱化班级和年级概念，增加选课灵活度，鼓励和帮助学生在技术辅助下全面分析自己的学习行为，从中归纳总结、接受反馈并开发最大学习潜力，以激发学生学习新知识的热情，提升学生的自主学习能力。

6. 搭建法学教育校内外融合的产学研协同育人平台

搭建平台是教学改革的组织保障。新文科建设需要搭建校内外交叉融合平台，突破法学学科内部与外部学科壁垒。具体而言，在教学组织上，打破教研室之间的藩篱，实现由隔离走向协同，以问题为导向，设立跨学科研究和教学机构中心，建立没有围墙的、有助于学科整合的学术组织机构。此外，还要构建起产教融合、科教结合、校企合作、中外交流的多样化协同育人机制。

新文科建设是促进我国教育改革和哲学社会科学发展的一项重大战略举措。作为社会科学重要组成部分的法学学科，要顺应新文科建设的需要，在育人观念、人才战略定位、专业建设、课程体系、教学模式和授课方式等方面进行全面改革，构建一套适应新时代法治人才培养需要的法学教育机制。当然，新文科建设不可能一蹴而就，需要各高校根据自身情况进行有差异性的探索。

---

① 黄忠. 论法律 e 化教育对传统法学教育的优化 [J]. 现代教育科学, 2016 (7)：62-66, 74.

② 舍恩伯格, 库克耶. 与大数据同行：学习和教育的未来 [M]. 赵中建, 译. 上海：华东师范大学出版社, 2014：104.

在此，需要注意的是，我们既要积极拥抱多学科交叉融合时代的到来，但又不能在新文科建设中迷失自我，更不能不顾实际情况，一哄而上。要在理性借鉴和吸纳相关专业知识和方法的基础上提升本专业，在强化法学思维的基础上，增加法学专业的解释力和适应性。

New ideas and legal education
Feng Guo

Abstract：The construction of new arts is a major strategic measure to promote the reform of higher education and prosperity of philosophy and social sciences in China, and as an important part of social science, the law discipline should conform to the needs of the construction of new arts, carry out comprehensive reform in the aspects of educating people, strategic positioning of talents, professional construction, curriculum system, teaching mode and teaching methods, and construct a training mechanism for the training of people under the rule of law to meet the needs of the society in the new era.

Keywords：New Arts；Law Education；Rule of Law；Talent Innovation Mechanism

我国法学实践教学存在的问题及对策

房绍坤①

摘要：在法学教育职业化的背景下，法律职业技能训练已经成为提高法律人才培养质量的关键，因此，法学实践教学受到了教育主管部门、司法实务部门的高度重视，各法学院校也在积极进行法学实践教学改革，采取各种措施提高法学实践教学的质量。但不可否认的是，从总体上看，法学实践教学的效果与质量并不理想。这主要体现为法科学生在毕业后普遍缺乏基本的问题分析能力及法律适用能力。造成这种情况的原因是多方面的，既有体制机制的原因，也有社会环境的原因；既有教师教学方面的原因，也有学生学习方面的原因。

关键词：法学实践教学；问题及对策

在法学教育职业化的背景下，法律职业技能训练已经成为提高法律人才培养质量的关键，因此，法学实践教学受到了教育主管部门、司法实务部门的高度重视，各法律院校也在积极进行法学实践教学改革，采取各种措施以提高法学实践教学的质量。但不可否认的是，从总体上看，法学实践教学的效果与质量并不理想。这主要体现为法科学生在毕业后普遍缺乏基本的问题分析能力及法律适用能力。造成这种情况的原因是多方面的，既有体制机制的原因，也有社会环境的原因；既有教师教学方面的原因，也有学生学习方面的原因。因此，如何进一步提高法学实践教学的质量，还需要我们做更进一步的思考，付出更大的努力。我认为，从总体上讲，我国法学实践教学存在以下需要解决的问题：

一、法学实践教学的定位不够清晰

关于法学实践教学的定位，涉及两个方面的问题：一是法学实践教学与理论教学之间的关系，二是法学实践教学所要实现的基本目标。

---

① 房绍坤，中国法学会教育研究会副会长，吉林大学法学院博士生导师。

法学专业是实践性很强的专业，法科学生毕业后大多要从事与法律相关的职业，因此，法学教育被定位为职业教育。这就决定了法学教育必须要进行相应的实践教学，以适应法律职业的需要。但是，如何处理理论教学与实践教学的关系，长期以来一直是法学教育讨论的重点。目前，在法学教育界，"传道"与"炼术"之争是对理论教学与实践教学之间关系的经典概括。对此，存在着两种倾向：一种是重实践教学、轻理论教学。这种做法主张，法学人才是应用型人才，因此，法学教学应当加大实践教学力度，重点讲授案例分析和实践操作技能，缩减理论教学课时，减少课堂知识的灌输。另一种是重理论教学、轻实践教学。这种做法主张，高等教育的主要任务是使学生掌握某一方面的专业知识，而不是教会学生掌握某种职业技能，特别是对法律职业这种经验型的职业而言，只能在实际工作中经过长期积累才能获得相应的技能，并非仅靠四年的大学教育即可获得的。

我认为，上述两种倾向都存在一定的问题，正确的做法应当是理论教学与实践教学并重。毫无疑问，法律作为社会治理的手段或调整社会关系的工具，具有自身的理论体系，法律制度的构建是以该理论体系为基础的；同时，法律的生命在于适用，具有很强的实践性，"徒法不足以自行"，这需要法律人能够掌握适用法律的技能，正确地适用法律。因此，在法律教育中，理论教学及实践教学均不可偏废。当然，强调二者并重并不是说安排同量的教学任务或课时，而是要将两者放在同等的地位来对待。应当说，理论教学与实践教学是相辅相成，不能相互取代的，理论教学是实践教学的基础，实践教学是理论教学的依归，二者均是法学教育中不可分割的环节。一方面，理论教学指导实践教学。通过理论教学，可以使学生理解和掌握法律的基本概念、基本体系和基本制度，并在此基础上培养学生的法律理念、法律精神、法律信仰、法律思维能力。只有通过理论教学使学生系统地掌握了法学理论知识，培养良好的理论思维能力，才能为实践教学奠定良好的基础，也才能使学生认识到法律职业的特殊性。另一方面，实践教学是对理论教学的落实和深化。通过实践教学，不仅巩固了学生所学的法学专业知识，而且能够培养学生的实践能力和职业道德，使学生对法律职业有一个初步的认识。基于上述认识，在设计法学人才培养方案时，要严格遵循法学教育规律，合理设置理论教学和实践教学的课程和学时。对此，《普通高等学校法学类本科专业教学质量国家标准》对理论教学课程和实践教学课程都提出了明确要求，其中实践教学累计学分不少于总学分的15%。应当指出，这一规定仅是对学分设置的要求，并不意味着实践教学的地位低于理论教学。

尽管我们强调，在法学教育中，尤其是在法学本科教育中应理论与实践并重。但是，也应清醒地认识到，实践教学本身所欲达到的目标，并不在于通过四年的本科教育即可使得法科学生在毕业后成为"成熟"的法律人。换言之，我们并不能期待本科毕业生在参加工作后即可熟练地处理各类法律问题。因此，法学实践教学应以本科学生可在毕业后具备基本的法律分析和法律适用能力为目标。过度提高法学实践教学的目标，既不科学，也不现实。诚如霍姆斯所言，"法律的生命在于经验，而非逻辑"。因此，法学实践教学只是在其所可达到的功能限度内给予学生更多的法律思维训练，但这并不等同于法科学生在毕业后即可完全熟练地掌握法律适用的全方位技能。其法律技能的进一步提高，在相当大的程度上，依靠其在工作之后的实践中不断积累和养成。对于法律精神的充分掌握以及全方位的法律分析能力，与法律人的阅历是不可分割的，这也符合法律所具有的实践性特征。

二、法学实践教学的课程设置缺乏体系性

目前，法学理论教学的课程基本上已经形成了系统化的体系，核心课、限选课、任选课都已基本定型。而且一些法学院校还开设了诸多富有特色的课程，如法律+外语、法律+金融、法律+会计等。而就法学实践教学而言，各法律院校虽然进行了多年的改革，但课程设置尚缺乏体系性。目前，就法学实践教学的课程设置而言，主要有课堂案例讨论、模拟法庭训练、法律诊所教育、毕业实习等。由于这类课程大多处于辅助地位，教师普遍对这类课程重视不够，缺乏对这些课程的研究，从而导致这类课程没有形成完整的体系。

我认为，加强法学实践教学，应当强化对实践教学课程体系的研究，应当根据学生实践技能的形成和发展规律来设置实践教学课程。构建一个由单一到综合再到实战的紧密衔接的实践教学体系，并在教学安排上加以落实，是我们在当下的法学实践教学中必须完成的一项基本任务。《普通高等学校法学类本科专业教学质量国家标准》对实践教学课程已经提出了明确要求，主要包括：①实践教学环节。在理论教学课程中应设置实践教学环节，强化案例教学，增加模拟训练和法律方法训练环节。②实验、实训和专业实习。根据专业教学的实际需要，利用模拟法庭、法律诊所、专业实验室、实训基地和校外实习基地，独立设置实验、实训课程，组织专业实习（不得短于10周）。③社会实践，不得短于4周。④毕业论文（设计），可以采取学术论文、案例分析、毕业设计、调研报告等多种体裁形式完成。各法律院校应当按照上述要求，设置实践教学环节，并结合本校实际开设有特色的实践教学课程，探索实践教学的新模式。

三、法学实践教学的训练方法缺乏科学性

众所周知，法学实践教学的目的在于训练、提升学生的实践技能，而学生实践技能的形成并不是一朝一夕即可实现的目标，它依赖于科学恰当的训练。只有采取科学恰当的训练方法，才能达到提高学生相应实践技能的目的。但目前我国法学实践教学的训练方法尚不成熟，还缺乏科学性。例如，实践教学的案例往往并不是现实生活中所发生的案例，而是教师为说明某一问题而编制的，案例中所表述的事实往往也是没有异议的，只需要学生对案件的定性做出判断即可，缺乏对事实认定、证据质证方面的训练。同时，答案也往往是唯一的，缺乏对学生思辨能力的训练。再如，法律诊所训练，只是教师带领学生参与一些简单案件的处理，学生主要是为教师做一些辅助性工作，学生并没有真正介入案件处理当中。还有，学生的毕业实习大多是走过场，学生在实习单位往往都只是干一些杂活，如装订卷宗等，很难学到真正的实践技能。

我认为，针对实践教学的训练方式，应当注意解决以下问题：其一，按照学生能力的成长规律设置实践教学课程，构建一个由单一到综合再到实战的紧密衔接的实践教学体系。单一型实践教学主要是依托理论课程而开展的实践教学活动，目的是验证理论知识和启发学生能动思考，培养学生对法律原理的理解力；综合型实践教学是以训练学生综合实践能力和操作技巧为教学目标的实践教学环节，一般以独立开设实践课程为宜；实战型实践教学是通过学生亲身参与法律实践以检验和进一步提升学生法律实务操作能力、社会沟通表达能力的教学模式。其二，按照学生法律技能形成规律采用不同的教学方法，以达到循序渐进地训练学生相应实践技能的目的，如案例示例法、角色模拟法、仿真实习法、实战演练法等。其三，应当将学生的法律职业伦理培养作为一个重要目标，要通过法学实践教学，使学生亲身体会到不同的法律职业角色所承担的社会责任。例如，当学生扮演律师的角色时，就要使学生体会到保守当事人秘密、禁止虚假陈述等有关律师从业的道德规则。这种体验对于学生的法律职业伦理的养成无疑具有潜移默化的作用。可喜的是，《普通高等学校法学类本科专业教学质量国家标准》设置了"10+X"的法学专业核心课程体系，其中法学专业核心课程采取"10+X"分类设置模式。其中，"10"指法学专业学生必须完成的10门专业必修课，其中就包括了法律职业伦理。其四，在法学实践教学中，应尽量选取现实案例并在案例分析中充分展现以请求权为基础的分析方法和法律关系的分析方法，使法科学生可以真切地领悟到法律适用方法的科学性和规范性，并能够熟练地使用这些方法。

四、法学实践教学的考核机制不健全

在我国传统高等教育中，考核方式一直备受诟病，各学校也都在不断地进行改革，并取得了一定的成绩。但是，就法学实践教学而言，其考核方式并没有太大的改变，仍沿袭传统的考核方式，科学、合理的考核机制并没有真正建立起来。例如，毕业实习、社会实践等实践环节的考核主要依靠实习单位鉴定，但这种鉴定基本只是形式上的，很少有实质性内容，而且可靠性也很低；再如，实训课程因缺乏统一的考核标准，考核的内容通常也是笼而统之的。正是由于法学实践教学的考核机制不健全，各方参与的热情都不高。一方面，由于实践教学需要教师投入相当多的时间和相当大的精力，而现有职称评定、津贴待遇等大多以科研成果为衡量标准，使得教师难以在此方面投入；另一方面，受应试教育的影响，很多学生不愿意花费时间和精力参与实践教学，即使参与也往往是应付而已。

我认为，加强实践教学，提高教学质量，必须要改革考核方式，要建立和健全各种考核机制，使教师、学生的付出得到相应的回报，使学生能够真正提高实践技能。其一，建立学校与实务部门联动的考核机制，不能仅靠实习单位、实践部门的一纸鉴定就给出成绩，要结合学生的工作投入、工作效果、工作报告等多方面业绩综合给出相关成绩。其二，设置合理的考核因素和方案。如对模拟法庭，应当综合考虑工作投入、合作精神、工作难度、竞赛成绩等因素合理测定成绩。其三，合理算定指导教师的工作量，使教师的投入有所回报，而且要使这个工作量在职称评定、津贴待遇等方面占一定的权重。如此，才能充分调动学生及教师参与实践教学的积极性，强化实践教学的效果，形成以考核促效果的合理机制。

五、教师不能为学生提供优质的实践教学服务

经过多年的发展，我国高校的法学师资队伍建设取得了令人瞩目的成绩，博士比、海归比都大幅提高。但不可忽视的是，法学师资队伍中普遍存在一个现象，即法学教师普遍"能力不足"。应当说，学校之所以培养不出优质法律人才，不是学生出了问题，而是教师出了问题。没有优质的教师，是无法培养出优质学生的。教师的能力不足主要体现在以下两个方面：一是知识结构有缺陷。例如，从事实体法教学的，对程序法不熟悉；而从事程序法教学的，对实体法也不了解。本来，法律的实体与程序是一体的，所有的实践问题都包括实体与程序两个方面。但由于教师的知识结构不合理，教学中只能是就程序论程

序，就实体论实体，学生解决问题的能力当然会出问题。二是缺乏实践能力。目前，法律院校的师资大多是法学博士，最起码也是法学硕士，他们学识虽然很深，但并没有实践经验，导致其普遍缺乏实践能力，从而导致实践教学效果不佳。尽管中央政法委、教育部共同实施了法学师资的"双千计划"，但效果并不理想。一方面，派出的教师参与度不高，锻炼机会有限，无法深度参与一线实践；另一方面，派入的实务人员缺乏积极性，只是被动应付。

我认为，针对法学师资能力不足问题，应重点采取以下几项措施：一是继续完善"双千计划"，出台更为具体的措施，在职称、职位、待遇、员额等方面保证各方人员不受影响，使他们都能安心工作，真正发挥相互促进的作用。二是打破现有体制的限制，引进具有实践经验的实务专家，充实到法学师资队伍中来。《普通高等学校法学类本科专业教学质量国家标准》已经明确要求，法学专任教师队伍中应当包括一定比例的实务部门的专家，实践性强的课程的主讲教师应具有实务工作背景或实务经验。如果这一要求能够得到落实，将对法学实践教学的质量提高起到极大的促进作用。三是加强现有法学师资队伍建设，通过不同途径提高教师的实务能力，完善其知识结构，使为实践教学贡献力量的教师能得到应有的回报。

The problems and countermeasures in
the teaching of law practice in our country

Fang Shaokun

Abstract：Under the background of the professionalization of legal education, the training of legal vocational skills has become the key to improve the quality of legal personnel training, therefore, the teaching of legal practice has been highly valued by the competent departments of education and judicial practice, and legal colleges and universities are also actively carrying out the reform of the teaching of legal practice and taking various measures to improve the quality of the teaching of legal practice. However, it is undeniable that, on the whole, the effect and quality of law practice teaching is not ideal. This is mainly reflected in the general lack of basic problem analysis ability and legal application ability of law students after graduation. There are many reasons for this, both institutional and social environment, both teachers and students. Therefore, how to further improve the quality of practice teaching in law, we also need to do more thinking, pay greater efforts. In my opinion, on the whole, there are some problems that need to be solved in the practice teaching of law in our country.

Keywords：Teaching of Law Practice；Legal Education

走向实践前置：
中国法律实践教学的演进趋势

刘坤轮[①]

摘要： 经过多年发展，中国法律实践教学取得了一定的成绩，但知识教学和实践教学断裂、理论传授和能力培养分离等问题在中国法律实践教学中仍然存在，学界对此有所反思，但因为对于法律实践教学的内涵、类型、定性和使命缺乏系统总结提炼，所以对于中国法律实践教学的发展趋势不能形成很好的指导，未能形成法律实践教学的中国风格和中国贡献。实践教学的实践前置统合了法律实践教学所承载的知识传授、能力养成和伦理塑造等功能，通过将校外法律实践教学前置到招生后，将校内实践教学前置到和理论教学同步平行，在教育理念上实现了将教育环节前置到进入专业教育之前，形成了从实践中来到实践中去的法治人才培养闭环，因而可能成为法治人才培养模式的中国贡献。

关键词： 法律实践教学；实践前置；法学教育

2018 年 10 月 8 日，《教育部 中央政法委关于坚持德法兼修 实施卓越法治人才教育培养计划 2.0 的意见》（以下简称《卓法计划 2.0》）[②] 发布，其中在改革任务和重点举措部分的第 3 点明确指出要"重实践，强化法学教育之要"。从近 20 年关涉法学教育或直接设定法学教育改革调整的文本来看，自教育部《关于普通高等学校修订本科专业教学计划的原则意见》（教高〔1998〕2 号）开始，到《关于进一步加强高等学校本科教学工作的若干意见》（教高〔2005〕1 号），到《关于进一步加强和改进大学生社会实践的意见》（中青联

---

① 刘坤轮，1979 年生，男，河南平顶山人，法学博士，中国政法大学法学教育研究与评估中心副主任兼全国法学教师培训基地办公室主任，副教授，研究方向为法学教育。

② 教育部 中央政法委关于坚持德法兼修 实施卓越法治人才教育培养计划 2.0 的意见（教高〔2018〕6 号）［EB/OL］. http://www.moe.gov.cn/srcsite/A08/moe_739/s6550/201810/t20181017_351892.html.

发〔2005〕3 号），到 2011 年《关于实施卓越法律人才教育培养计划的若干意见》（教高〔2011〕10 号），再到《关于完善国家统一法律职业资格制度的意见》，应当加强法律实践教育已经成为法学教育的共识之一，成为法学教育和法治人才培养改革调整的一个必然方面。

既然强化法律实践教学已经成为国家层面和法学院校层面的重要趋势，那么，将法律实践教学在中国发生、发展、繁荣的进程予以梳理，厘清中国法律职业教学在各个维度的发展趋势，就成为法学教育研究者的使命。尽管 20 世纪 90 年代以来，中国法学院系通过设置法律诊所等形式渐次展开了法律实践教学的强化工作，但是，对于法律实践教学的内涵、法律实践教学的类型、法律实践教学的定位及其使命等问题，并没有进行系统的梳理。由此导致一系列的问题，比如法律实践教学的内涵不清晰、法律实践教学的类型分类不明确、法律实践教学的定位和使命不确定，进一步加强法律实践教学的路径也就因此无法明朗，法律实践教学呼之欲出的演进趋势和改革方向也就无法被提升到理论指引的高度。这些不足的存在恰好赋予了本文研究价值。只有从不同维度梳理明确中国法律实践教学的演进趋势，才能推导出中国法律实践教学的发展趋势，从正确的方向强化中国法律实践教学的发展，为世界法学教育的发展提供中国声音、中国智慧和中国方案。

法律实践教学应当如何加强？法律实践教学在中国当前时代语境下，将会面临什么样的挑战，走向何种发展趋势？对于这些问题，学界的思考往往停留在具体法律实践教学的形式研究，关注诸如法律诊所①、个案法律实践教学②、模拟法庭③、法律援助④等具体类型的法律实践教学形式，或者是从教学模式⑤、师资队伍⑥、教学方法⑦、教学设计⑧等角度来对法律实践教学存在的问

---

① 袁钢. 法律诊所教学评价方法探究［J］. 法学杂志，2011，32（2）：63-65.

② 王晨光. "个案全过程教学法"是探索法律实践教学新路径［J］. 法学，2013（4）：46-51.

③ 陈兵. 搭建高校法学教育校内实践教学平台的新探索：以模拟法庭赛季为主体的尝试［J］. 黑龙江高教研究，2013，31（5）：46-49.

④ 吴光升. 法学本科法律援助实践教学方式：意义、困境与出路［J］. 高教论坛，2019，231（1）：34-38.

⑤ 季敏. 法律实践教学模式改革与创新研究：基于卓越法律人才教育培养计划［J］. 长春大学学报（自然科学版），2013，23（4）：1032-1036.

⑥ 王立民. "双千计划"与法治人才的培养［J］. 上海政法学院学报（又名：法治论丛），2017，32（5）：76-83.

⑦ 张守波. 案例教学法在法学实践教学中的应用［J］. 教育探索，2014（2）：55-56.

⑧ 刘晓兵. 法律实践教学中的角色演练与技能培养［J］. 中国政法大学学报，2015（1）：147-154.

题予以分析解读，从而提出相应的改革建议。自《普通高等学校法学类本科专业教学质量国家标准》和《卓法计划 2.0》制定以来，学界也出现了一些从关系学角度反思法律实践教学的深度研究，或是针对实践教学的环节设置①，或是针对法律实践教学的功能②，但对于以上问题，却仍然没有给出系统的回答，以致研究得出的结论尽管有所突破，但前瞻性仍略显不够。

鉴于法律实践教学对中国法学教育和法治人才培养的独特价值，笔者将从法律实践教学的内涵、法律实践教学的类型、法律实践教学的定位和使命等维度，系统论述法律实践教学在中国语境下的演进趋势。通过概况总结，系统梳理出法律实践教学的中国演进路径，进而在这些趋势梳理的基础上，根据法律实践教学的本质特征预测未来中国法律实践教学的发展路径，提出未来加强中国法律实践教学的具体路径，为中国法学教育和法治人才培养的持续深化提供管窥之见，并希望能够抛砖引玉。

一、法律实践教学的内涵渐次走向实践主义

传统上，中国的法学教育主体内容对应的是日常话语中的"理论知识"，与之相对应的实践教学并没有随着法学知识的体系化而同时完善起来。如此一来，理论知识的传授常常会变成单一的传授式教学，成为法学教育广为诟病的"填鸭式教学"。在"法律是实践的艺术"③"法学是世俗的学问……法学是实践性的、技术性的"④ 等此起彼伏的学界批判声中，20 世纪 90 年代开始，我国法学教育开始对传统教学方法进行改革，案例教学法、模拟法庭、法律援助等教学形式开始出现，一些院校还相继引入了美国式的法律诊所教育⑤。法律实践教学的各种形态开始和具体法学院系的办学特色和办学条件结合起来，进入了各个法学院系的培养方案，法律实践教学在形式上越来越受到法学教育界的重视。

需要指出的是，尽管法律实践教学的重要性日益在法学界形成共识，但是法律实践教学的内涵却并没有因此而得到厘清，这也就导致了法学教育和法治

① 于志刚. 法治人才培养中实践教学模式的中国探索："同步实践教学"［J］. 中国政法大学学报，2017（5）：38-51.

② 蔡立东，刘晓林. 新时代法学实践教学的性质及其实现方式［J］. 法制与社会发展，2018，24（5）：95-103.

③ 胡平仁. 我国法学教育的目标定位与人才培养模式改革［J］. 法学教育研究，2010，3（2）：105-116，382.

④ 苏力. 当代中国法学教育的挑战与机遇［J］. 法学，2006（2）：3-21.

⑤ 甄贞. 一种新的教学方式：诊所式法律教育［J］. 中国高等教育，2002（8）：33-34.

人才培养并没有按照作为职业教育的法学教育的应然规律去发展，而是被作为验证、反哺理论教学的形式而产生、发展起来，在先后关系思维主导下，法律实践教学出现了学者所批判的符号化、形式化、割裂化、脱节化等问题①。因此，要回答法律实践教学如何强化、如何发展的问题，首先要解决的就是法律实践教学的内涵问题。对此，学界研究者有不同的认识。但这些认识或是认为法律实践教学是一种教学方式、方法，而且是一种与法学作为实践学科的属性与特质比较切合的教学方式、方法②；或是认为，法律实践教学是一个教学环节，是在传统法学教育的基础上，为培养学生分析和解决法律问题的能力，强化训练学生法律实践能力而专门设置的教学环节③；也有学者认为，它是一种教学模式，是在我国本科法学教育过程中开展的旨在训练法科学生实践技能的教学模式④。此外，还有学者从内容和形式两个角度来对法律实践教学进行解读，将其与理论教学和课堂内教学分离开来进行解读。但也有学者并不认同这些区分，认为实践教学的手段和形式不断地更新和完善，课堂内的实践教学和课堂外的实践教学越来越难以区分⑤，法律实践教学并不排斥法律基本知识、方法以及法律通识教育⑥。

这些认识，尽管在一定程度上反映出了法律实践教学的某些维度，但是，研究者所针对的往往是某一种法律实践教学形式，或法律实践教学的某一特定环节，因此，由于缺乏宏观上对于法律实践教学的把控，无法彻底厘清法律实践教学的内涵，从而无法锁定法律实践教学的定位，无法具体指导我国法律实践教学的发展。在实践中，随着法律实践教学形式和内容的日益丰富，中国的法律实践教学内涵出现了日益清晰的演进趋势。对此，笔者从广义和狭义两个层面解析如下：

广义上的法律实践教学与高等教育中的实践教学有着共通之处，对应于法学学科的理论教学。其内涵可以从《普通高等学校法学类本科专业教学质量国家标准》（以下简称《国标》）中探究。在《国标》中，法律实践教学被

① 于志刚. 法治人才培养中实践教学模式的中国探索："同步实践教学"［J］. 中国政法大学学报，2017（5）：38-51.

② 蔡立东，刘晓林. 新时代法学实践教学的性质及其实现方式［J］. 法制与社会发展，2018，24（5）：95-103.

③ 何妙. 法学实践教学研究［J］. 商场现代化，2010（19）：180-181.

④ 房文翠. 法学教育中的法学实践教学原则［J］. 中国大学教学，2010（6）：72-74.

⑤ 叶永禄. 论法学实践教学与卓越法律人才培养教育：有感于教育部"卓越法律人才教育培养计划"［J］. 云南大学学报（法学版），2013，26（3）：116-122.

⑥ 蔡立东，刘晓林. 新时代法学实践教学的性质及其实现方式［J］. 法制与社会发展，2018，24（5）：95-103.

归属于"课程设置"部分，与理论教学设置相对，具体包括三大类型：第一，实习、实训和专业实习；第二，社会实践；第三，毕业论文（设计）。其指导性思想是"在理论教学课程中应设置实践教学环节，改革教学方法，强化案例教学，增加理论教学中模拟训练和法律方法训练环节，挖掘充实各类专业课程的创新创业教育资源"①。这就意味着广义的法律实践教学实际上是和法学学科的理论教学相对应的，但和课堂教学并不对立，因此，它在形式上既包括课堂内的实验、实训课程，也包括课堂外的专业实习、创新创业实践、社会实践和毕业论文（设计），本身是一个集方法与内容、知识与理论于一体的综合教学体系。广义上的法律实践教学具有三个特征：第一是共通性。这就是说，法律实践教学和其他专业的实践教学具有相似、共同的地方，是属于理论教学之外的教学体系，其内涵并不一定和法律相关，而只是关涉实践，这一点也是作为高等教育重要组成部分的法学教育所必然具备的特征。第二是综合性。法律实践教学是一个综合体，它不仅包括实习、实训、社会实践，还包括了毕业论文和毕业设计，其本身既是教学方法，又是教学内容，这就决定了法律实践教学本身并不一定局限在法学院系场域之内，而是具有突破传统法学院系规训空间的可能。第三是体系性。法律实践教学本身是成体系的，也就是说，它必须由环环相扣的不同环节组成，这些环节包括了以实务技能课程为支撑的课堂内实践教学平台，以实况庭审直播、原始案卷库、庭审录像课为支撑的基于司法实务的实践教学平台，以法院、检察院、律师事务所等实习单位为支撑的校外教学实践基地平台，以及以海外实习基地为支撑的海外实习实践平台。这些特征决定了法律实践教学具有开放性的特征，也呼应了法律实践教学现实发展的各种趋势。

狭义上的法律实践教学则更凸显"法治实践主义"的教育理念。作为舶来品，中国的法律实践教学源于西方法律人的养成机制。尽管中国的法律实践教学同时要和我国特定的国情、民情、社情结合，但在内涵理解方面，借鉴成熟的经验无可厚非。在美国律师协会的法学院认证标准中，对于法律实践教学的界定基本可以被理解为狭义的实践教学。根据《2016—2017 年美国法学院认证标准》第 302 条和第 303 条的规定，所有的美国法学院都应向学生提供以下三类实践性课程：第一类是首年度的写作训练课程以及之后年份的附加写作课程；第二类是法律实践类课程，此类课程必须是模拟训练课程、法律诊所或是实习，这类课程性质上必须是实践性的，要能够将教义、理论、伦理和技能

---

① 《普通高等学校法学类本科专业教学质量国家标准》第五条。

糅合起来，并能够让学生实质性参与，在实践中理解掌握第 302 条所要求的某项职业技能；第三类则主要指向社会实践，要让学生有机会充分参与法律诊所或进行实习，并且要真正参与到法律服务和公益法律服务工作中去①。实际上，这些规定和我国《国标》的规定基本上是一致的，对应的分别是课堂内法律实践教学，实验、实训和专业实习课程，以及以增强社会责任感为目标的社会实践课程。因此，我们可以将狭义的法律实践教学概括为"以法治实践主义为核心理念，以提升学生法律实践技能、理论知识应用能力，增强职业伦理和社会责任感为目标的，包括课堂内和课堂外两大板块，集方法与内容于一体的教学体系"。如此，通过法律实践主义中心的核心特征界定其内涵，就既解决了法律实践教学的教学方法和教学内容之争，也同时解决了法律实践教学功能界定不清的问题，明确了其知识传授、能力养成和伦理塑造的三大使命，而这也是中国法律实践教学现实发展的一个重要趋势。

纵观广义和狭义的实践教学内涵，对比美国法学院系的实践教学，就内涵来看，实践主义的取向渐次清晰。在实践操作层面，当一所法学院系强调自身的法律实践教学建设时，其隐含的所指也是实践主义的实践教学观。因此，对于法学教育和法治人才培养而言，狭义上的法律实践教学才是更应该被关注的。至于其他社会实践和毕业论文设计，是和通识教育对应的、各个专业都应具备的实践教学，尽管其与法学教育和法治人才的培养有关联，但并不属于实质意义上的法律实践教学。这一点既是法律实践教学内涵日渐清晰的表现，也是指引未来我们强化法律实践教学所必须坚持的基本出发点。这一特征建构了中国法学教育和法律实践教学的基本特点，充分反映出法学学科实践性、应用性的学科导向。同时，对这一内涵的厘清，深刻回应了法学教育职业教育和精英教育的本质理念。根据《布莱克法律词典》的释义，所谓职业，即要求具有娴熟的职业技能和高尚的职业伦理，二者缺一不可。传统上，只有法学、神学、医学能够被称为职业，其内在共同的决定性要素恰好是职业技能和职业伦理要求的与众不同。这一点是中国法学教育实践者所必须牢记于心的。

二、中国法律实践教学的形态日益形成多元化体系

当我们厘清法学教育的内涵，明确法律实践教学的内涵渐次走向实践主义后，与之相关的另外一个问题也就随之得到解决，那就是法律实践教学类型及

---

① AMERICAN BAR ASSOCIATION. 2016—2017 ABA Standards for Approval of Law Schools, 2016, Chapter 3, Standard 302, 303 [EB/OL]. http://www.americanbar.org/content/dam/aba/publications/misc/legal_education/Standards/2016_2017_standards_chapter3. authcheckdam.pdf.

其演进趋势。目前，关于法律实践教学的类型，中国的法学院系呈现出多元化发展趋势，但多元化的发展程度却有差别，甚至一些法学院系的实践教学课程实际上并没有触及法律实践主义的本质。笔者曾对全国 41 所卓越法律人才培养基地院系的培养方案做过调研，针对实践教学环节，这些院系有的相对成熟，囊括了法律诊所、法庭辩论、法律援助、专业实习等实质性法律实践教学，但也有一些院校的法律实践教学只有军训、劳动、学年论文、读书报告、社会调查等边缘性法律实践教学，基本没有凸显出法律实践教学实践主义的本质特征①。因此，在法律实践教学内涵的指引下，明确划分法律实践教学的类型，梳理法律实践教学形态的多元化趋势，对于法学院系而言，也就更具有操作层面的实践意义。通过考察各个法学院系的实践教学形态，结合《国标》规定，笔者发现，法律实践教学在形态上呈现出多元化的基本特征，根据不同的标准，可以将其划分为不同的类型，且不同的类型存在一定的交叉。

第一，依照法律实践教学课程是否在校内进行，可以划分为校内实践教学和校外实践教学。校内实践教学是由学校主导，涵盖学校内部进行的各种形式的实践教学，例如法律诊所、案例教学、法庭辩论、法律实务等。校外实践教学既可以由学校主导，也可以由校外实践基地主导，对应的是社会公益实践、专业实习等实践教学形式。场域的差异常常决定着法律实践教学效果的差异。通常情况下，由于校内实践教学能被纳入人才培养质量监控的全流程，一般会有系统的教学大纲和指导性方案，效果也更为明显。校外实践教学因为超越了校园场域，一些实力强劲的法学院系可能会有针对性地进行系统组织，制定相关的指导性大纲和实施方案，但相当多的校外实习实践则沦为符号化、形式化的法治人才培养环节，学生在校外实践中不能得到有力的指导，实践教学的效果无从得到有力的检测和反馈，从而容易背离人才培养环节的设置初衷②。

第二，根据法律实践教学是否在课堂内进行，可以划分为课堂内实践教学和课堂外实践教学。课堂内实践教学主要在课堂内进行，主要指向的是通过教学方法改革来实现的法律实践教学形式，对应《国标》规定的"改革教学方法，强化案例教学"。因此，课堂内主导型的教学方法为案例教学法，也就是通过案例选择、情景设定、任务设定、角色分工、任务执行、成果展示和点评讲解七个环节，集启发式、参与式、互动式教学于一体，指向法律实务实战的

---

① 刘坤轮. 中国法律职业伦理教育考察 [M]. 北京：中国政法大学出版社，2014.

② 于志刚. 法治人才培养中实践教学模式的中国探索："同步实践教学" [J]. 中国政法大学学报，2017（5）：38-51.

教学形式，而不是简单的举例教学①。课堂外实践教学指向的是《国标》所规定的"利用模拟法庭、法律诊所、专业实验室、实训基地和校外实习基地，独立设置实验、实训课程，组织专业实习，开展创新创业教育"，以及"组织各种形式的法制宣传教育活动"等法律相关的社会实践②。

第三，根据法律实践教学指向的法律职业，可以划分为立法、司法、执法、法律服务以及法学教育与研究等实践教学。《中共中央关于全面推进依法治国若干重大问题的决定》（以下简称《决定》）在加强法治工作队伍建设方面，将我国的法律职业细分为由立法、行政执法和司法组成的法治专门队伍，由律师、公证员、基层法律服务工作者和人民调解员组成的法律服务队伍，以及由高水平法学家和法学教师组成的法学教育和研究队伍，初步形成了立法、司法、执法、法律服务、法学教育和研究五路大军奔法治的职业群体③。与之相对应，法律实践教学也应在校内实践和校外实践、课堂内实践和课堂外实践中涵盖对应这些法律职业的实践教学，比如关于立法实务、司法实务、执法实务、律师实务、谈判、调解以及法学研究等实践类课程，从而将法律实践教学的法律实践主义特征贯彻到具体的法律职业中去，分别形成以立法中心主义、司法中心主义、执法中心主义、法律服务中心主义以及法学研究中心主义为主的多样化法律实践教学形式。

类型的划分乃是依据实践中法律实践教学的多元化形态进行的，其本身也构成了中国法律实践教学发展演进的一个维度，在一定意义上，有助于法学院系根据自身的办学条件，从某一个维度去补充或强化不同形态的法律实践教学，从而有助于法律实践教学体系化建设。从这一角度来说，厘清法律实践教学形态的演进趋势，就具有重要的理论和实践指导价值了。当然，对于法学院系来说，建构完整意义上的实践教学体系较有难度，一般应结合自身法学院系的定位和目标，重点建设若干类型的法律实践教学。对于专门性的政法类院校来说，由于其在中国法治进程中担负着法治人才培养主力军的使命，应尽可能地完善法律实践教学体系，通过和中国特色社会主义国情、社情和民情的深度结合，在法律实践体系的构建上有所创新。比如中国政法大学的法律实践教学体系，就囊括了"理论课—仿真课—全真课—集成借鉴"的递进式课堂实践教学平台，又整合了证据科学（教育部）重点实验室、侦查学实验中心、六

---

① 谢晓专. 案例教学法的升华：案例教学与情景模拟的融合 [J]. 学位与研究生教育，2017 (1)：32-36.

② 《普通高等学校法学类本科专业教学质量国家标准》第五条.

③ 李林. 全面推进依法治国是一项宏大系统工程 [J]. 国家行政学院学报，2014 (6)：16-25.

大法律诊所和四大模拟法庭，建设了"唯一的"国家级法学实验教学示范中心，形成集教学、实验、创新、竞赛于一体的集成借鉴综合平台，并且在此基础上，创新出实况转播庭审、实卷副本阅览以及实况庭审录像资料库等法律实践教学形式①。

三、法律实践教育的课程属性和三重使命逐步明确

当厘清法律实践教学的概念和内涵之后，接下来就是学者所提出的另外一个问题了，也就是蔡立东教授等人所提出的问题：什么是法学院在法学实践教学中的使命与担当②？法学院应以何种作为担负起这种使命和担当？如果将问题置换一下，从发展演进趋势的视角来审视，就是法律实践教学在法学教育和法治人才培养过程中的应然功能问题。这一问题直接受制于法律实践教学的基本定位问题，乃是其基本定位的一个衍生问题。因此，对这一问题的回答，首先要梳理清楚法律实践教学的基本定位，继而才能界定清楚它在法治人才培养中所应承担的使命、应当发挥的功能。从中国法律实践教学发生、发展、繁荣演进的历程来看，中国法律实践教学日益成为法治人才培养的一个基本环节，在基本定位上属于一种课程类型，在法治人才培养方面承载着知识传授、能力养成和伦理塑造三重使命。这一点既是由法律实践教学内涵日益偏向实践主义的趋势决定的，也是由法律实践教学形态日益多元化的现实保障的。

首先，法律实践教学属于法学专业课程的一种类型。《国标》中明确规定，"法学类专业课程总体上包括理论教学课程和实践教学课程"③，并将法律实践教学和理论课程设置并列规定。这就意味着，从定性上来说，法律实践教学属于一门课程。既然是大学专业教育的一门课程，就意味着法律实践教学应按照大学课程的要素进行建设。按照现代大学课程理论，课程实质上是课业过程，课程至少应该包含教师、学生、教学内容和手段、教学环境等基本要素④。因此，从课程建设的角度来看，法学院系应实质参与到法律实践教学的设计中去，每一阶段的法律实践教学都应有相应的课程建设要素，尤其是对作为校外实践教学的实习环节，绝不应是将学生送到实习单位就意味着法学院系

① 黄进. 世界一流大学建设与一流本科教学的创新：中国政法大学的理念与实践 [J]. 中国高教研究，2016 (6)：11-16.

② 蔡立东，刘晓林. 新时代法学实践教学的性质及其实现方式 [J]. 法制与社会发展，2018，24 (6)：95-103.

③ 《普通高等学校法学类本科专业教学质量国家标准》第五条。

④ 徐同文. 以课程创新为着力点，加强学校内涵质量建设 [J]. 中国高等教育，2012 (8)：28-30.

职责的终结。在以往的现实操作层面，法学实践性教学与理论课程教学常常被法学院系管理者割裂开来，由辅导员或一些行政管理教师带领学生到法律实务部门报到即视为完成任务，很少有专业教师参与，也没有课程设计、教学大纲、效果评价等课程教学环节的内容。从根本上来说，这是对法律实践教学课程属性认识不清所导致的。令人欣慰的是，随着法律实践教学的发展，一些具有较强预见性的法学院系已经渐次明确了法律实践教学的课程属性，开始全面设置法律实践教学的课程实施过程，并进行了相应的效果评判，将法律实践教学逐渐推向正规化，使其朝着良性发展的路径推进。

其次，法律实践教学是法治人才培养的特殊环节类型。伴随着作为课程的法律实践教学的定位而来的一个定性就是，法律实践教学是法治人才培养的特殊环节。它偏重于学生法治实践能力的培养，但又不限于实践能力①，因此，它并不意味着"让学生把学到的理论知识拿到实际工作中去应用和检验"②。如学前教育、课堂教学环节一样，它既意味着知识的获取，也意味着技能的培训。因此，从环节设置的角度来说，它既可以在理论教学之前，也可以在理论教学之后③。并且，法律实践教学的环节，是类型化的，因此它可以是群体的，而不仅仅是个体的，与知识教学和理论教学环节相比，它既可以叠加同步，也可以后置验证，甚至可以或必然逐步走向前置。在中国法律实践教学的现实场景中，既有将法律实践教学置于理论教学之后，用于验证理论教学的正确性的做法，也出现了"同步实践教学"形式，以庭审直播方式，直接将法律实务部门的优质法律资源转化为法学教育的教学资源。同时，前置式法律实践教学也呼之欲出，这表现在庭审直播、原始卷宗库的建设逐步得到加强，真实司法实践资源越来越对全部法科学生开放，让学生在进行理论学习之前，提前接触仿真、虚拟、全真的法律事务工作已经成为可能。实际中，这种发展趋势正是关于法律实践教学定性认知的变迁所导致的直接结果。当这种认知确定之后，中国法律实践教学的未来演进趋势，即法律实践教学的日益平行化、前置化，也就呼之欲出了。

最后，法律实践教学承载着知识传授、能力养成和伦理塑造的三重使命。与前两个基本定位相一致，法律实践教学作为一种教学环节、一种特殊的课程

---

① 俞可平. 治理和善治引论 [J]. 马克思主义与现实，1999 (5)：37-41.

② COMMISSION GLOBAL GOVERNANCE. Our Global Neighborhood [M]. Oxford：Oxford University Press，1995：38.

③ 裴云，任丽婵. 重新认识实践教学的内涵和外延 [J]. 当代教育科学，2015 (15)：14-16，58.

类型，既涵盖教学理念的更新，也是一种教学活动和教学形式，因此，它承载着专业教学所需要承载的各种功能，直接服务于法治人才培养目标的实现，指向法科学生理论知识的传授、实践能力的养成和职业伦理的塑造。因此，从这个意义上说，传统上关于法律实践教学和理论教学之间关系的认知，比如认为理论教学是实践教学的基础，实践教学是理论教学的依归①，可能存在将法律实践教学所同时承载的知识传授、能力养成和伦理塑造互相分离开来的问题，也就有可能陷入新近学界所批评的将法律实践教学符号化、形式化等困境②。对法律实践教学承载着知识传授、能力养成和伦理塑造三重使命的厘清，是中国法学教育理念的一个革命性认知。在传统的法学教育和法治人才培养实践中，割裂化、碎片化的教育理念处于主导地位，法学知识的教学常常只是理论的传授，实践能力的培养则一般由实习、实训和职前培训来承担，伦理的塑造甚至没有进入法学教育和法治人才培养的具体环节。随着"学训一体"法治人才培养理念和模式的开创实践和创新推广，法学教育界对于体系化的人才培养模式逐步达成共识，日益明确无论是法学课程教学，还是法律实践教学，都需要承载知识传授、能力养成和伦理塑造的三重使命。其中，尤其重要的是法律实践教学，因其本身所具有的特殊的实践属性，它对于这三重使命的承担，更是名正言顺。这一点也正在成为中国法学教育界的共识。

正是因为法律实践教学本身属于一类法学专业课程，具体的课程设置应涵盖法学专业课程的所有要素。作为法学教育和法治人才培养的一个重要环节，法律实践教学既是教学方法，也是教学内容，既承载着传授法学知识的功能，还承载着养成法律实践能力和塑造法律职业伦理的使命。这是法律教学基本定性和使命在实践层面的体现，日益为法学教育界所认同。反过来，这一实践发展趋势和认知共识就要求法律实践教学应当贯穿法治人才培养全过程，按照标准的大学课程建设要素予以强化，从而使其更好地履行知识传授、能力养成和伦理塑造的三重使命。

四、中国法律实践教学的四大现实发展趋势

当我们厘清了法律实践教学的内涵，区分了实践教学的类型，明确了法律实践教学的属性以及使命后，关于中国法律实践教学的发展路径及其趋势也就渐次明晰了。这种发展路径和趋势的推进过程实际上就是中国法律实践教学的

---

① 房绍坤. 我国法学实践教学存在的问题及对策 [J]. 人民法治，2018（16）：79-82.
② 于志刚. 法治人才培养中实践教学模式的中国探索："同步实践教学" [J]. 中国政法大学学报，2017（5）：38-51.

发展脉络，一定程度上暗合了法律实践教学的应然功能和时代使命。这里的趋势是现实层面表征和支撑的，但同时也预设了中国法律实践教学未来发展的必然路径。厘清这些现实发展趋势，既是对中国法律实践教学30年发展经验的总结，更是对未来中国法律实践教学中国方案提出的理论提升和实践预测，对于未来中国法律实践教学的发展具有重要的理论和实践指导意义。从现实层面来说，中国法律实践教学存在着以下四大发展趋势：

第一，形式渐次趋于多元化。早期中国法学教育的实践教学环节，大体是和理论教学对应而言的，形式上和其他专业并无太多差异，这一点甚至在近期笔者所调查的法学院系中仍然存在。比如，一些法学院系的法律实践教学环节，仍然只是包括了实习和毕业论文环节，并未规定其他形式。但总体上，随着中国法学界对于法学教育实践能力培养不足的质疑，法律实践教学的形式也越来越多元化。比如山西大学法学院的实践教学环节就囊括了社会调查方法与实践、法律实务论坛、辩论与口才初级、学科竞赛、司法考试指导、刑事模拟法庭、公务员考试指导、律师实务、法学论文写作指导、民事模拟法庭、物证技术学实验和物证技术学12门通识选修类课程。在形式上，法院旁听、模拟法庭、法律诊所、司法鉴定实验、实习、实训、法律援助、谈判实务、模拟侦查、模拟公诉等多种形式的法律实践教学不断涌现。中国法律实践教学的形式已经越来越走向多元化，越来越趋向于实务导向，走向了实践中心主义①。渐次多元化的法律实践教学形式为中国法学院系提供了更多选择，各个法学院系可以根据自身的办学条件和办学特色选择适合自己的法律实践教学类型。一些政法类院校和顶级的法学院系，则可以建构起完备的法律实践教学体系，充分发挥法律实践教学人才培养的功能优势。

第二，功能承载日益全面覆盖知识传授、能力养成和伦理塑造。随着中国法律实践教学形式的日益多元化，法律实践教学所承载的功能也渐次附加于这些形式之上。将法律实践教学和知识教学对立割裂的传统思维也在渐次消失，"做中学"越来越为法学教育界所接受。通过实践参与，法学专业的学生在各种实践教学中不仅深化了对于法学理论知识的理解和掌握，还通过参与法律实务互动养成了处理法律纠纷的能力，更为重要的是，在这个过程中，理论知识的掌握、实践能力的养成，助力了法律职业伦理的塑造，并且为法律职业伦理所统摄，实现了法学教育和法治人才培养知识传授、能力养成和伦理塑造的三重目标，而这三个目标也恰恰是当前主流法学院系所明确要求的。习近平总书

---

① 刘坤轮. 中国法律职业伦理教育考察 [M]. 北京：中国政法大学出版社，2014：156-159.

记在 2017 年 5 月 3 日考察中国政法大学时曾指出，法学教育应坚持立德树人、德法兼修、明法笃行。从法学教育的具体实践层面来解读这一要求，实际上就要求中国的法学教育和法治人才培养，既要重视理论教学，形成扎实的法学理论知识体系，也要注重打破知识教育和实践教学之间的体制机制壁垒，重视法律实践能力的培养。除此之外，中国的法学教育还必须是有德行的教育，重视法治人才的伦理塑造。应该说，中国法律实践教学的功能演进恰好回应了习近平总书记的要求，日益明确了法学教育和法治人才培养承载知识传授、能力养成和伦理塑造的功能和使命。

第三，设置取向日益规范。法律实践教学是一门课程，因此，要围绕课程要素予以建设，建设效果也要符合课程建设的目标。法律实践教学的教师配置，参与学生的代表性和覆盖面，包括教学大纲、教学环节设计、教材教辅等资料的教学内容，案例式、混合式、究诘式、训练式教学方法和手段，符合实践导向的实验、实训、实习等教学环境，实践教学的质量保障体系等，都是作为一种特殊环节的法律实践教学所需要考虑的。现代大学的课程理论是法律实践教学的指导性理论，法律实践教学的规范发展应按照现代大学课程建设要素，规范设置法律实践教学环节，充分发挥其在整个法治人才培养体系中的重要支撑作用。目前，国内一些顶尖的法学院校，对于法律实践教学的规范设置都较为重视。比如中国政法大学就针对不同形式的法律实践教学进行了细化规定，出台了诸如《中国政法大学本科实验教学管理办法》《中国政法大学社会实践课程管理办法》等系列规范性文件，从法律实践教学的任务管理、过程管理、考核管理、师资设定等多个方面予以详细规范。在全国层面，法律实践教学按照大学课程要素进行规范化管理的趋势也日益明显。对于作为一门课程的法律实践教学，法学院系大多从师资力量、教学方法、效果评价等多个角度予以强化，规范化建设发展逐渐成为中国法律实践教学发展的主流趋势。

第四，节点由后置向同步再向前置。传统法律实践教学的环节，一般采用后置式、验证式的设置方式，其逻辑起点在于，高校本来就不承担法律实务工作，高校法学人才培养方案中的实践环节只是高校对其自身性质所做的内部技术性弥补[1]。但是，这一认知存在的问题在于，法律实践教学并不仅仅包括真实世界的法律实践，还包括模拟、虚拟、仿真等多种形式。高校法学教育尽管不承担法律实务工作，但应当承担培养德才兼备的法治人才的使命，高校法治

---

[1] 蔡立东，刘晓林. 新时代法学实践教学的性质及其实现方式 [J]. 法制与社会发展，2018，24（5）：95-103.

人才培养目标中，也从来不缺乏对实践能力的规定。因此，将法律实践环节由后置式、验证式调整到"同步式""平行式"法律实践教学，就成了一些法律学院系法实践教学改革的探索，其理论基础正是法律理论知识和实践能力、知识教学和能力教学的融合统一，并且这种尝试也获得了国家层面的认可①。但即便是这种尝试，也仍然未能突破法律实践教学环节对于法学理论教学环节的依附，只是将法律实践对于法学理论的验证方式置换为了一种同步或平行的方式。从属性上来说，作为法治人才培养的一种类型化环节，法律实践教学是可以独立于法学理论教学而先行进行的。也就是说，这一点在各个高校的学前教育方面就可以得到验证。既然带有实践教学性质的军训等形式可以前置到理论教学之前，具有实践导向的法学教育，其法律实践教学为何不能前置到法学理论教学之前，实现相对于理论教学环节的独立呢？笔者认为，从法律实践教学所承载的功能来看，法律实践教学突破理论教学的桎梏乃是中国法律实践教学的未来发展趋势，并且在当前一些顶级法学院系中已经呼之欲出②。

综上所述，从演进趋势上来看，中国法律实践教学形式越来越多元化，功能承载越来越全面，设置取向越来越规范，环节节点越来越前推，需要指出的是，鉴于法律实践教学天然具有的和特定国家的国情、民情、社情连接的现实，中国法律实践教学所取得的这些成绩，不仅仅是中国法学教育的创造和贡献，更可能代表着中国对于世界法学教育和世界法治文明的创造和贡献。中国法学教育要成为中国法治文明的创造者、世界法治文明的贡献者③，其着力点，必然是在法律实践教学这一极具本土性特征的特殊教学形态上。

五、走向前置：法律实践教学呼之欲出的中国方案

新中国传统的法学教育是西方的舶来品，一定程度上对于中国的法律实践没有形成充分的回应，更是缺乏中国智慧和中国方案的引入。这一现实和中国高度教育强国的建设目标是相悖的，也是中国法学教育界一直在努力尝试改变的。基于中国法学教育发展实际趋势预测，为这一问题的解决或初步回应提出了一个呼之欲出的中国方案。当我们将法律实践教学的各个维度的发展趋势梳理清楚后，中国法律实践教学在整个法学教育体系中所应承载的功能和使命也就渐次清晰了，随之而来的就是中国法律实践教学趋势的核心命题，也就是法

---

① 于志刚. 法治人才培养中实践教学模式的中国探索："同步实践教学"[J]. 中国政法大学学报, 2017 (5): 38-51.

② 于志刚. 中国政法大学"同步实践教学"全面升级 [N]. 法制日报, 2018-04-11 (9).

③ 黄进. 新时代中国特色社会主义法治理论的创新发展 [J]. 人民论坛, 2017 (33): 104-105.

律实践教学的中国方案。事实上，随着对以上趋势的梳理，这一核心命题已经比较明确，那就是实践前置。未来的中国法律实践教学的前置性发展，也就是"实践前置"将成为中国法学教育的实践创新，也很有可能成为中国法学教育对于世界法学教育的贡献，同时也可能充分汲取中国高等教育的资源优势，形成对于世界法学教育某个层面的真正引领。目前，这一方案已经比较成熟。

第一，实践前置要解决四大法学教育教学问题。①传统法律实践教学不符合马克思主义认识论问题。马克思主义哲学观认为，物质是第一性的，意识是第二性的。人类的认知过程应是从物质世界到精神世界的过程，是从具体实践到抽象真理的过程。实践里面出真知，认识的过程是从实践到抽象，再到实践提升，是从感性认识到理性认识，再回到感性实践检验的循环过程。但中国传统的法律实践教学采用了后置方式，不符合马克思主义认识论，需要创新法治人才培养机制，并予以修正。②传统法律实践教学功能单一问题。传统法律实践教学只是被视为一个人才培养验证环节，用于验证法学理论知识真伪性，忽略了法律实践教学本身也是一个重要的人才培养组成部分，应按照课程要素予以全盘设计。③传统法律实践教学设置不规范问题。传统法律实践教学设置没有围绕教师、学生、教学内容和手段、教学环境等完整课程要素建设，整个建设体系不够规范。④法律实践教学基地虚化问题。传统法律实践教学基地的建设基本上围绕办学地展开，没有和生源地结合，建设过程中，盲目性较强，目的性缺失，无法形成从实践中来到实践中去的人才培养闭环。

第二，关于实践前置的起点，可以放到招生后。在一些顶级法学院，法律实践教学由"后置式"走向"平行式"已经成为现实。从这一趋势可以推定，未来的法律实践教学在节点上，将会进一步前置，尤其是对于校外法律实践教学，这将是必然趋势。本文预测，对于法学专业本科生，实践前置会提前到"高招"或"研招"后。高招后，法学院系可以采取一定的方式，让即将进入法学专业学习的学生进入法律实践教学体系，塑造学生对本专业的感性认知，培养他们初步的法治意识和法律思维。法律专业硕士本身是职业化的，是要走向具体的岗位的，培养方向也更为明确，实践前置的选择也更有自主性。对于这些学生来说，自己未来要做什么，已经具备了初步的规划，对于将来要选择的专业学习方向，他们也有着更为成熟的思考。因此，研招后，由相关法学院系系统组织，提前将法律实践教学环节置入他们的学习生活中，也就会有更好的效果。这一趋势预测并不是毫无依据的，如从中国政法大学正在推进的全真、全流程法律实践教学模式来看，法律实践教学的前置已经成为一种趋势，只是节点还没有前推到招生后，而只是校内的"平行式"。但这种由后置式渐次前推的法律实践教学理念在实践中并没有停滞的表现，因此，一个合理的逻辑推论是，中国法律实践教学的节点将会继续往前提，法学教育的现有基础也支持这一趋势。

第三，校内实践教学可以前置到和理论教学同步平行。当明确了法律实践教学的节点必然前提的趋势后，分类预测法律实践教学的前置坐标就成为需要关注的问题。将校内法律实践教学的节点前置到招生后的趋势隐含着对于校外法律实践教学节点的设置，但是，对于校内实践教学而言，实践前置的趋势仍然具有影响力和实践操作的空间。对此，前文的趋势描述中基本也已经呈现出来，在时间节点上，可以将其前置到和理论教学同步，代替以往的验证式、后置式法律实践教学形式，实现知识教学和能力培养的同步。校内的实践前置，不仅仅是先后顺序的变换，更是对实践教学和知识教学位序的调整，使校内实践实现和知识教学同步。这种前置主要针对校内实践教学形式，模拟法庭、虚拟仿真、同步庭审直播、法律诊所、法律援助等形式，都可以以真实案例作为主要教学材料，实现实践能力的提前训练。在这一方面，中国政法大学独创的"同步实践教学模式"已经积累了丰富的经验，具有示范效应①。这里需要明确的是，从实践前置的外在形式上看，校内实践教学似乎只是实现了和理论教学的平行，其实它是实践前置的校内场域的具体表现，是在法律实践教学体系化实践前置革命性指导理念上展开的，和以往的孤立性平行具有质的差别，是中国法律实践教育系统革命的重要组成部分。

第四，实践前置可以法学院系实践教学基地作为抓手。法律实践教学实现实践前置并不是一种理论空想，它是在中国法学院系的具体实际中逐步呈现出来的，具有切实可行的现实支撑。对于实践前置来说，最直接有力的支持就是法学院系所建设的实践教学基地体系。应该说，以往的法律实践教学基地存在着务虚不务实的现象，各个法学院系常常过于关注法律实践基地的行政级别，注重办学所在地的法律实践教学基地建设，并不注重法律实践教学基地的实际效果，从而导致法律实践教学基地在法学教育和法治人才培养中的应然功能无法充分发挥。当我们清晰地预见到中国法律实践教学走向实践前置的趋势后，对于实践教学基地建设，就可以更有规划性，尤其是和生源地结合建设。如前所述，当确定了实践前置到招生工作后，法学院系可以围绕生源地展开教学实践基地建设，当录取的学生名单确定后，即可由法学院系和录取学生联系，推

---

① 黄进，张桂林，李树忠，于志刚. 创新同步实践教学模式，培养卓越法律人才 [J]. 中国高等教育，2014（17）：28-30，46.

荐学生去教学实践基地提前体验法治实践，获取直观认识，从而使学生或是提前获得法律实务工作的直接经验，或是产生对于法律实务工作的若干问题，建立起对未来所学专业的兴趣，为进入正式专业学习做好准备，从而更好地提升法学专业学生法律实践教学的效果，更好地发挥法学专业教学实践基地对于法治人才培养质量提升所应当发挥的作用。

第五，实践前置的哲学基础：实践出真知。马克思主义哲学观认为，物质是第一性的，意识是第二性的。人类的认知过程应是从物质世界到精神世界的过程，是从具体实践到抽象真理的过程。实践出真知，认识的过程是从实践到抽象，再到实践提升，是从感性认识到理性认识，再回到感性检验的循环过程。应该说，理论上，对于作为社会科学的法学来说，知识的获取同样需要遵循这一规律，但是，现实的法学教育和法治人才培养场景，并没有遵循马克思主义的认识论。法学专业的学生进入法学院后，常常是先进行理论学习，掌握法学理论知识，然后进入法律实践教学环节，以法律实践验证理论知识的真伪，在认识论上，并没有形成从实践中来到实践中去的认知闭环。中国法律实践教学的发展趋势对于这一问题恰好形成了一个必要的修正，通过实践前置，法学专业学生可以通过各个法学院系的实践教学基地，提前获得对法律实践的感性认识，在进入法学院系后，通过平行于理论教学的校内实践教学体系，对于既往的感性认知和新学的法学专业知识形成新的认知和修正，最后通过实习实训，完成从实践中来到实践中去的认知闭环。在这一过程中，最初的感性认知必然得到修正，形成一个螺旋状的上升性的知识积累过程，大大有助于法治人才的知识学习、能力养成和伦理塑造。

综上所述，中国法律实践教学的发展内涵日渐走向实践主义，类型渐次多元化，课程属性和三重使命渐成共识，规范设置渐成主流。这些趋势都推动着法律实践教学中国方案的呼之而出，那就是法律实践教学的"实践前置"。这是中国法学教育和法治人才培养的必然趋势，并且它是可复制、可模仿的。实践前置的制度预测，在教育理念上实现了将教育环节前置到进入专业教育之前，形成了一种从实践中来到实践中去的法治人才培养闭环。尽管它目前仍处于中国法律实践教学现实的趋势预测阶段，但中国大学所具有的独特资源特征使得这一模式可以通过实践教学基地的平台体系予以落地。尽管这可能只是在一流的法学院系才可以实现，但它已经具备了较强的可行性和可能性，可能形成法治人才培养的中国特色。中国法学教育需要解决知识教学和实践教学之间分离的问题，加强实践教学是必然的路径，而加强实践教学，从教育理念上将其前置到专业学习之前，从而真正实现法律实践教学贯穿法治人才培养全过程，或许是较为理想的方式，这将成为法治人才培养模式的中国贡献，而这也正是本文所期待的。

Towards legal Practical Teaching Preceding:
The Evolution Trend of Chinese legal Practice Teaching
Liu Kunlun

Abstract：After years of development，China's legal practical teaching has achieved certain achievements，but the fracture between knowledge teaching and practical teaching，separation between theoretical teaching and ability training still exist in Chinese legal practical teaching，which have inspired Reflection. Because of the lack of systematic summary and refinement of the connotation，type，nature and mission of legal practical teaching，these reflections cant form a good guide for the development trend of Chinese legal practical teaching，therefore failing to form Chinese style and Chinese contribution of legal practical teaching. "Practice precedes" integrates the functions of knowledge transferring，ability development and ethical shaping carried out by legal practice teaching. By placing he extracurricular legal practical teaching before enrollment，meanwhile the practical teaching in the school is put forward parallel to the theoretical teaching，the education link is extended before the professional education，the closed −loop training of rule of law personnel from practice to practice has been formed，which may become China's contribution to the training model of the rule of law

Keywords：Legal Practical Teaching；Practice Precedes；Legal Education

从法律诊所到法律医院：
法学实践教学模式的重构

——基于西南财经大学实践性教学改革的探索①

高晋康②

摘要： 本文主要介绍法律医院的产生、内涵与创新以及实践效果。法律医院作为一种实践教学模式，是新生不久的事物，还存在诸多不完善的地方，我们正在不断探索与改进，希望能够为中国法学实践性教学革命贡献一点微薄的力量。

关键词： 法律诊所；法律医院；法学实践教学

对于很多从事高等法学教育的同行来说，"法律医院"是一个相对陌生的概念。因此，本文就向各位同行介绍法律医院的产生、内涵与创新以及实践效果，权作引玉之砖。法律医院作为一种实践教学模式，是新生不久的事物，还存在诸多不完善的地方，我们正在不断探索与改进。我们期望大家给予批评指正，用时下流行的话语来讲，就是"欢迎拍砖"。我们恳请大家不吝向法律医院扔"砖头"。我们相信，纷至沓来的"砖头"一定饱含着同行对法律医院的关怀之情，内含着法律医院成长的理论资源和实践智慧。

一、法律医院产生于实践性教学改革的探索

众所周知，改革开放以来的新中国高等法学教育为中国社会的发展做出了重要贡献，但普遍存在学生实践能力不强、与社会需求脱节等问题。有学者将这种情况总结为"偏离法律职业的法学教育"③。因此，法学实践教学改革就

---

① 该文曾在《中国法学教育研究》2019 年第 2 期发表，特此声明。

② 高晋康，男，西南财经大学法学院教授，博士，主要研究方向为金融法。

③ 霍宪丹. 中国法学教育反思 [M]. 北京：中国人民大学出版社，2007：5-7.

成为国家和各个高校提高法律人才培养质量的核心措施。我国法学教育界先后引入了法律诊所教育（2000 年前后）① 和推行了"卓越法律人才教育培养计划"（2011 年）②。

西南财经大学是法学实践性教学改革的先行者之一，2005 年就开始实施法律诊所教育（clinical legal education）。法律诊所教育源于 19 世纪的美国宾夕法尼亚大学，是学徒制和学院制斗争的产物，是学院制中的学徒制③。法律诊所教育借鉴医学院学生花费较多时间从事临床实习而从实践中学会诊断和治疗疾病的教育方法，让法学院学生在真实或虚拟的法律诊所中，由教师指导为困境中的委托人提供咨询、诊断法律问题并提供解决问题的方法，为他们提供法律服务，从实践和经验中学习法律思维和执业技能。我们在实践中发现，法律诊所教育一定程度上弥补了传统法学教育实践性不强的缺陷，有着课堂教学所不可比拟的优势，但实践也表明法律诊所教育同样存在受众小、师资缺、成本高、收益低等诸多制度瓶颈和实践难题。

2011 年 12 月，中央政法委、教育部决定实施"卓越法律人才教育培养计划"。西南财经大学法学院在 2012 年成功入选全国首批"应用型、复合型（卓越）法律职业人才教育培养基地"。带着法律诊所教育实践的困惑，西南财经大学推行和尽力落实着国家规定的卓越法律人才教育培养计划的各项政策与制度，如优化课程体系；探索"学校—实际部门共同培养"和"国内—海外联合培养"的培养模式；建立具有广阔国际视野、扎实理论功底、丰富实践经验的"双师结构"法学师资队伍；建设法学实践教学基地；等等。

西南财经大学力图走出法律诊所教育的实践困境，并结合国家对其进行的针对性改造，逐渐摸索创造出一种法学实践教学新模式——法律医院。法律医院的创建，旨在克服中国高校推广法律诊所教育实践中遇到的普遍性问题：①如何克服法律诊所实践知识与课堂理论教学知识（包括法学和其他学科）的脱节问题？通俗地说，就是"教了的用不上，用得上的没有教"的知识脱节问题。②如何解决法律诊所实践教学与传统法学课堂教学分离的问题？理论学习在课堂，法律实践在诊所，学生的学与做普遍存在空间分离现象，不能"边学边做，边做边学"。③如何解决法律诊所规模小，只能针对弱势群体进行某些法律学科（单科）的临床诊断实践？换言之，学生能否在每一个法律

---

① 甄贞. 诊所法律教育在中国 [M]. 北京：法律出版社，2002：19.
② 中央政法委员会、教育部. 关于实施卓越法律人才教育培养计划的若干意见（教高 [2011] 10 号）。
③ 张红. 学徒制 vs 学院制：诊所法律教育的产生及其背后 [J]. 中外法学，2007（4）：509.

学科都进行临床诊断式的学习？④如何解决法律诊所教育师资不足的问题？上述四个问题也可被总结为：法律专业大学生们要学什么、哪里学、如何学和向谁学，才能成长为应用型、复合型的卓越法律人才。

法律医院是对法律诊所教育的中国适应性改造，是配合卓越法律人才教育培养计划深入推进的实践和理论成果。

二、法律医院的独特内涵

法律医院确立了"应用型、复合型卓越法律人才"的人才培养目标，贯彻"服务社会、追求卓越"的人才培养理念，是整合各种教育资源打造出的由"多元融合"的课程体系、"多维重合"的教学空间、"全科习学结合"的教学方法和"行知融合"的教学队伍等要素构成的新型法学实践教育平台。法律医院这些独特的内涵是西南财经大学在引进法律诊所教育模式过程中，力图解决遇到的诸多法学实践教学难题，结合深入推行卓越法律人才教育培养计划措施而逐步形成的。法律医院所解决的实践性教学问题及其措施主要包括：

第一，构建"多元融合"的新型课程体系，解决法律诊所实践与课堂理论知识脱节的问题。诊所教育增强了法学教学实践环节，但并没有很好地融合我国传统法学教育的理论教学，也未能处理好其与通识教育的关系。法律医院在高等院校普遍推行的通识课程和法学主干课程基础上，结合财经院校特色创设了专业融合特色课程，增加了法律职业技能训练的实践性课程，强调学生要具有"融会贯通，创新发扬"的知识融通能力以不断适应社会发展需求。具体而言，采取了如下措施：

（1）为保证学生所学知识的多元性，新型课程体系包括通识教育课程、大学科基础课、专业必修课、自由选修课和实践教学5个模块。

（2）为增强学生所学知识的实践性，在172总课程学分的基础上削减12学分专业方向课，使实践教学课程分值由16学分增加到28学分。

（3）为增强学生所学知识的融合性，创设了融合专业和融合课程。比如开设"法学金融班""法学会计班"；同时还增设了深度融合课程如"企业领导的法律思维""投融资法律事务课程"等。

（4）为培养学生的学习自主性，增加自由选修课学分到84学分，以扩展学生选修课程（20学分即可）的选择宽度，让他们从"要我学"主动转变到"我要学"。

第二，创造"多维重合"的教学空间，以解决法律诊所与课堂教学分离的问题。法律诊所教育突破了传统法学的课堂教学，却未能与其有机结合，出现了"两张皮"现象。法律医院追求多维重合的教学空间，即法律诊所与课堂教学重叠，物理空间与虚拟空间并存，国际与国内教学空间结合。

（1）实现法律诊所与课堂教学重叠，首先追求"课堂是诊所"，即也有法律思维和技能的训练。比如，建立"案例研究中心"，以真实的经典案例训练学生的法律思维；在课程中嵌入模拟法庭的案件审判演练；等等。法律诊所与课堂教学重叠还追求"诊所即课堂"，即诊所也要进行法学理论的教学。采取的措施有：把成都市中级人民法院等优质司法资源作为法律医院的重要人才培养平台（包括院长、优秀庭长、优秀法官参与指导）；条件成熟的基地则由优秀法官直接担任一些法律课程的教学任务，为实习学生成建制地开班上课；让学生担任优秀法官、检察官、律师的助理。

（2）将法学实践教学物理空间拓展到虚拟空间。比如，以教育部专项经费960余万元建了"法学综合教学实验中心"；牵头协同共建国内领先的法律大数据平台，为学生法律实务训练建立方便快捷的数据库；教师积极参与网络课程的设计与讲授，通过高科技手段增强教学实践性；等等。

（3）国际与国内教学空间结合。比如，学校与海外8所一流高校如威斯康星大学麦迪逊分校、法兰克福大学、伦敦大学国王学院等建立常态联合卓越法律人才培养机制；同时学校多年组织和培训学生参与多项国际性赛事，如Philip C. Jessup国际法模拟法庭辩论赛、Willem C. Vis Moot和"贸仲杯"国际商事仲裁模拟仲裁庭辩论赛、红十字"国际人道法"模拟法庭竞赛、国际环境法模拟法庭大赛、国际刑事法院审判竞赛等，借助国际比赛选拔和培养国际化的高端法律人才。

第三，创立"全科习学结合"的新型教学方法，解决法律诊所单科临床诊断的问题。法律医院追求习学结合的"全科性"，即每门法律课程都要求尽量做到习学结合。例如，制度要求每学期每门法律专业课程原则上都必须聘请法律实务界精英，由其嵌入式讲授至少一次课，有的法律课程的教学还直接聘请法律实务专家。为避免学与习分离，法律医院提倡"习学结合"。一方面，"学与习结合"，即增加原有课堂教学的实践性，例如，将原有的案例教学改造成与法律实务专家一起进行案例探讨研究等；另一方面，"习与学结合"，即变革原有实践教学环节的短期性，改变原有的"集中性短期实习"，延长为6~12个月的"延展性长期实习"；同时还建立40多个教学实践基地，在全国首创学生集中实习管理软件系统，以落实学生在教学实践基地的法律实务训练；鼓励学生利用寒暑假在实践性教学基地进行法律实务操作，以养成法律实践能力；等等。

第四，打造"行知统合"的医师型教学队伍，解决法律诊所教育师资不足的问题。法律医院顺应卓越法律人才培养的"双千计划"和建立"双师型"教学队伍的要求，着力打造类似于医院医师构成的实践性教师队伍。一方面，改造学者型教师，鼓励"走出去"。我院先后派遣几十名教师到法律实务部门挂职锻炼或担任仲裁员，增加教师队伍中"行"的知识总量。另一方面，吸收法律实务精英，主动"引进来"。除司法机关的优秀法律实务人才在法学院挂职担任院长助理外，我校还聘请大量司法机关、社会法律服务机构和企事业单位的法律实务精英担任法学课程教师和校外导师，并鼓励这些实务精英与学院师生合作进行实务型法律课题研究。同时，学校还招聘专职和引进兼职的受过海外专门法学训练的数十名师资来学校参与卓越法律人才的培养，以提高教师队伍的国际化程度。

我们认为，作为一种超越法律诊所的实践性教学模式，法律医院有如下创新之处：

（1）精心设计了多元融合的课程体系。多元融合课程体系，不仅表现在跨学科课程和实践性课程的增加，还表现在融合专业和融合课程的开设以及超出应得学分4倍分值的选修课程，让学生形成有个人特色的多元融合知识构架。

（2）开拓出多维重合的教学空间。法律医院创造出理论课堂与实践诊所融合、物理空间与虚拟空间并存、国际与国内教学空间结合的多维立体重合的教学空间。

（3）创立了"全科习学结合"的教学方法。法律医院将课堂教学理论学习的"学"与法律实践训练的"习"融会贯通，创新了传统教学方法。

（4）打造出"行知统合"的医师型教学队伍。法律医院打造了学院教师理论与实践相结合的坚实平台，又大量引进法律实务精英和国际化人才，打造出实践性很强又有深厚理论积淀的国际化师资队伍。

三、法律医院的实践效果

创建"法律医院"实践教学新模式后，西南财经大学法律人才培养质量显著提高。具体表现是：

第一，学生科研能力显著增强。学术上，学生在科研实践和竞赛中成绩突出。近3年来，我校法学院本科生共获得大学生创新创业训练计划项目9项，省级项目结项17项。师生合作科研科创从省高院、省法制办、团省委、省妇联、省残联等征集研究课题立项近40项，已结项16项。

第二，学生法律实务技能渐入佳境。法律医院实践成效显著。2005年以来，在教师指导下的法律援助诊所接待来信、来电、来访等法律咨询698次；

共办理援助各类民事和刑事案件92起，其中有3起刑事案件帮助被告人由死刑立即执行改判为死刑缓期执行。参与援助活动的师生共计300余人，活动取得了较好的社会效益，所代理的女大学生就业歧视案件受到《工人日报》等5家平面媒体的整版或大篇幅报道，上百家网站进行了转载。

第三，学生就业更受社会欢迎。"法律医院"培养模式提高了学生的法律实务技能后，我校法学院本科就业率居全国同类专业前列。就业范围囊括了公检法、律师事务所等法律行业，以及金融机构和全球500强企业（知名金融机构的就业率近年来一直稳定在40%以上）。

第四，国内外竞赛硕果累累。法学院同学在一系列国内外重大比赛中取得了优异成绩，分别在2008年、2012年、2013年从Jessup中国赛区脱颖而出，代表中国赴美参加Jessup国际法模拟法庭辩论赛；2012年代表中国参加国际环境法模拟法庭大赛；2016年赴我国香港地区参加"贸仲杯"国际商事仲裁大赛；2016年赴韩国首尔参加了国际环境法模拟法庭大赛亚洲区比赛。此外，还有上百名法学院的同学在国内外比赛中多次获奖，数十人获得"最佳辩手"称号。参赛同学毕业后纷纷进入世界和中国一流律师事务所工作或进入顶级高校深造，成为中国法律实务和科研界高层次的国际性人才。

法律医院已经形成显著的推广价值：

第一，示范影响作用。我院法学实践教学新模式得到兄弟院校同行的一致肯定，改革效果形成辐射效应。上海财经大学、西南政法大学、四川大学等20多所兄弟院校到我院考察交流。来访专家普遍认为，我院摒弃相对单一的传统法律人才培养模式，加强与实务部门的深度合作，开创多层递进的实验教学，在探索发展过程中创立了"法律医院"。很多做法符合法学教育教学改革新趋势，对今后我国法律人才培养具有重要参考和推广价值。

德国柏林洪堡大学马丁·黑戈尔教授、剑桥大学艾伦·白睿教授、中央党校张恒山教授、清华大学张卫平教授、北京大学易继明教授、中国社科院谢鸿飞教授、中国人民大学高圣平教授等国内知名学者到我院开展学术交流，并对我院法学实践教学改革新模式给予充分肯定。同时，我院也率团出访英国伦敦大学、德国法兰克福大学、德国奥格斯堡大学、美国威斯康星大学、美国纽约城市大学等高校进行交流，介绍我院法学教学改革新成果，获得高度赞许。此外，四川电视台以及《中国教育报》《四川法制报》等媒体对我校的实践教学改革也做了相关报道和介绍。

第二，推广的意义与推广的可行性。本项教学改革成果具有较强的可推广性，具体表现在以下方面：首先，法律人才培养相对单一，学生实践能力不强，应用型、复合型法律职业人才培养不足，是我国当前法学教育面临的共同问题，而本项成果的推广恰好可以解决上述问题。其次，课题组对西南财经大学法学院和省内相关高校的学生做了长期调研和深度了解，总结归纳出法科学生的突出特点。这些特点在当代法科学生群体中具有普遍共性。最后，从推广该项成果的内外环境来看，实践教学改革所需硬件条件并不高，法律实务部门也具有较强的合作意愿和动力。

四、结语：有待继续深入探索

法律医院是笔者带领学院教师团队进行实践性教学改革探索和理论提升的阶段性产物，在上文中我们总结汇报了法律医院的基本要素和实践价值。在我们的心目中，最原始的想法是，法学院培养法律人才应该像医学院培养医学人才一样，通过临床实践，边干边学，边学边干，紧贴法律职业实际培养当今社会所需要的法律人才。然而，当我们试图提升法律医院的独特内容和核心要素时，我们却充分感受到语言表达的苍白。

法律医院有待继续进行实践探索与理论完善。比如，法律医院重视法律职业教育，要求法学教师提高法律实践能力或者偏重于培养新进教师的实践能力，那么它同现有的法学教师考核指标如何衔接？又比如，法律医院所需的财政支持又从哪里获得？要打造一个法律医院以供教学，这需要整合各方面的资源。其实，当年美国的法学院也曾经一度面临着今天我们的法律医院所面临的学术与财政问题①。再如，法律医院的理论基础应该类似于美国的法律现实主义，因为笔者和教师团队一贯提倡和身体力行着法律与社会科学的研究，而且赞同以法律职业引领法学教学，但它明显镶嵌在当代中国社会中，应该有另一种不同的解释及其背景，等等。

最后，我们要重申，法律医院有待学界和同仁的质疑与追问。有句话说得好："批评你是看得起你。"我们期望各位能看得起我们的法律医院。

---

① 斯蒂文斯. 法学院：19世纪50年代到20世纪80年代的美国法学教育 [M]. 阎亚林，等译. 北京：中国政法大学出版社，2003：369起.

From Legal Clinic to Law Hospital: Reconstructing the Teaching Model of Law Practice

——Based on the Exploration of Practical Teaching Reform of Southwest University of Finance and Economics

Gao Jinkang

Abstract: For many of their peers in higher law education, law hospital is a relatively unfamiliar concept. Therefore, this paper introduces to your peers the production, connotation and innovation of legal hospitals, as well as the practical effect, the right to make jade brick. As a practical teaching mode, legal hospital is a new thing, there are still many imperfections, we are constantly exploring and improving. We look forward to criticism. In the words of the day, it's "welcome to shoot bricks". We implore you to throw "bricks" at the legal hospital. We believe that the "bricks" must be full of peer care for the legal hospital, including the legal hospital growth of theoretical resources and practical wisdom.

Keywords: Legal Clinic; Law Hospital; Legal Practical Teaching

第二篇
法学实践性教学中的
主动学习模式探索

法学实践性教学工作的一个重点就是探索可令法科学生主动学习的学习模式。本篇的四篇文章主要讨论了四种不同教学模式的特点及可行性。

　　第一篇文章突出了法律职业伦理在法学教学工作中的重要性，并采取比较法的视角，比较了法律职业伦理领域的领军国家美国等的法律职业伦理教育，以此为基点论述了中国法律职业伦理教育的发展实践，最终以中国政法大学的法律职业伦理教育为蓝本，提出了自己的解决方案。第二篇文章主张推广个案全过程教学法，着重提升学生的实务操作能力。本文分析了以美国为代表的"个案教学法"和以德国为代表的"实例研习"的主要特点，讨论了我国案例教学的困境。最后提出应确立"个案全过程教学法"，论述了该方法的优点和推广的建议与构想。第三篇文章提出作为教学方法的法教义学虽存在争论但仍应确立其设置，同时不应在过早的阶段进行设置。作者从正反两面分析法教义学方法，全面地论述了法教义学方法的利弊，在肯定法教义学方法存在优点的同时，也列出了其存在的缺陷。最后给出了自己的解决方案，即本科前两年不宜直接灌输法教义学，应当在高年级学生以及实务工作者中开展法教义学的案例学习。第四篇文章针对当前法学教学中存在的"问题场景"缺位造成的学习抽象基础不足的问题提出了"双向场景案例讨论"的方法。本文作者针对此法亲自进行了实践研究，对民法课程中同一年级不同班级有意识地、差别化地实践了此法。

"学训一体"法律职业伦理
教学模式的实践与创新[①]

摘要： 无论是国际层面的比较研究，还是国内层面的实证研究，都反映出传统的中国法学教育存在着重技能教育轻德行培养的不足，无法有效实现德法兼修的法治人才培养目标。为解决这一问题，中国政法大学采取了成立专门的法律职业伦理教研室、开设法律诊所、加强实践实训等措施，开创了"学训一体"法律职业伦理教学模式。经过不断的总结和发展，该模式形成了集教学体系、研究体系和奖励体系于一体的立体成果群，法律职业伦理课程的重要性获得法学界共识，进入了《普通高等学校法学类本科专业教学质量国家标准》和《立格联盟院校法学专业教学质量标准》核心课程体系。

关键词： "学训一体"德法兼修；法律职业伦理教育；行业标准；国家标准

一、问题的提出

在中国现实的法学教育中，法律职业伦理的教育是否处于一种实质缺乏的状况？如果缺乏，在制度层面应如何予以解决？有没有一种适合于中国的法律职业伦理教育模式，能够在中国法学教育体系中发挥实际作用，引领中国法学伦理教育的发展？对这些问题的追问，我们需要分两个层次予以研究。首先探究的是中国法律职业伦理教育的匮乏问题。这要从国际、国内两个层面展开，通过比较法社会学的研究得出结论。从国际层面来看，对于他国的法律职业伦理教育情况，必须要有一个客观清醒的把握和认识，只有在他国的法律职业伦理教育步伐远远在我国之前，我们所分析的宏观理由和现实状况才更加具有说

---

① 该文曾在《政法论坛》2019年第2期发表，特此声明。

② 刘坤轮，中国政法大学副教授，硕士研究生导师。

服力。同时，就国内层面而言，则需要通过实证的研究，证成或证伪中国法律职业伦理是否充分的问题。在此基础上，我们才能接着梳理国内现有的法律职业伦理教育模式，总结提炼并形成相对理想或具有共识性的认知，为问题的解决提供思路。

二、法律职业伦理教育的国际样态

本文的分析采取一种比较法社会学的视角，从功能比较的角度切入，指向法律职业伦理缺失的问题，进一步比较各个国家对这一问题的不同解决方案，而在具体的解决方案落脚点上，主要关注大学中的法律职业伦理教育，再联系造成法律职业伦理教育现状的原因进行分析，从功能到联系，分解其功能之所以发挥良好的诸多背景元素。具体而言，本文的比较对象重点为法律职业伦理领域的领军国家美国，然后是澳大利亚和加拿大，最后是离我们最近的韩国。其他国家的法律职业伦理教育情况，一般来说，都在某种程度上受到美国法律职业伦理转向的影响，但又有各自的风格和特点。

（一）美国的法律职业伦理教育

在美国，要进入法律职业，其中一个条件就是要毕业于法学院校，同时，由于美国法律职业共同体的自治性，大多数州要求本州执业律师毕业于全美律师协会认证的法学院——正是这一直接的关联，全美律师协会的伦理规制才被直接反映到法学院的法学教育之中，而最直接的链接就是全美律师协会采纳的法学教育标准。其中，最早成型的法学教育标准为《1921 年法学教育标准》。该标准是一个仅有一页半的东西，却指导着 1920—1940 年美国的法学教育，全美律师协会一直为该标准得到执行而努力——尽管中间出现过诸多修正，但该标准一直生效至 1973 年。1973 年，全美律师协会代表会议批准了《法学院批准标准》（*Standards for Approval at Law School*）。两个标准中法律职业伦理教育的定位，也构成了美国早期法学教育中法律职业伦理教育的脉络特征。但遗憾的是，它们都没有强制规定法律职业伦理课程的教授工作。

尽管全美律师协会没有强制要求法律职业伦理课程的教授工作，但是，在这个阶段，美国法学院的法律职业伦理教育却已经在向规范之路迈进了。据统计，1931 年，很多法学院已经将法律职业伦理作为一门正式课程予以开设，其中美国法学院学会（the Association of Law Schools，AALS）认证的法学院中比例大约为 79%，非美国法学院学会认证的法学院中比例大约为 68%。1921—1973 年，尽管有很多法学院开设了法律职业伦理课程，遗憾的是，鲜有全职教学负责教授，学生也很少认真对待该课程。然后，"水门丑闻"扑面而来①，众多律师的卷入使得社会和法律界呼唤法学院中强化法律职业伦理教育。1974年，全美律师协会在刚刚采纳的《法学院批准标准》中加上了标准302（a）（iv）。在美国法律职业伦理教育史上，标准302（a）（iv）的出现，具有里程碑意义，它强制要求法学院必须开设法律职业伦理课程。尽管302（a）（iv）没有规定具体的课程开设方式，而是将具体的自由裁量权交给了法学院，由它们自主决定是采用必修课程设置，还是采用"贯穿性（pervasive）"教学法。

1996年，全美律师协会对标准再次进行修正，关于法律职业伦理的教授问题，调整标准变为标准302（b）："法学院在其法律博士项目中应当要求所有学生接受法律职业及其成员之历史、目标、结构、义务、价值观以及义务的教育，包括《全美律师协会职业行为模范规则》的教育"。由此，经过302标准，在美国法学院中，法律职业伦理教育得到了强制执行。余下的就是具体安排、教学方法和实际效果等操作层面的问题了。对于实际效果，全美律师协会不断考察法学院中法律职业责任的教授情况，无形之中，对法学院法律职业伦理的正规化也起到了重要的推动作用。随着越来越多学者关注法律职业伦理这一领域，研究文献也越来越多，研究的问题也越来越细化。这种细化直接导致了法律职业伦理学科化成为一种事实，而关于它的争论，已经不再有必要，而是变成了教学方法和具体实施的问题了。关于这些，涌现出了大量的争论文献。这种文献的出现本身就代表着法律职业伦理的教育在美国已经成熟，远远走在了世界前列。

（二）澳大利亚的法律职业伦理教育

在澳大利亚，法律职业伦理的教育并没有到达美国的发达程度，因而无论是在教学方法、认识论、师资和院校投入及教学研究热情方面，都存在着一定的问题。但同时，换个角度来看，这些问题本身也反映着澳大利亚法学教育在法律职业伦理方面渐次取得的进步。因此，对此予以关注，有助于我们全面认知和理解法律职业伦理教育在发展过程中可能会经历的问题，并引以为戒。

（1）在问题方面。首先，关于法律职业伦理的定义一直未能达成共识，从而导致课程范围无法严格确定，具体的教授内容无法完全统一，使得法律伦理教育的一元化追求处于萌芽状态。因而，尽管一些法学院也提供了法律职业伦理课程，但也只是将其作为"另一门课程"来对待，没有将其提升到法律

① TERRY L S. A Survey of Legal Ethics Education in Law Schools［J］. Ethics in Academia，2000（5）：62-73.

职业基础性教育的高度。其次，在澳大利亚，致力于法律职业伦理教育研究的个人和组织还相对较少，所以就会使一些法学院校在承担该课程的教师离职、变动、退休或辞职时，出现面临挑战的情形。最后，法学教育内部对法律职业伦理教育的投入和热情不足，这就导致法律职业伦理的变革和创新往往是迫于外部的压力，而不像美国那样，由一些领军人物从内部进行驱动，这就导致了法律职业伦理教育在澳大利亚的长远发展缺乏驱动力。

（2）在成就方面。首先，尽管澳大利亚法学院的课程设置中纳入法律职业伦理是相对新近的 1999—2000 学年，但法律职业伦理教育越来越重要已经成为一个事实，几乎所有法学院的研究生阶段都安排了法律职业伦理课程，大多数法学院也将该课程设置为本科阶段的修习课程之一，并且在学分、学时方面的占比也越来越大。其次，出现了专门的研究性组织、刊物和委员会。M.J. Le Brun 教授介绍，澳大利亚的杂志《法学教育评论》同意出专刊讨论法律职业伦理问题，来自法学、哲学和应用伦理学的教职人员联合在一起也成立了一个组织，研究共同感兴趣的法律职业伦理问题；同时，还出现了由不同组织成员组成的一个分委员会，专门探讨法学院应当如何处理法律伦理的相关问题①。

（三）加拿大的法律职业伦理教育

在加拿大，法律职业伦理教育也较为发达，研究文献十分丰富。笔者并没有能够收集到加拿大法学院校开设法律专业伦理课程的丰富实证资料，但从所得文献设定的诸多论述，基本上可以逻辑推演出在加拿大法律职业伦理教育已经形成了一套完整的系统。加拿大法学界对法律职业伦理教育的目标、不足之处以及教学方法等有着充分系统的认知，这一切都反映出加拿大法律职业伦理教育处于一种较高的地位，从教育目标、课程架构、教学方式的多样性来看，可以清晰地反映出加拿大法学教育的繁荣景象。

1. 教育目标

根据加拿大法律职业伦理领军学者的总结，法律职业伦理的教育目标主要包括如下几个方面：①向学生介绍法律职业的组织、结果及其责任；②使学生能够评价法律职业的组织及其在履行其义务时的效果；③教授学生各种职业角色和情景中法律人的义务；④使学生能够在需要承担义务时确定义务；⑤使学生对法律职业及职业责任形成态度和价值观；⑥让学生参与伦理论证过程，以

① LE BRUN M J. Enhancing Student Learning of Legal Ethicsand Professional Responsibility in Australian Law Schools by Improving Our Teaching [J]. Legal Educ. Rev., 2001（12）：269.

使得他们能够评价职业角色的妥当性以及对自身的意义，从而使得他们能够在职业义务出现时评判这些义务并选择恰当行为；⑦使学生能够以一种有效率的、组织化的、职业化的方式进行执业活动①。

2. 课程架构

加拿大法律职业伦理教育相对成熟的另一个标志在于课程架构的多样性。在加拿大大学的法学院中，法律职业伦理课程的设置已经基本超越了"另一门课程"的阶段，而是变成了多样化的课程设置体系，各个法学院校对于如何进行法律职业伦理教授，形成了各具特色的课程设计选择方案。具体而言，这些方案主要包括如下几种：①贯穿性教学课程设置方法。贯穿性教学法是加拿大法律职业伦理教育中的一个重要的教学方法，也就是在所有的实体法中系统地教授学生法律职业伦理问题。②诊所式教学方法。诊所式教学法也是法律职业伦理教育中的一个重要方法，这一方法以客户为中心，具体效果则取决于学生对客户的负责程度。③仿真实践。在加拿大法学院，仿真实践支持者认为，应该通过 1~2 年的实践，用真人扮演客户，培养出学生的综合执业技巧，这也就是法律职业伦理教育中的 CSD（comprehensive skills development）计划。④单独课程。在加拿大，大多数法学院的法律职业伦理教育采用单独课程，名称或为"法律入门"，或为"法律职业"，或是"法律职业伦理"，又或是"职业责任"等，采用课堂教学或是讲座的方式进行教授。

（四）韩国的法律职业伦理教育

在韩国，对法律人的职业伦理教育被称为"法曹伦理"。韩国将之前通过司法考试和司法研修院培养法官、检察官和律师等法律人的制度改革为仅有律师考试的法律人培养制度，并且将参加律师考试人选资格局限为毕业于法学专门大学院（三年硕士课程）者。在司法考试制度体制下，并没有对预备法律人的职业伦理教育予以太多的重视，它对法律职业伦理教育的重视是随着法学教育改革而逐步确立起来的。在司法改革的推进过程中，早在 1995—1996 年、1998—1999 年，韩国分两次进行了法曹培养制度改革的尝试；2004 年，韩国成立了"司法制度改革推进委员会"；2005 年，韩国制定了有关设置法科大学院的法律并加快了司法改革的进程；2007 年 7 月，韩国国会通过了《法学专门大学院法》，该法规定要引进"法学专门大学院制度"。随着这种法律人选拔制度的改革，在 2009 年 3 月，韩国共开设了 25 个法学专门大学院（入学定

① W B COTTER. Professional Responsibility Instructionin Canada：Coordinated Curriculum for Legal Education ［J］. Quebec：Joint National Committee on Legal Education of Federation of Law Societies of Canada and Council of Canadian Law Deans，1992（ii）.

员 2 000 名），并全部将法曹伦理设定为必修科目，而在 2012 年 1 月开展第一届律师考试之前，在 2010 年开展了第一届法曹伦理考试，继而在 2011 年开展了第二届考试。

三、中国法律职业伦理教育的现实场景

国际层面对于法律职业伦理教育的重视，只有在有充分材料证成中国法律职业伦理教育匮乏的情景下才有比较意义。那么，中国的法律职业伦理教育究竟处于一个怎样的发展阶段呢？为了说明这一问题，本文对我国首批 60 所卓越法律人才基地院校的法学本科人才培养方案进行了调查，最终得到了 41 份本科培养方案①。由于这些院校的法学教育代表了中国法学教育的水平和未来的发展方向，因此它们对法律职业伦理教育的重视程度应该大体表征了宏观层面上我国法学教育在这一问题上的基本态度。经过分析，我们从培养目标和课程设置两个方面进行分析，得出如下结果：

（一）培养目标分析

（1）比例描述。在 41 所院校本科生培养方案规定的培养目标中，有法律职业伦理教育要求的一共有 20 所，占整个统计样本的 48.78%。其中，明确阐明法律职业伦理要求的院校有 16 所，占整个统计样本的 39.02%，在有法律职业伦理教育要求的院校中占 80%。基本明确阐明法律职业伦理要求的院校有 4 所，占整个统计样本的 9.76%，在有法律职业伦理教育要求的院校中占 20%。

（2）结果分析。从这个统计结果来看，在整个有效样本中，就培养目标而言，只有 20 所院校具有职业伦理要求，其中完全明确的只有 16 所，只占整个统计样本的 39.02%。作为法律职业人养成重要特质的职业伦理属性，这一比例显然偏低。并且这只是纸上层面的规定。这一状况很明确地反映出，对于法学职业教育的属性，我国的法学教育主体存在着一定的认识偏颇之处。法学

---

① 这 41 份法学本科培养方案来源院校分别为：中国政法大学、北京大学法学院、中国人民大学法学院、对外经贸大学法学院、北京航空航天大学法学院、南开大学法学院、河北大学政法学院、山西大学法学院、辽宁大学法学院、沈阳师范大学法学院、吉林大学法学院、吉林财经大学法学院、黑龙江大学法学院、复旦大学法学院、同济大学法学院、南京大学法学院、上海交通大学法学院、华东政法大学、浙江大学法学院、苏州大学法学院、南京师范大学法学院、安徽大学法学院、浙江工商大学法学院、江西财经大学法学院、烟台大学法学院、河南大学法学院、中南大学法学院、清华大学法学院、暨南大学法学院、中山大学法学院、华南理工大学法学院、广西大学法学院、四川大学法学院、重庆大学法学院、云南大学法学院、贵州大学法学院、兰州大学法学院、海南大学法学院、中南财经政法大学法学院、西北政法大学和西南政法大学。数据来源于各个院校法学网站。

教育的知识性和技能性在法学教育层面常常被法学教育主体所看重，近年来，实践性的属性也逐渐为高校所重视，实践教学环节的比重和教学也得到了越来越多的重视，但对于法律职业伦理教育的目标认识，却没有相应跟上。这种状况是值得反思的。

（二）课程设置分析

（1）从具体执行层面来看，在41所院校本科生培养方案中，设置有法律职业伦理教育课程的一共有15所，占整个统计样本的36.59%。如果严格限定，那么，明确阐明法律职业伦理要求的院校就只剩下9所，仅占整个统计样本的21.95%，在有法律职业伦理教育要求的院校中占60%。那些设置有相关课程，但未明确是法律职业伦理课程的有6所，占整个统计样本的21.96%，在有法律职业伦理教育要求的院校中占40%。同时，还需要指出的是，在41所院校中，明确规定法律职业伦理为法学本科生必修课的为吉林大学法学院、苏州大学法学院、华南理工大学法学院三所院校，沈阳师范大学法学院根据培养方向不同将该课程设为选修中的必选课程，基本可以视同为必修课程。这样，在整个样本体系中，设置法律职业伦理必修课的比例就是9.76%，在15所设置该课程的院校占26.67%。其他的11所院校，虽然设置了该课程，但课程属性为选修课，在41所统计样本中占26.83%，在15所设置该课程的院校中占73.33%。

（2）从统计结果来看，在整个有效样本中，就课程设置而言，法学院校在法律职业伦理教育方面存在着以下问题：第一，开设课程比例偏低。无论是严格限定的法律职业伦理课程，还是宽泛限定的法律职业伦理课程，在整个分析样本中所占的比例都明显偏低。与培养目标中明确规定了法律职业伦理要求的院校占48.78%的比例相比，在操作层面这一比例变成了36.59%，减少了12.19%。显然，很多院校的法律职业伦理要求，并没有从纸上的规定落实到行动中的课程设置。第二，对课程属性重视不足。即便是在开设了法律职业伦理教育课程的15所院校中，算上沈阳师范大学法学院，也只有4所院校将法律职业伦理课程设置为必修课程，这一比例远远低于袁钢教授所调研的47.62%的比例①。这说明，在本科法学教育阶段，即便是处于领军地位的法学院校，对于法律职业伦理课程属性和地位的认知也存在着明显的不足。

---

① 袁钢，刘璇. 高校法律职业伦理课程的调研与分析 [J]. 中国法学教育研究，2012（1）：104-118，204.

四、应对策略：中国政法大学的实践

经过对美国、加拿大、澳大利亚和韩国等国家法律职业伦理教育概况的介绍，以及对我国41所卓越法律人才培养基地法学本科生培养方案的分析，我们可以看到，无论是在比较层面上，还是在我国这些国内处于相对领先地位的法学院校中，对于法律职业伦理的重视程度都是严重不足的。这既表现在它们法学本科生培养目标设定方面没有明确提出职业伦理的规范要求，同时也体现在操作层面，它们对法学本科生法律职业伦理课程设置不够重视。

中国的法学教育经过几十年的发展，取得了巨大成就，但同时，中国法学教育在快速发展过程中，也出现了规模与质量之间的矛盾，存在着知识教育和实践教育脱节的问题，存在着重技能、轻德行的缺陷。其中法律职业伦理教育的问题就是一个集中的反映。对于这一问题，国内一流的法学院校已经开始予以重视，经过总结，形成了基本的解决方案。本文以中国政法大学在法律职业伦理教育方面的实践与创新推广予以展开。作为中国法学教育最高学府之一，中国政法大学在60年的办学实践中，形成了独特的人才培养特色，同时也极富远见地看到了中国法学教育德行缺失的问题，有针对性地成立了中国第一个专门的法律职业伦理教研室，打造开创了"学训一体"法律职业伦理教学模式。经过不断总结发展，该模式形成了集教学体系、研究体系和奖励体系于一体的立体成果群，最终使法律职业伦理课程的重要性获得法学界共识，成功进入《普通高等学校法学类本科专业教学质量国家标准》和《立格联盟院校法学专业教学质量标准》核心课程体系。而国家标准和行业引领标准都明确要求将法律职业伦理教育贯穿法治人才培养的全过程。

（一）改革背景及成果体系

"学训一体"法律职业伦理教学模式直指传统法学教育重知识教育轻道德熏陶的弊端。耶鲁法学院院长哈罗德·H.柯曾言："别让你的技巧胜过美德。"作为一种服务社会的特殊行业，法律职业具有服务公益的天然使命，因而有着特殊的伦理要求，这构成了法律职业的特色。但实际上，我国法律职业伦理教育教学一直没有得到充分的重视。在系统总结我国传统法学教育存在着重知识传授轻道德熏陶等问题的基础上，"学训一体"法律职业伦理教学模式有针对性地开发课程体系，旨在引领法学教育改革，推进中国法学教育的标准化建设。该教学成果针对的是我国传统法学教育存在的如下缺陷：

（1）法学教育"德行"缺失。这一问题导致法学院毕业生走上法律工作岗位后，无法解决各种角色和利益冲突问题，在面对角色伦理困境时，无力做出符合法律基本价值的选择，直接影响法律职业群体的公信力。

（2）法学知识教育与法律实践工作脱节。传统法学教育重知识传授轻道德熏陶，法律职业伦理没有贯穿人才培养全过程，法律职业伦理教育不能打破知识教育和实践教学之间的体制壁垒。

（3）法律职业伦理课程未能成为法学专业核心课。由于没有被纳入法学类专业核心课程体系，法律职业伦理课程的重要性就无法凸显。传统法学教育只是将法律职业伦理作为一门选修课程，重视程度较低，如今法律职业伦理堪忧的状况在法学教育领域就埋下了根源。

（4）法学教育中技能教育和伦理教育无法融会贯通。以往即便有较少的法学院开设有法律职业伦理课程，也只是将其作为一门理论课程。学校没有将"法律职业伦理"通过训练才能完成的理念贯彻其中，"学训一体"法律职业伦理教学模式则从根本上解决了这一问题。

（二）改革的体系及效果

目前，中国政法大学"学训一体"法律职业伦理教学模式的改革尝试，已经取得了较为成熟的经验。

（1）构建"理论教学—实践教学"协同育人的法律职业伦理教学体系。该体系在强调法律职业伦理理论教学的同时，将以法律诊所等为代表的法律实践教学融入法律职业伦理教学体系之中。

（2）形成了层层递进的法律职业伦理教学体系。通过多元化课程设计，形成了"理论教学→案例教学→法律诊所→法律实习"的标准化的、层层递进的法律职业伦理教学体系。

（3）将"以德为先"贯穿德法兼修法治人才培养全过程。在法治人才培养过程中，除通过加强思想政治理论教育实效性，坚持立德树人、以德为先外，还系统结合法律职业的独特特点，突出法律职业所特有的伦理体系知识，真正将"以德为先"落到德法兼修法治人才培养的实处，做到以加强职业训练提升思想政治理论教育实效，强化理想信念教育，坚定对宪法和法律权威的内心维护。

（4）教研互哺，推动专业立体化成熟发展。通过集教学体系、研究体系和奖励体系于一体的立体成果群，进入了《普通高等学校法学类本科专业教学质量国家标准》和《立格联盟院校法学专业教学质量标准》。国家标准和行业引领标准都明确要求将法律职业伦理教育贯穿法治人才培养的全过程。

（三）科学推进，系统提升德法兼修高素质法治人才培养能力

经过多年实践，中国政法大学形成了"学训一体"法律职业伦理教学模

式，提升了高素质法治人才的培养能力。

（1）确立"以德为先"统领德法兼修法治人才培养的全新理念。该教学模式首先对德法兼修法治人才的培养确立了"以德为先"的统领理念，实现了两个结合：第一个结合是将我国历史传统和现实国情相结合，根据我国依法治国和以德治国的历史传统，结合我国现实的法治建设国情，明确了立德树人、德法兼修的法治人才培养目标。第二个结合是专业技能和职业伦理的结合。既关注法学专业知识和技能的教育，也注重理想信念和职业伦理的养成，在加强思想政治理论教育实效性的前提下，紧密结合法律职业的特殊性，强化行业伦理教育，凸显法学教育的"以德为先"理念，将"德法兼修"真正落到实处。

（2）以融会贯通式教学体系打破知识教学和实践教学之间的体制壁垒。"学训一体"法律职业伦理教学模式实现了理论教学、案例教学、诊所教学和法律实践教学的融会贯通，将法律职业伦理教育贯穿法治人才培养全过程，形成了四大教学体系，包括：①以法律职业行为规则、法律职业伦理、司法伦理等为基础的理论课程体系；②以律师实务技能、法庭论辩技能、检察实务技能等为基础的案例教学体系；③以行政法律诊所等6大法律诊所和法庭庭审案例点评等课程为基础的诊所式教学体系；④以律师事务所、检察院、法院实习实践等为基础的实训教学体系。

（3）推动形成共识进入行业引领标准和国家标准。法学教育要培养德才兼备的法律人，除了加强理想信念教育，加强思想政治理论教育实效性之外，从法律专业教育教学的角度来看就是强化法律职业伦理教育。相关团队多年来致力于使法律职业伦理成为法学界共识，并向各方提交咨询报告和意见，并最终成功推动法学界对法律职业伦理的重要性达成共识，最终实现法律职业伦理课程进入《立格联盟院校法学专业教学质量立格联盟标准》和《普通高等学校法学类本科专业教学质量国家标准》的核心课程体系之中，成为全国各个法学院学生都必须修习的10门必修课之一。

（4）教研互哺成果体系辐射奠定学科发展基础。成功形成了教研互哺的研究体系，包括以《中国法律职业伦理教育考察》为代表的专著、以《法律职业伦理论丛》为代表的专门学术刊物，以《法律职业伦理》《律师职业伦理》等为代表的教材等，以及以"北京市高等教育教学成果一等奖"为代表的奖励等。这些成果体系的影响辐射到法律硕士生培养，使法律职业伦理成为法律硕士生必修课程，为未来法律职业伦理单独成为法学二级学科奠定了基础。

目前，中国政法大学"学训一体"法律职业伦理教学模式尽管得到了法学教育界的普遍认可，但在教学理念、课程体系、教学模式方面仍有大量需要继续提升和完善的地方。全国性的推广仍在进行之中，需要进一步支持跟进。为了切实推广这一项目成果，真正将"以德为先、德法兼修"高素质法治人才培养目标贯穿中国法学教育的全过程，本项目团队将继续依托中国政法大学法学教育重镇的优势，进一步总结"学训一体"法律职业伦理教学模式的教育教学改革经验，丰富课程体系，增进协同创新，优化培养环节，提升培养质量，把法学专业"学训一体"法律职业伦理教学模式推向深入，切实服务全面依法治国的国家战略。

值得庆幸的是，法律人才的德行建设作为我国法学教育的一个重要部分，已经得到国家层面的重视。2017 年 5 月 3 日，习近平总书记考察中国政法大学时，明确要求中国法学教育和法治人才培养要坚持立德树人、德法兼修，培养高素质法治专门人才。随之，教育部高等学校法学类专业教学指导委员会召开全体会议，对我国法学类本科专业核心课程进行了改革，并于 2017 年 6 月 18 日正式明确了法律职业伦理的必修课程地位。

2018 年 10 月 13 日，教育部、中央政法委公布了《关于实施卓越法治人才教育培养计划 2.0 的意见》，其中在改革任务和改革措施部分，第一条就是："厚德育，铸就法治人才之魂……加大学生法律职业伦理培养力度，面向全体法学专业学生开设'法律职业伦理'必修课，实现法律职业伦理教育贯穿法治人才培养全过程。坚持'一课双责'，各门课程既要传授专业知识，又要注重价值引领，传递向上向善的正能量。"这就意味着，经过多年的努力，中国的法律职业伦理教育终于走上了健康发展的道路。可以预见，未来的法律职业伦理教育，将在中国打开一个全新的局面，中国的法律职业伦理教育也将成为塑造中国法律人灵魂的重要载体。

The Practice and Innovation of
the "Integration of Study and Training"
Legal Professional Ethics Teaching Model

Liu Kunlun

Abstract：Both the international comparative research and the domestic empirical research have reflected that the traditional Chinese legal education has the disadvantage of focusing on skills education and neglecting morality training, and cannot effectively achieve the goal of cultivating legal talents with both morality and law. In order to solve this problem, China University of Political Science and Law has adopted measures such as setting up a special legal professional ethics teaching and research section, opening a legal clinic, and strengthening practical training, creating a "learning and training integrated" legal professional ethics teaching model. After continuous review and development, the model has formed a three-dimensional group of achievements that integrates teaching system, research system and reward system. The importance of legal professional ethics courses has been recognized by the legal community, and has entered the core curriculum system of "National Standards for Teaching Quality of Law Majors" and "Laws The Professional Teaching Quality Lige Alliance Standard".

Keywords: "Integration of study and training"; Practice both morality and law; Legal professional ethics education; Industry standards; National standards

论"个案全过程教学法"之推广[①]

章武生[②]

摘要:"个案全过程教学法"在提高学生实务操作能力方面具有较大的推广价值。本文通过与国际上主要案例教学模式的功能比较,结合我国的国情,就"个案全过程教学法"的特色以及在我国法学实务性教学中的推广和应用做一些探讨。

关键词:"个案全过程教学法";案例教学;法律实践性教学

"个案全过程教学法"在提高学生实务操作能力方面具有较大的推广价值。现通过与国际上主要案例教学模式的功能比较,结合我国的国情,就"个案全过程教学法"的特色以及在我国法学实务性教学中的推广和应用做一些探讨。

一、当今世界案例教学的主要模式与发展趋势

在法学的实践性教学中,当今世界影响最大的案例教学模式主要是以美国为代表的"个案教学法"和以德国为代表的"实例研习",以及起源于美国并风靡全球的"法律诊所教育"。

美国案例教学的主要模式——"个案教学法"(case method)是由著名法学家、哈佛法学院前院长朗代尔(Langdell)教授于 1870 年初创立的。虽然从朗代尔时期开始,"个案教学法"就不断地遭到来自批评者的攻击,但它仍很快成为美国法律院校的主要教学方法,并沿用至今。因为"个案教学法"忽略了法律实践中其他领域诸如接待、咨询、谈判、起草文件中的许多基本技能训练,而且也忽略了在判断力、职业责任心以及理解法律和律师的社会角色等

[①] 该文曾在《法学》2013 年第 4 期发表,特此声明。
[②] 章武生,河南开封人,复旦大学法学院教授,博士生导师。

方面对学生的培养①，所以，从20世纪60年代开始，质疑朗代尔建立的典范教育模式的叛逆之风愈刮愈烈，其中风势最为强烈的一股是主张以训练法学院学生实际能力为宗旨的实践性法学教育模式，并催生了诊所法律教育（clinical legal education）和"法庭辩论课"（trial advocacy）等教学方式，以弥补"个案教学法"的不足②。

除了直接接触当事人的法律诊所外，教学成本较低的模拟法律诊所在美国也比较流行。这类诊所根据真实的客户法律诊所的实践和程序，从中挑选出合适的问题，重新组织教学活动。目前，美国几乎所有开展诊所式法律教育的法学院都开设有这类模拟法律诊所课堂。模拟可以是针对全部案件，也可以仅挑选其中一部分，更多的是围绕某些法务技能进行模拟。尽管这种诊所教育方式使学生感到缺少在真实诊所中的那种紧张和危机感，但由于这种方法给教师提供了一个系统地教授特定法务技巧的最佳机会，整个模拟过程经过精心设计，材料及案件是从真实案件中挑选的，可以反复使用，而且所需费用比开办真实法律诊所低得多，所以，模拟诊所仍然是诊所式法律教学活动的一个主要方式③。

与以培养律师为目标，法学院的培养与法律职业实践紧密结合的美国法学教育模式不同，德国的法学教育一直是以法官为职业导向的。其培养方式是法学本科的法律素质教育由法学院承担，法律职业培训由法院、检察院、律师事务所等职业机构承担。学生在大学教育结束时必须通过第一次国家考试。然后，所有毕业生都在大学外继续他们第二阶段的实务训练，并在两年的训练结束后，参加第二次国家考试。唯有如此，他们才能获得成为法官、律师或者从事其他法律职业工作的资格。

德国法学教育非常重视案例，许多教科书就主要是由案例构成的。这种以案例为基础的学习方式从大一开始就非常重要。在德国，教师和学生都要经常研究判例，国家司法考试的案例就是在真实判例基础上加工而成的④。

二、我国案例教学的探索和困境

在我国，实践性教学环节薄弱是法学教学中一个长期存在的问题和不争的

① TITI M LIU. 亟待完善的中国法律教育：介绍美国的法律诊所教育 [EB/OL]. 王慧，译. http://www.law-walker.net/detail.Asp.

② American Bar Association, Section of Legal Education, Admissions to the Bar. Long-range Planning for Legal Education in the United States: A Report of the Council of the American Bar Association Section of Legal Education and Admissions to the Bar [C]. American Bar Association, 1987：8.

③ 郑自文. 赴美诊所法律援助考察团报告 [EB/OL]. http://www.chinalegalaid.gov.cn/.

④ 赵国君，李娜. 著名民法学家王泽鉴教授访谈录 [N]. 法制日报（周末版），2009-12-10.

事实。我国的法学教育理论与实践严重脱节，我们培养的法科毕业生不能适应社会的需要。因此，加强法学教学中的实践性教学在主管机关和学界既是一种共识，也是多年来我国不断探索并一直想要解决的问题，而案例教学是解决这一问题的主要途径。

在案例教学方面，上述三种案例教学模式对我国大陆的影响不尽相同。单从介绍和研究美国的"个案教学法"和德国的"实例研习"两者的中文论文的数量比较，前者数量众多，而后者则甚为罕见。由此看来，我国学界对美国的"个案教学法"的关注度远超德国的"实例研习"。但是，美国的"个案教学法"是与美国特有的法律文化背景和司法制度密切关联的。美国作为判例法国家，法律的规则和理念都体现在各式各样的判例之中，因此，判例教学法就成为美国相对适合的一种教学方法，非判例法国家引进该制度是非常困难的。所以，尽管这方面论文数量较多，关注度很高，但关于如何借鉴的论文较少，在实践中具体尝试借鉴该教学法的教师就更少。

关于德国案例教学方面的中文论文虽然很少看到，但中国大陆学者对其了解的深度和广度远超美国。除了从德国的教科书进行了解以外，我国台湾地区是进行了解的另一个主要渠道。台湾地区的王泽鉴先生对德国的"实例研习"推崇备致，并将其相关著作在中国大陆出版，其中8册的《民法学说与判例研究》更是被大多数教师和学生所推崇，在中国法学界向来有"天龙八部"之称。这些著作对民商法专业的教师和学生以及其他法学专业的教师和学生都有很大影响。但整体上看，王泽鉴先生"实例研习"方面的书籍更受中国大陆教师和学生的关注。这也从一个侧面说明人们对案例的重视。尽管如此，"实例研习"的方法在中国大陆推广的效果并不是特别好。在中国大陆，对上述两种案例教学模式的借鉴还有很长的路要走。

在上述三种案例教学模式中，比较而言，法律诊所的推广效果要更好一些。这其中除了美国福特基金会的大力推广外，与我们中国大陆一直缺乏一种好的案例教学形式，对案例教学的需求不足有很大关系。此外，全国诊所法律教育委员会在其中也发挥了重要作用。在该委员会的组织和推动下，诊所方面的各类活动（包括国内国际诊所教育研讨会、经验交流会、教学观摩、师资培训等）蓬勃开展，诊所教育委员会具有常委以上头衔的教师所在学校大多建立了自己诊所教育的网站，通过这些网站以及他们发表、出版的诊所教学方面的论文和著作，诊所多样化的教学活动能够被充分展现出来，从而大大扩大了法律诊所教育的影响力和辐射面。

但是，即便是目前在我国推广效果最好的诊所法律教育，也面临着经费紧张、师资紧张、学生办案时身份不明确等一系列问题。许多学校能够参与法律诊所学习的学生数量十分有限，参与法律诊所学习的学生也因学校和教师重视程度和投入水平的不同而收获差别很大。总体上看，法律诊所在我国大多数学校尚处于边缘化状态。而事实上，即使在美国也存在诊所教育的师资缺乏、课程地位相对边缘化等问题。

在当今中国法学案例教学中，真正占据主导的还是在法学主干课程教学中处于辅助地位的案例分析教学。这种案例教学虽然也在不同程度上受到上述三种教学模式的影响，但更多的还是对中国传统案例分析教学方式的延续和发展。近年来，我国许多出版社组织编写了与法学专业教科书相配套的系列案例教材[①]。这些案例教材与 20 世纪 90 年代的案例教材相比，在各方面都有了长足的进步。但是，从整体上看，这种案例教学尚未取得突破性进展，与社会对法律人才的要求还有较大差距。案例教学因教师而异，有些教师重视案例教学，也有不少教师并未将案例教学放在重要位置上。

三、确立"个案全过程教学法"的意义

笔者认为，"个案全过程教学法"提供了案例教学的新思路，符合当今世界案例教学的发展趋势和中国的国情，具有较大的推广价值。其理由主要在于：

（一）借鉴了国际上三种案例教学模式的优点

（1）"个案全过程教学法"与美国的"个案教学法"的比较。一方面，美国的"个案教学法"从提出至今已有 150 多年历史，其间经过了几代法律人的实践和改革，积累了大量的高水平的案例，在世界法律发展史中都占有重要地位。从这个角度看，我们的"个案全过程教学法"无法与其相提并论。但另一方面，美国的案例教学法从其诞生时起，围绕其产生的争论始终没有停止，批评的意见很多。而在我们自己看来，"个案全过程教学法"又确实弥补了"个案教学法"的一些缺陷，主要表现在：①美国的"个案教学法"是建立在判例法基础上的，学生主要研究上诉法院判例，且案件"事实"已经被剪裁了好多次，学生不能够看到最原始的法律问题。而我们的"个案全过程教学法"，是以法的运行过程来培养学生的律师职业技能的，学生基本上能够看到全部案件材料，而且就像它最初呈现在律师面前那样。②美国的"个

---

① 例如，知识产权出版社组织编写的"高等教育法学专业案例系列教材"，高等教育出版社组织编写的"全国高等学校法学专业课程案例分析教材"，中国人民大学出版社组织编写的"21世纪法学系列教材"，等等。

案教学法"忽略了律师初审阶段和许多基本技能的训练。而我们的"个案全过程教学法",学生能够经历案件的全部过程,并能够得到全方位的训练。③案件的新颖性和真实程度不同。"个案教学法"所选案例许多是几十年前甚至一个世纪以前发生的已经解决了的案件。而且,所选案例有许多被重新编辑过,其真实性大打折扣。而我们的案例来源真实,都是刚刚结案甚至尚未走完全部诉讼程序的案件。

（2）"个案全过程教学法"与美国的法律诊所的比较。"个案全过程教学法"主要运用于模拟法律诊所课程,是模拟法律诊所课程教学的主要内容和方法。在此之前,中国的模拟法律诊所基本上照搬美国的教学内容和方法。对"个案全过程教学法"的运用,使中国的模拟法律诊所与美国的模拟法律诊所有了重大区别:①"个案全过程教学法"通过更新美国模拟法律诊所教学内容,在一定程度上解决了诊所小班上课成本高的难题。诊所必须小班授课是因为其传统教学内容主要是一系列的角色扮演和模拟训练,大班上课比较困难。由于这类训练在我们的模拟法律诊所课程中所占比重较小,通过分组训练和缩短模拟法庭开庭时间等改革措施,问题基本可以得到解决。②"个案全过程教学法"训练的案件比法律诊所中学生接受的案件更能全面地训练学生的律师技能,提升学生的法律理论水平。案件来源不论是在美国还是在中国,始终都是困扰法律诊所教育、影响法律诊所教学质量的一个大问题。学生在法律诊所日常接待中接受的案件,有相当部分并不适合学生律师技能的学习和训练,且这些案件通常又以偏简单的居多,涉及的法律知识也较为狭窄、零散。而"个案全过程教学法"选择案例范围扩大至法院所有案件,每个案例的选择不仅要考虑案件的难易程度,而且更重要的是案件应当包含较多的有价值的问题点。由于上述差别,使模拟法律诊所的学生能够获得更高层次的律师实务技能训练和更多的法律理论上的收获。

（3）"个案全过程教学法"与德国的"实例研习"的比较。与美国的"个案教学法"学界争议很大不同,德国学界整体上对其"实例研习"的案例教学方法是认同的,对其教学质量也是肯定的。正如德国法兰克福大学皮特·吉勒斯（Peter Gilles）教授所说,德国的法律教育的确很耗费时间、精力,但德国的法律人在全世界范围内都享有良好的声誉。在很多国际组织和欧盟机构中,德国的法律人经常占据了主导性的位置,他们的工作能力确实很强[1]。

德国学界对法学教育的批评除了学制过长、成本过高以外,还有以下方

① 刘毅,张陈果. 德国法学教育访谈 [J]. 社会科学论坛,2007（3）: 99-107.

面：①德国案例教学对事实关注不够。德国的很多法官和律师认为，德国的"实例研习"把重心仅放在法律适用上是有很大问题的。他们认为，法官和律师90%的时间其实都在和事实打交道，没有必要将那么多的时间花在法律问题的学习上。②德国案例教学缺乏律师视角和思维的实战培训。德国学生在分析案例的时候都被要求从中立的法官的视角来思考，以公平、正义为价值导向。但是大部分的法科毕业生在从事律师职业，这就导致了学非所用①。③德国法律教育的两阶段划分不尽合理，影响到案例教学的实战效果。德国法科学生在大学阶段学习的案例都是事实清楚的假想案例，目的是避免学生缺乏训练的证据规则和程序策略掺入其中。

（二）符合中国的国情和传统的案例教学习惯

我们借鉴美国和德国的案例教学模式，均涉及制度、传统文化与当前中国司法现状适应等一系列问题。而"个案全过程教学法"则完全植根于中国自身的法学教育和司法实践，不存在上述障碍。

（1）"个案全过程教学法"解决了我国判决书达不到案例教学要求的问题。我国案例教学涉及的瓶颈是判决书问题。我国的判决书说理部分过于简单，离美国、德国等国家案例教学对判决书的要求有很大的距离，而这又非短期内能够予以解决的问题。但是，通过选取律师辩论水平较高且比较充分的案件材料，即各种诉状、代理词、庭审笔录等个案全过程材料，说理部分过于简单的问题就能在一定程度上得到弥补。

（2）"个案全过程教学法"比较容易实现与传统案例教学内容的转换。无论是美国的"个案教学法"还是德国的"实例研习"，都涉及法律条文、判例及其背后所体现的立法精神和法学理论等诸多复杂的问题，对教师的要求很高，涉及的教师范围也比较广。而"个案全过程教学法"则不同，它主要针对从事律师实务课和法律诊所课教学的少数教师。对于做兼职律师的这部分教师来说（正常情况下这部分教师应当具有律师资格和从业经历），这些就是自己常做的事情，内容自然非常熟悉，容易上手。即使从案例教学的角度来看，大部分也是教师自己拿来训练学生的常用方法和内容，只是过去的训练缺乏"个案全过程教学法"的完整性、系统性。教师自己要做的也只是按照此模式加工自己以往比较满意的案例。

（3）"个案全过程教学法"比较容易实现与其他案例教学形式的衔接。无论是美国还是德国包括我们国家，大部分案例教学被限定在部门法范围内，各

---

① 刘毅，张陈果. 德国法学教育访谈［J］. 社会科学论坛，2007（3）：99-107.

种学科的专业教师都将真实的或虚构的案件编写成适合本专业教学需要的案例，所以案例教学模式的推广基本上会涉及所有专业课教师。但"个案全过程教学法"则不同，这种案例教学与真实案例涉及的问题是相同的，完全打破了学科的界限，需要以比较全面的法律知识作为基础。因此，此种跨学科的案例教学只能在主要实体法、程序法课程学习基本结束的情况下才能开设。如果部门法案例教学开展得好，学生处理具体案件的能力将会大大提高，个案全过程的训练也会更顺畅。在学生能够比较系统地掌握上述基础理论和知识之前，"个案全过程教学法"的教学很难达到应有的效果。

四、"个案全过程教学法"推广的建议和构想

美国法学教育以培养律师为目的，职业技能训练自然比较扎实。德国法科学生专门有两年的实务训练，自然也能解决学生的实务能力不足的问题。实际上，由于德国的"实例研习"在法学本科的五年制法律素质教育中居于重要位置，德国学生在两年实务培训前的法律思维和实务能力也是远超我国法科学生的。

要改变上述状况，在目前条件下，我们的建议和构想是：

其一，法律诊所和模拟法律诊所课程的融合。美国的法律诊所，大致可以分为内设式真实客户法律诊所、校外实习法律诊所和模拟法律诊所课程三种形式。模拟法律诊所是在法律诊所的基础上派生出来的一种教学方式，学生在教师指导下模拟律师角色从事一些律师业务。由于三种诊所各有利弊，现在美国越来越多的法学院根据自己的情况，将上述形式和方法结合使用。有些法学院逐渐将重心放在模拟法律诊所教学上，仅给学生提供有限的机会来代理真实案件。三种诊所之间的界限也越来越模糊不清。这种发展趋势的背后，既有师资、财力等原因，也有认识上的原因。比如有些法学院认为，在有组织的模拟环境中学生能够学得更好。因此，我们也完全可以采取以模拟法律诊所教学为主，以代理真实案件的法律诊所为辅的方式。各学校可以根据自身情况，灵活掌握。

其二，可以考虑将律师实务课（有些学校叫法律实务课）融入模拟法律诊所课程中或以法律诊所课程取代。该课程在我国法学教育中已经运行了几十年，对提高学生的实务能力发挥了一定的作用，但从已有教科书和笔者了解的教学情况来看，律师的概念及性质、律师资格、律师的权利和义务、律师的职业道德，民事诉讼中的律师代理，刑事诉讼中的律师辩护、法律顾问等侧重于理论教学的内容占了较大的篇幅和教学比重。另外，近年来法律诊所课程开设

后，有些在法律诊所上课的律师实务课教师，已经开始将法律诊所在校内的先进教学方法应用到律师实务课教学中，使律师实务课逐步向法律诊所校内教学转化。而我们的法律诊所校内教学，由于不接触真正的当事人，实际上就是模拟法律诊所课。这从另一个角度说明了将律师实务课融入模拟法律诊所课程中或以模拟法律诊所课程取代的可行性。

其三，应将法律文书课融入模拟法律诊所课程中，以避免教学内容的重复。法律文书课在本科生和法律硕士生中已开设多年。之所以我们建议将其融入模拟法律诊所课程中，是因为"个案全过程教学法"教学中会涉及大量的法律文书训练内容，给学生布置的作业主要就是撰写各种类型的法律文书。这些法律文书与代理人的诉讼策略是密切相关的，是其重要组成部分。代理人对案件的意见和诉讼策略也主要是通过法律文书表现出来的。比如起诉状的撰写，哪些内容需要写，哪些内容不需要写或暂时不写，如何写，这里面就有很多技巧，需要放在整个案件中来考量。代理人不能在起诉状或某一个法律文书中将所有的"炮弹"都打出去。所以，"个案全过程教学法"中的法律文书教学实战性更强，这在单纯的法律文书教学中是不可能做到的。

国际上三大案例教学模式已有一百多年或近百年的历史，围绕这些教学方式的争论始终没有中断。我们的"个案全过程教学法"才刚刚起步，还存在许多缺陷和不足，要将其提高到上述三大案例教学法的层次，还涉及多方面的问题，需要长期的全方位的努力。

Promotion of the whole process teaching method of case
Zhang Wusheng

Abstract："Case whole process teaching method" has great promotion value in improving students' practical ability. Now, by comparing the functions of major international case teaching models, and combining with my country's national conditions, we will discuss the characteristics of the "Case Whole Process Teaching Method" and its promotion and application in practical legal teaching in my country.

Keywords：Case-by-case teaching method；Case teaching；Law Practice Teaching

作为教学方法的法教义学：反思与扬弃[①]

——以案例教学和请求权基础理论为对象

张淞纶[②]

摘要：以案例教学和请求权基础理论为基本方法的民法教义学是非常优秀的法学教学方法。既有的争论大多集中在法学研究层面，忽视了法教义学作为民法教学方法的重要作用。不过作为教学方法而言，法教义学亦有弱点：一是过分强调法官视角；二是在虚拟案件分析之际容易遗漏重要信息；三是分析理由在涉及价值判断之际容易出现错误。民法教义学本来应当作为重要的学习与研究方法，但在发展过程中，其从"方法"异化为"知识"，从而将很多"优劣"问题改变为"对错"问题。鉴于我国本科生"中等教育"的不足，建议民法教学不宜过早使用法教义学方法，否则容易让学生陷入功能性粘滞。法教义学的讲授，最早也应在本科三、四年级，最好是在研究生阶段系统展开。

关键词：法教义学；民法教义学；民法教学方法

一、问题的提出：作为教学方法的法教义学

随着德国模式在中国民法体系中一统江山[③]，很多以往的争议尘埃落

---

① 本文曾在《法学评论》2018年第6期发表，特此声明。

② 张淞纶. 南京师范大学法学院副教授。

③ 这一进程可以说植根于对继受德国民法的中国台湾地区民法的学习，以《物权法》的起草和颁行为标志，以《民法典》的"民法总则"部分为宣示。德国学者雅科布斯曾经指出：德国法典编纂的体系特点不是五编制和总则，而是物法和债法的截然区分。参见：雅科布斯. 十九世纪德国民法科学与立法［M］. 王娜，译. 北京：法律出版社，2003：182-183. 无论这一判断是否成立，我国立法把这两种特征都做到了。实证法的结构和理论，加上德国话语在民法学界的强势地位，"一统江山"或许算不上夸张。

定①，德国派民法又开始在法学方法论的战场上展开了攻势，其核心武器就是法教义学。或许由于制度的范式披上了德国的法袍，法教义学近来在中国的影响也日渐广泛②：以法教义学方式撰写的民法论著（包括教材）以及以法教义学方式写作的民法学者——尤其是留学德国归来的中青年一代——都日渐增多。可以说，尽管一度具有贬义色彩③，但法教义学俨然已成了中国民法的显学与核心方法④。尽管对于"何为法教义学"尚无定论⑤，但一般认为，法教义学是具有如下特质的法学方法论：其是以尊重现行法的内容和适用为内容，以逻辑为脉络，以原则、规则和概念等为基本要素，以法律实践的参与者为对象，以实证法（法条）为依据而展开的规范科学。作为一种解释论，法教义学的目的在于解释制定法，填补制定法的漏洞，从而为裁判提供依据，同时构

---

① 《买卖合同司法解释》（法释〔2012〕号）第三条对无权处分行为效力的德国式处理，加上法院已经广泛在判决书中使用"物权行为"一词——比如最高人民法院就在判决和裁定中直接使用了"物权行为"概念。比如，《王忠昌、付维鑫等与王忠昌、付维鑫股权转让纠纷申请再审民事判决书》（〔2016〕最高法民再75号）；《张树俊、惠凤艳等案外人执行异议之诉、买卖合同纠纷民事裁定书》（〔2015〕民申字第1881号）；《李建波、惠凤艳等案外人执行异议之诉、买卖合同纠纷民事裁定书》（〔2015〕民申字第1883号）；甚至有法院直接写明"该合同的形式、主体、标的等方面，都不符合设立物权合同的要件要求"（〔2010〕宜中民一终字第00201号），一度硝烟弥漫的"物权行为"理论，继受似乎已成既成事实。一个佐证是：学术界关于物权行为理论的讨论，近年来明显减少。

② 事实上，对法教义学的接受不仅仅是中国才有的，东欧、希腊、日本、韩国以及南美洲都有教义学的影子。

③ 参见：卜元石. 法教义学：建立司法、学术与法学教育良性互动的途径［M］//田士永，王洪亮，张双根. 中德私法研究：第5卷. 北京：北京大学出版社，2009.

④ 近期关于采用法教义学的中文论著，包括田士永、王洪亮和张双根主编的《中德私法研究》（该书第6卷的主题就是"法教义学及其功能"，北京大学出版社，2010版）；李昊、明辉主编的《北航法律评论》（法律出版社）在2015年的第1辑中，翻译了10篇德国学者所写的关于民法教义学的论文。而且，大陆学者对民法教义学的掌握也日益熟稔和深刻，包括但不限于朱庆育先生的《民法总论》、王洪亮先生的《债法总论》（均为北京大学出版社出版）；自2006年起至今影响甚大的《中德私法研究》（北京大学出版社出版），以及大量评注论文（如《法学家》杂志设有"评注专栏"，贺剑、纪海龙、王洪亮、吴香香以及朱庆育等学者都发表过专门的评注论文），甚至我国《民法总则》刚刚颁行，就出现了针对民法总则的法教义学研究，如李宇所著《民法总则要义》（法律出版社2017年版，共120多万字），内容丰富且质量优秀。这绝不是对这些作品的溢美之词。事实上，刑法亦有朝向法教义学的趋势，参见：陈兴良. 刑法教义学方法论［J］. 法学研究，2005（2）；车浩. 刑法教义的本土形塑［M］. 北京：法律出版社，2017.

⑤ 阿列克西便如是说。参见：罗伯特·阿列克西. 法律论证理论［M］. 舒国滢，译. 北京：中国法制出版社，2002：310.

成学术和实践的共同交流空间①。正因如此，拉伦茨认为法学就是法教义学②；阿列克西则指出法教义学包含三个层面的工作：对现行有效法律进行描述、对法律概念体系的研究以及提出解决法律争议的建议。活动的重心则可根据学者的兴趣、观念和部门特性而在其间自由分配③。

作为一种方法，法教义学自有卓越之处：它保证了众多且不断增长的法律资料得以规整和体系化；保证了"同案同判"的稳定化；并且通过提供解决问题的模板而减轻了实践中的负担；同时也通过"否认禁止"而实现对变革的更高水准要求。而且现代法教义学已经摆脱了坚守固有法条的做法，同样强调法学的批判功能：后者需要发现学说和司法中的矛盾和表面证据，并"迫使背后的法政策性价值标准和形塑目标得以公开"，继而实现收编、续造和改进④。不过，这里当然有一些潜在的矛盾：如果法教义学的优势真能如此抽象，就很难说它是德国法的独创，因为不能想象英美法系或者法国法就没有强调这些东西。正如"得之于心应之于手"的中国古老智慧：或许因为德国更喜欢用"方法论"的讨论而使法学成为"带病的学科"（拉德布鲁赫语）？尽管施蒂尔纳先生骄傲地认为英美法系"缺乏精细体系"，而法国法体系的"严谨性"又"较弱"⑤，但克茨先生也明确地指出：比较法研究者对法教义学的功效更容易保持一种怀疑态度，他甚至将法教义学称为"皇帝的新衣"⑥。

不过，法教义学强调实践指向的思路和取向，仍然值得称道。笔者曾在另

---

① 以上综合了诸多学者的见解，参见：拉伦茨. 法学方法论 [M]. 陈爱娥，译. 北京：商务印书馆，2003；POSCHER. 裁判理论的普遍谬误：为法教义学辩护 [J]. 清华法学，2012 (4)；许德风. 论法教义学与价值判断——以民法方法为重点 [J]. 中外法学，2008 (2)；纪海龙. 法教义学：力量与弱点 [J]. 交大法学，2015 (2)；雷磊. 法教义学的基本立场 [J]. 中外法学，2015 (1).

② 以上综合了诸多学者的见解，参见：拉伦茨. 法学方法论 [M]. 陈爱娥，译. 北京：商务印书馆，2003：72. 当然不难看出，法教义学乃是源自中世纪的经院主义方法：一方面其假定某些书籍具有"绝对权威性"，另一方面却假定文本里存在"疏漏和矛盾"，要填补并解决这些问题. 参见：伯尔曼. 法律与革命：西方法律传统的形成 [M]. 高鸿钧，等译. 北京：中国大百科全书出版社，1993：157.

③ 阿列克西便如是说. 参见：罗伯特·阿列克西. 法律论证理论 [M]. 舒国滢，译. 北京：中国法制出版社，2002：311-312.

④ 拉伦茨. 法学方法论 [M]. 陈爱娥，译. 北京：商务印书馆，2003：107. 吕斯特. 法官法影响下的法教义学和法政策学. 季红明，译 [M] //李昊，等. 北航法律评论：2015年第1辑. 北京：法律出版社，2016：155-157.

⑤ 这是德国学者施蒂尔纳的观点. 参见：施蒂尔纳. 现代民法与法教义学的意义. 陈大创，译 [M] //李昊，等. 北航法律评论：2015年第1辑. 北京：法律出版社，2016：112-113.

⑥ 克茨. 比较法学与法教义学. 夏昊晗，译 [M] //李昊，等. 北航法律评论：2015年第1辑. 北京：法律出版社，2016：44. 我国学者认为法教义学的弱点是"太德国、太独特、太霸道"，可谓形象传神.

一篇论文中指出：法教义学的既有优势，足以使其成为其他方法（比如法经济学）所要依靠的基础方法①；而这种基础性的一个重要体现，便是在民法教学领域之中。以德国为例，德国法学院的学生以通过两次国家考试和取得法官资格为目标，因此教学中当然会强调具体的案例分析——既是培养技能的手段，也是考核的标准。事实上，德国的民法教学正是采取了案例研习（klausur）的做法；而我国目前也有大量的学院和教师开始采用德国式的案例分析②。案例教学是一种非常棒的实践，当然这不是德国独有的做法——郎代尔和哈佛法学院对案例教学的发扬光大，使其时至今日仍是美国法学院的基本方法——尽管著名的法学院对职业培训的做法仍然不甚感兴趣③。只是在德国式的民法体系下，德国的法教义学想必会发挥更加明显的作用：皮毛之喻，理所应当；而此领域的基本方法，便是我们熟知的请求权基础分析④。不过本文希望通过具体案例说明，单凭德国式的法教义学分析，由于视角的偏差和认知的局限，有时容易在一些很明显的问题上犯一些很不应该犯的错误。在指明这些错误的基础上，本文将反思并讨论以案例教学以及请求权基础理论为核心的法教义学在民法教学中的设置。

二、不足之一：全知的法官视角

按照王泽鉴先生的说法："请求权基础是每一个学习法律的人必须彻底了解、确实掌握的基本概念及思考方法。"⑤ 即便是在德国法的语境之下，这个

---

① 张淞纶. 傲慢与偏见：传统民法学与法经济学 ［M］//《人大法律评论》编辑委员会. 人大法律评论：2017 年第 1 辑. 北京：中国人民大学出版社，2018.

② 卜元石教授指出，案例教学正是德国法学教育的重点。参见：卜元石. 法教义学：建立司法、学术与法学教育良性互动的途径 ［M］//田士永，王洪亮，张双根. 中德私法研究：第 5 卷. 北京：北京大学出版社，2009. 具体的情况，参见：季红明，蒋毅，查云飞. 实践指向的法律人教育与案例分析 ［M］//李昊，等. 北航法律评论：2015 年第 6 辑. 北京：法律出版社，2016：220-222. 朱晓喆教授则明确指出：应当模仿德国开设民法案例研习课，而核心方法就是请求权基础。参见：朱晓喆. 请求权基础实例研习教学方法论 ［J］. 法治研究，2018（1）.

③ 作者直接指出：案例法是迄今为止所发现或所涉及的、能为运用其他方法富有成效并有效率地进一步学习法律而打下基础的最好方法。参见：斯蒂文斯. 法学院：19 世纪 50 年代到 20 世纪 80 年代的美国法学教育 ［M］. 闫亚林，等译. 北京：中国政法大学出版社，2003：67-68，326，370.

④ 这可以上溯至王泽鉴先生的《法律思维与民法实例》（中国政法大学出版社 2001 年版；北京大学出版社于 2009 年出版了新版本）。

⑤ 王泽鉴. 民法思维：请求权基础理论体系 ［M］. 北京：北京大学出版社，2009：41.

判断也显得非常傲娇。不过，请求权基础借助线性的法律关系定位①，以实证法（《民法典》）为基础，强调准确地阐释法律概念和各种机制，进而精准地把握当事人的法律地位（权利、义务以及救济）。这相当于设计了一个精密的流水线机制：每个案件到来就直接放在上面，法律人就在一个无菌的环境里来对其进行条分缕析，其手上（心里）的唯一工具就是《民法典》（当然在中国可能还要加上司法解释）。在这种方法之下，难怪韦伯将法官描述为法律规则的"传声筒"②。请注意：这里说的就是法官。作为一种方法，民法教义学所预设的使用者就是法官③，要求从法官的立场来看待（几乎）每个案件。

我们不能假设每个学生将来都会成为法官——除去一些会脱离法律行业的人之外，还会有很多人去做律师，但民法教义式的分析总会采用法官的视角④。尽管它喜欢用科学而精细的方法来分析具体的案件，不过它总是认为分析者会穿着一件法袍。德国也有"律师习题"（即表现为"应当提出什么建议"）和"法官试题"（能否构成诉讼请求）的区分，亦有学者认为必须兼从法官的角度和律师的角度来思考案例。不过梅迪库斯认为这种区分在实践中并不多⑤；而且即便是"律师习题"，法教义学看待各种问题的角度仍然是法官或裁决者的。

比如著名的"菜单案件"⑥：某人在一家饭馆吃饭时偷拿了制作精美的菜

① 所谓线性，是因为请求权基础强调法律关系的分析顺序。参见：梅迪库斯. 请求权基础[M]. 陈卫佐，等译. 北京：法律出版社，2012：13.

② 韦伯. 经济与社会[M]. 阎克文，译. 上海：上海人民出版社，2010：1031.

③ 正如 Poscher 援引卢曼的结论：作为社会系统的法律核心是裁判，其他法律活动（如咨询、诉讼以及法学等）都涉及裁判问题。参见：POSCHER. 裁判理论的普遍谬误：为法教义学辩护[J]. 清华法学，2012（4）. 更明确的结论，参见：雷磊. 法教义学的基本立场[J]. 中外法学，2015（1）. 论者认为经验法社会学强调"外在观点"，而法教义学则是参与者。

④ 关于这个问题，姚明斌对我提出了批评（我很感激他）。他承认我所说的前提，但认为即便如此，法院判决导向下的案例分析也是很重要的，毕竟案件最终总要由法官来进行判决（不知道他是否认可我对他观点的总结）。这个观点实际不能算是纯正的法教义学观点（正如后文所提到的霍姆斯"预测法官"的说法），但我的回应是：第一，我认为判决导向是没错的，但关键是不能只有唯一的一种导向，但法教义学就容易这么做；第二，在民法领域，并非所有的事件都要上法庭（诸如公司并购、股权转让等大量的非诉案件），甚至不是所有的事件都要依靠法律，毕竟意思自治给民事活动留下了太大的空间，而这些或许都需要培养法科学生的一些小聪明（street smart）。本文希望教学能培养学生更多的想象力，而法教义学可能会在初期扼杀这种想象力。而且关于培养对象的去向，并非没有不同的声音，比如何美欢教授就明确指出，法学教育的目的就是培训律师。参见：何美欢. 论当代中国的普通法教育[M]. 北京：中国政法大学出版社，2011：60.

⑤ 梅迪库斯. 请求权基础[M]. 陈卫佐，等译. 北京：法律出版社，2012：3-4.

⑥ 此案来自耶林撰写的《民法未决案例集》，随后成为经典案例。感谢袁治杰提供的未刊稿，令我获益良多。以下关于"菜单案"的德国资料均来自他提供的材料。另外在"包邮区民法饭醉谈"微信公众号上，朱晓喆教授也对此案做了"更本土化"的修改，并有精彩的讨论。参见：朱晓喆. "篡改的菜单"案[EB/OL]. https://mp.weixin.qq.com/s/dJ7XeW2PPWiovw8s67BGrw.

单，但内心颇为不安。10年后他故地重游，便暗自将旧菜单又放了回去。但此时菜价已涨。结果另一个客人看到旧菜单如此低价，便放开肚子大快朵颐。待到结账时，这个客人才发现真实的菜价比旧菜单要高出两倍。这个案件的情节可谓相当传奇，而民法学者的争议也是仁者见仁，智者见智。不过，无论是梅迪库斯、拉伦茨还是弗卢梅，都围绕着意思表示的问题来进行讨论。比如梅迪库斯就认为，菜单仅为要约邀请，而店主的承诺是针对真实菜价的，但客人的要约则是针对旧菜价的，因此双方合同并未成立。拉伦茨也是这个观点，并且认为店主享有不当得利的请求权。但沃尔夫则从表意人意思表示的可归责性入手，认为店主应当承担表意风险，因此合同还是应在旧菜单的价格上成立，店主虽然享有撤销权，但其必须赔偿信赖损失。梅迪库斯也持类似的结论。Wieser虽然从另一个非常奇怪的角度入手（他认为店主旧菜单的要约邀请就等同于要约），但其同样支持这个观点。而朱晓喆教授则将问题进行了扩张，他同样认为合同并未成立（不能适用《合同法》第一百五十九条第一款），而店主享有不当得利的请求权；根据他的案情，更改菜单之人乃是之前的消费者，因此店主根据《合同法》第六十条第二款、第一百零七条，可因该人违背附随义务而主张损害赔偿请求权；而且，店主可因造成的纯粹经济损失而得依《侵权责任法》第二条、第六条请求赔偿。但上述违约行为和侵权行为虽均可主张损害赔偿请求权，但给付内容同一，根据《合同法》第一百二十二条构成请求权竞合，店主只能择一而行使。

　　以上的分析当然没有错误——事实上，可以说相当精妙地体现了民法分析的技术魅力。但是，这样的分析者完全是个局外人：他（或她）中立地站在案件之外，把案件当成一个客观的事件和对象，然后定位双方当事人的法律关系（合同），以及当事人每个行为的法律意义（比如菜单是要约还是要约邀请？），进而考察当事人所能主张的救济（能否撤销？不当得利？）及其请求权基础。这是一个寻求真相的过程，但法律问题似乎不仅仅是个单向度的真相。民法学者虽然是读着《民法典》成长起来的，但当事人可不是仅仅坐在民法之中。请求权基础的分析似乎不太会从（比如）新顾客的角度来入手：当我看到一般要卖（比如）100块钱的菜，居然在此仅卖（比如）30块，我是不是有义务要询问一下呢？如果没有，我或许本来不想吃这道菜的，但这么便宜，"不吃白不吃"。但后来饭店告诉我菜单错了，要我承担不当得利责任，这公平吗？如果是顾客的律师，则律师或许要基于民法以外的法律来考虑这个问题。比如，律师大概会根据《消费者权益保护法》的第八条和第九条，认定商家提供的价格错误侵犯了消费者的知情权、自主选择权（"要不是价格这么低，我才不会买"），进而有权拒绝强制交易（第十条）：我吃菜是因为"本菜只要 30 块钱"，如果我知道它不是 30 块而是 100 块，我是不会吃的！甚至有的律师可能还要考虑第四十八条（民事责任）和第五十五条（欺诈）的适用问题。

我并不是要把法教义学打入冷宫：因为我所做的同样符合法教义学对"找法"的强调——尽管这并非法教义学所独有的特质。但在请求权基础的线性分析模式中，当事人的考虑似乎并不是分析的重点：法教义学希望将实践中的行为收进概念的抽屉，进而（往往还借助带箭头的图表）来还原（法官眼中）案件的真相，以此作为教学的重要手段。这当然是没有错误的。但若是仅从全知的法官角度考虑案件，不仅有时会忽略其他的切入视角，而且对学生正确和丰富地理解纠纷和现实也并无助益。请考虑如下案件①：

26 岁的阿迪力·买买提吐热在网上卖切糕，颇有名气，人称"切糕王子"。阿迪力于某日晚在淘宝网店展开秒杀活动，原价 35 元每盒的切糕只要 0.35 元，每个 ID 限购两盒，共 50 位顾客 100 盒切糕。本来是售完即恢复原价，但淘宝网后台工作人员操作失误，未能绑定限额，结果导致成交了 4 万盒。切糕的成本在 25 元左右，因此 4 万盒的切糕可能会导致阿迪力损失 100 多万元。请问"切糕王子"应该如何要求救济？

这个案件颇接地气，朱晓喆教授的分析也颇为缜密。按照法教义学分析的一贯思路，本案当然是合同问题。他援引了《合同法》第十六条，指出阿迪力发出了一个要约邀请，而网民提交订单则是发出要约；《合同法》第二十一条、第二十六条和《电子签名法》第九条则认为，淘宝系统自动发出订单生成就是做出了承诺；且该承诺已经生效。根据《淘宝交易规则》第十八条，通过"支付宝"交易的，付款到"支付宝"乃是合同生效的条件（"成交"）。由于切糕属于种类物，而且淘宝的交易属于"赴偿之债"，因此切糕尚未特定化，阿迪力仍有供货义务。那么要想摆脱这个义务，阿迪力该怎么做呢？朱晓喆教授认为，本案不存在欺诈、胁迫或乘人之危，因此只能从显失公平或重大误解入手来撤销合同。显失公平要求一方利用优势或对方无经验，且双方权利与义务明显不公平，但这不符合本案的情况：卖家和买家都很有经验，而降价也是卖家自愿的。那么重大误解呢？这里的关键在于阿迪力是否存在错误认识。朱晓喆教授认为，本案是针对价格出现的重大误解。尽管《最

<hr />

① 本案件及其分析来自朱晓喆教授。参见：朱晓喆. "切糕王子"案［M］//李昊，等. 北航法律评论：2015 年第 1 辑. 北京：法律出版社，2016.

高人民法院关于贯彻执行〈中华人民共和国民法通则〉若干问题的意见（试行）》第七十一条并没有将价格列入，但"等"字的使用为此留下了空间，因此阿迪力可以通过撤销合同来挽回损失。

当我们从法官的角度来看，以上阐释当然合情、合理而且合法。不过，现实并不是一道习题：所有信息不会完整地呈现在各方当事人的面前——就算呈现了，当事人信不信又是另一回事，而后者对试图从事（长期）商事交易之人尤其重要。价格当然有可能成为重大误解的对象①，但在本案之中，被误解的不只是价格，而是价格和顺序（或者用法学者更熟悉的词"顺位"）的双重叠加。由于最后要撤销的是非秒杀的 39 900 份切糕买卖合同，所以朱晓喆教授认为误解是针对这 39 900 份切糕的价格。从法官（或许加上阿迪力）的角度看固然如此，不过从当事人的角度看，问题的关键在于，对每个具体的购买人而言，他（或她）都希望自己属于前 100 人。但以淘宝目前的机制来看，没有办法确认谁确实入围了这 100 人名单。那么购买人会相信阿迪力撤销合同的理由吗？他会不会认为，这不过是阿迪力的一次炒作？尤其是考虑到"切糕"一度背上的骂名②，对阿迪力来说，撤销合同是否最优的选择？他是否有其他弥补损失的方案（比如针对淘宝提出赔偿要求）？作为阿迪力的律师（或者说法律顾问），他（或她）在建议撤销合同之前，当然应当全面地考虑这些因素；而法学院的学生们，当然也应当充分地考虑并比较各种方案。我们不能说，民法教义学不能培养出优秀的律师——这是虚假的指控，但或许多一点想象力，民法方法论也会在法教义学的基础上快速成长。

三、不足之二：遗漏的重要信息

退一步讲，如果仅就法官的角度来看，法教义学的分析又如何呢？笔者在很多地方强调过：法教义学绝不是一种错误的方法，但它或许总是缺点什么东西。之所以如此，一个重要的原因，或许就在于法教义学习惯于在案例教学中

---

① 尽管有学者指出，价格除了误言、误写的情形，一般不构成重大误解。参见：李宇. 民法总则要义 [M]. 北京：法律出版社，2017：550.

② 即岳阳的"16 万切糕"事件。后续澄清，16 万元赔偿款中只有 9.8 万才是赔偿 5 520 斤（2 760千克）切糕的价金，其余是医药费、摩托车费以及其他费用。参见：百度百科. https://baike.baidu.com/item/%E4%BB%B7%E5%80%BC16%E4%B8%87%E5%88%87%E7%B3%95%E4%BA%8B%E4%BB%B6/193551? fr = aladdin&fromid = 16912398&fromtitle =%E5%88%87%E7%B3%9516%E4%B8%87.访问时间：2018 年 3 月 9 日。但切糕一度和"强卖强买""弄虚作假"联系到了一起，并且借助互联网在中文世界引发了较大关注。

使用虚拟的案例①。虚拟案例固然有利于将分析按照作者自己的设想加以引导，但它也常常会遗漏一些重要的信息。这会使很多学生"想太多"：要是这样呢？要是那样呢？但"这样"和"那样"也许都不是虚拟案例的作者所希望你走的路径。而且有时为了让学生理解讲授者的概念，虚拟的案件甚至不惜明显违背生活常识，让人哭笑不得。比如著名的"特里尔葡萄酒拍卖"案件：某人在市场上看到多年老友，激动地挥手致意。但他不知此间竟有拍卖，而当地拍卖的习惯便是挥手就算出价②。那么该人挥手能否算是意思表示？这个案件涉及了意思表示的一些经典问题：比如内心效果与外在行为的矛盾；意思表示的解释；受领人的错误以及撤销权和赔偿等问题。但无法否认的是，这个案件的虚构程度并不弱于开山裂石的降龙十八掌：既然这里有拍卖师，那么该人所见到的朋友，是来竞拍的人吗？如果是，那么该人应处在拍卖师背后的角度，否则就不能和朋友挥手致意；那么拍卖师又是怎么看到他挥手了呢？如果不是，那么拍卖师目力所及处，挥手皆成交吗？而且想必当事人及其朋友都是外地人，不仅不知道这个规矩，而且还不会当地的语言，否则为什么不与拍卖师交流，导致后者径直要求该人履行合同？可是该拍卖设置在一个谁都可以随便进入的场地，想必拍卖也不太正规；当事人并没有选择一种特别奇怪的姿势来打招呼（仅仅是挥手），就被认定为出了价，这难道不是强制交易吗？笔者当然无意否认这个案件的经典性，不过要想理解它的经典之处，读者就必须按照作者（所设计）的思维方式来思维。但真实的案件可没有一个作者，正如霍姆斯所言，法律的本质就是以坏人的视角对法官的判决进行预测③。

更重要的是，真实案件中的信息虽然有可能不属于概念法学的法律要件，却对法律后果具有非常重要的意义：其有可能彻底地改变法官对案件的判断。法教义学的分析常常会忽视这一点。请参考如下案件④：

某男甲在舞会上认识某女乙，交谈甚欢，非常仰慕，于是在第二天到丙店购买了一束名贵的玫瑰花，价金 2 000 元，约定某日某时送到乙处。结果丙店店员丁送至乙处之时，乙外出未回。于是丁委托乙的邻居戊来转交。结果戊出门遭遇车祸，5 日后才回家，此时玫瑰仅剩枯枝。戊将枯枝玫瑰交付给乙，乙

---

① 诚如卜元石教授所言，德国的案例教学要求学生做大量（包括虚构的）案例练习题。参见：卜元石. 法教义学：建立司法、学术与法学教育良性互动的途径 [M] //田士永，王洪亮，张双根. 中德私法研究：第 5 卷. 北京：北京大学出版社，2009：17.

② 杨代雄. 意思表示中的意与义 [J]. 中外法学，2017 (1).

③ 霍姆斯. 法律的道路 [M] //伯德. 法律的道路及其影响. 张芝梅，陈旭刚，译. 北京：北京大学出版社，2005：417-418.

④ 王泽鉴. 民法思维：请求权基础理论体系 [M]. 北京：北京大学出版社，2009：263 起.

拒绝接受。请问丙能否向甲请求 2 000 元价金？

王泽鉴先生对这个问题的回答是肯定的。他的分析思路如下：该合同有效成立，属于"赴偿之债"。当丁送花至乙处之际，该给付物完成特定化。而在此后玫瑰成了枯枝，应属履行不能。而乙虽然并非该合同的债权人，但本合同乃是无真正利益第三人的合同，因此乙之地位应当类似债权人，其外出未能接受花朵，乃应当类推适用债权人受领迟延（具体法条省略）。而丁（作为履行辅助人）因乙不在家遂将此花放在戊处，并无重大过失；而戊外出遭遇车祸亦不能算重大过失。接下来的结论我们就很清楚了：债权人受领迟延（乙）之下，因不可源自归责双方当事人之事由而履行不能，甲仍然不能免除支付约定价金的义务。

王泽鉴先生算得上是大陆民法学的"启蒙教师"，其分析自有过人之处。不过这个结论真的正确吗？在分析的过程中，王泽鉴先生运用了法教义学的基本思路，在准确定位法律关系的基础上，条分缕析当事人每项行为的法律意义，继而给出了结论及其相应的请求权基础。但是王泽鉴先生完全未注意到这个案件的文化背景：甲送的是玫瑰花。这代表着什么？当一位男性对自己的心上人送上玫瑰花的时候，他追求的效果是什么？他是更喜欢给这位女性（或者说"女神"）一个惊喜，还是要后者在家坐等接花？（这里有一个高级版本，参见《茶花女》中亚蒙对玛格丽特送花的模式）既然案情并未写出，我们只能按照常识来推测，前者的可能性明显要高得多（考虑到甲是在舞厅认识的乙，恐怕他不可能不懂这个）。另一个因素在于该花朵的价格：2 000 元价格的花朵，想必相当名贵。这种价格的鲜活易腐物品，又是代表爱情和追求的玫瑰花，丁居然直接放在乙的邻居戊的家里，要说这没有过错，恐怕难以服人。万一这个戊拿着花冒充自己所送，继而成功追到女神，甲的"纯粹爱情损失"还有请求权基础吗？

我们必须看到：如果抛开标的物本身来讲，王泽鉴先生的分析当然是正确的。但当事件具体起来，当给付的标的物变成具体的物品，它就有了具体的文化含义；与此同时，当事人的形象一经丰满，其就不再是"甲""乙"或"A物""B地"这样的符号，而有了真正的现实地位。这些文化含义和现实地位在具体的案件中有没有法律意义？回答是：不好说。有时没有，但有时就会有（比如本案）——尤其是当这些具体因素会影响当事人的行为和预期，而这些行为和预期又会决定法律判断的时候，它们就有可能对法官的判决起作用；忽视它们就有可能犯错误①。因此卡多佐形象地指出：正如旅行者横穿铁路时要看看有没有火车经过一样，在无数的诉讼中，你也必须研究"所描述的全景，看一看是否视线被挡住了，是否做了或省略了什么事使这位旅行者失去了警惕"②。

在做出以上陈述之际，卡多佐法官正准备讨论司法过程中下意识的影响：意识深处的"喜好和厌恶、偏好和偏见、本能、情感、习惯和信念的复合体"构成了一个具体的人（无论其是诉讼者还是法官）。因此，我们不应想象司法过程是一个冷静客观且非个人化的过程。法官的个人偏好必然会对判决有所影响③。而"下意识"的影响，或许很大程度上正是源自具体的案件细节。但对法教义学的虚拟案件来说，要么是题目忽略了这些，要么是分析忽略了这些。④ 事实上在真实的案件中，德国法院同样给出过相当优秀的判决。比如在一起继承案件中，某甲在未离婚的情况下与另一已婚女性同居 23 年，遗嘱中将所有财产留给后者。随后该女性起诉要求遗产，但某甲的妻子和姐妹同时也提起诉讼。法院认为该女性（非法同居者）不能对抗原配偶之份额，但得对抗甲之姐妹所提出的继承要求。在实体判决部分，德国法院区分了"为酬谢或促进（非法）性关系而进行赠予"的行为与"因其他原因而进行赠与，只是双方之间存在（非法）性关系"的行为。⑤ 这个区分相当精彩。不过笔者猜测：或许正因无婚姻关系却同居 23 年的事实，本案中的原告便从"小三"蜕变成了"真爱"，而这一点对那个区分的适用（"因其他原因进行赠与"）或许具有至关重要的决定意义。对法学院的学生来说，这些难道不是他们希望学到的东西吗？

四、不足之三：不当的理由陈述

如果我们再退一步，不考虑案件信息是否全面，仅就观察法教义学分析来看，它总能提出有效的理由吗？是否有值得改进的地方？按照德国学者的说法：法教义学的唯一主题是"在有效性向度内的实证法，即在规范性和实证

---

① 有学者因此认为，法教义学并不排斥对经验事实与价值判断的运用。参见：雷磊. 法教义学的基本立场 [J]. 中外法学，2015（1）. 这个判断对司法运作或许成立，但在科研与教学层面上尤其民法领域，就笔者所见，似乎很难说成了基本的操作规范。事实上，此文也指出（教义学之下的）法律论证与政治、经济、道德之间保持了一定的距离；最终的思考结果都要回到法条上面，其他都只是补充而已。

② 卡多佐. 司法过程的性质 [M]. 苏力，译. 北京：商务印书馆，2009：100.

③ 卡多佐. 司法过程的性质 [M]. 苏力，译. 北京：商务印书馆，2009：101-104.

④ 正如纪海龙先生指出的，过分纠结于概念，容易忽视规范，且导致对案件背后真正利益、价值以及其他学科知识的忽略。参见：纪海龙. 法教义学：力量与弱点 [J]. 交大法学，2015（2）.

⑤ 邵建东. 德国民法总则编典型判例 17 则评析 [M]. 南京：南京大学出版社，2005：138.

性内的实证法"。政治、文化、经济、历史、社会、心理（学）或者哲学维度
里的法，当且仅当"有效性向度内的法律"对其开放或能加以吸纳之时，才
能成为法教义学的反思对象①。但总会有实证法（以及法教义学）管不到的案
件，即法律不愿或不方便干涉，却要给出理由的案件。这时该怎么办呢？比
如，未婚男女同居，约定由女方采取避孕措施（吃药），结果女方后来偷偷停
药导致怀孕，男方就此提起合同违约的诉讼②。法律当然不太愿意管这种事
情，但理由是什么呢？德国法院认为，由于二人在无障碍的情况下有意地放弃
婚姻制度，意味着不愿将自由的伙伴关系置于法律规定的约束之下，因此双方
恰恰不愿意使自己人身的关系和经济的关系受到法律的调整。而且，男方的行
为是否构成意思表示（法律行为）本来就有问题；而即便构成意思表示，其
行为也是无效的，因为其所涉及的核心人身自由领域不受合同调整。首先，这
两个理由都是非（典型）法教义学性质的；其次，它们都不尽如人意。对前
一个理由而言，不能说双方不愿意结婚、不愿受婚姻规制，就意味着二人不愿
受到（其他）法律的约束和调整，更不能说法律就不能对其加以规范——
"双方通过法律来调整财产关系只是一种例外"，这分明是在"甩锅"！而对后
一个理由来说，涉及核心的人身自由领域的法律行为必然无效吗？那么为什么
保密协议（涉及言论自由）和竞业禁止协议（涉及劳动自由）就是有效的呢？
归根结底，就是法院不愿意承认"定期服用避孕药"的约定要受到合同法的
约束。这分明就是基于传统自由主义而做出的价值判断。但或许由于不太喜欢
借助其他学科的帮助③，德国法院的理由并不太好。

退一步讲，法教义学固然有助于维护民法的方法纯净，不过，或许其也会
遭到责难，认为它是以增加同质性来减少价格竞争的行会思维④。而且民法学

---

① 耶施德特. 法律中的科学：科学比较中的法教义学. 张小丹，译 [M] //李昊，等. 北航
法律评论：2015 年第 1 辑. 北京：法律出版社，2016. 一个批评意见指出，隔绝事实与价值不仅是
不可能的，也是不应该的。价值判断应该贯穿裁判始终。参见：许德风. 论基于法教义学的案例
解析规则 [M] //田士永，王洪亮，张双根. 中德私法研究：第 6 卷. 北京：北京大学出版社，
2010：27-28.

② 邵建东. 德国民法总则编典型判例 17 则评析 [M]. 南京：南京大学出版社，2005：1. 应
当说明的是，本案乃是"案中案"：原告（男方）起诉的是自己的律师，但本文只关注案件中
"避孕合同"的部分。

③ 比如，婚姻型双方在婚姻生活中，会有大量隐性的投资和交换（对价），而书面"口服避
孕药"条款缺乏足够的对价因而不可强制执行（当然这太英美法化了）。或者，干脆认定合同有
效但仅需支付 1 块钱的象征性赔偿（当然这在本案中是不合适的，因为法院主要是要认定男方的
律师鼓励男方起诉是不合理的）。

④ 波斯纳. 超越法律 [M]. 苏力，译. 北京：中国政法大学出版社，2001：108.

本来就不是一个自足的学科，是否需要那么纯净？抑或真能做到吗？在这个问题上，我们认同波斯纳的洞见：解释问题最终是一个政治、经济或社会问题，至少在疑难案件中是这样的①。既然拒斥其他因素对民法的影响不太可能，那么民法需要的就不是"闭关锁国"，而是如何使其他因素的介入更合理且更科学。况且中国的法律真有资格那么骄傲吗②？即便是德国学者，虽然学科的孤立主义对法教义学来说是一种宿命，但他们也不认为就应该拒绝跨学科的讨论③。

　　但是，这些争议都太像说教了，甚至太像某种信仰或道德了：只会加深（而不会减少）分歧——因为人们总是从信仰开始推理，而不是从事实推理出信仰④。而法教义学本来就很像一种信仰（看看它的这个名字！）⑤。或许我们走错了战场：这不该是个本体论问题，而应是个教育论问题。我们该如何来教育我们的学生呢？这篇文章的读者，想必90%以上是专业教师，而其中估计又

---

　　① 波斯纳. 法理学问题［M］. 苏力，译. 北京：中国政法大学出版社，2002：188，239. Poscher认为要高举形式主义旗帜，认为法律的不确定性与裁判水火不容，裁判中的法律虚造具有独立性，应当坚持法律的自治性. 参见：POSCHER. 裁判理论的普遍谬误：为法教义学辩护［J］. 清华法学，2012（4）. 坚持法律与政治、经济和道德保持距离的实证主义，是难以做到的。Poscher也承认，法官个人的立场从来都会影响判决，但他认为对于大多数意识形态有争议的法律疑难案件，法官都能做出一致的判决。但这个判断至少对美国而言不太成立。比如1937—1980年，法院更青睐革新派；随后又转向了保守派。美国学者布兰德以此为例认为，法官有时就是有无视明确法律指令的道德权利和道德理由。参见：布兰德. 法治的界限：越法裁判的伦理［M］. 娄曲亢，译. 北京：中国人民大学出版社，2016：14，18. 但就算承认Poscher的观点，这也并不能证明他的结论，因为他把政治观念过分简单化了；而且法律裁判还涉及包括证据与程序的复杂要素。事实上，单纯以政治立场进行审判，这恰恰就是反形式主义的理论所反对的——因为这就成了"将政治立场当成唯一标准"的形式主义；而且也是没有意义的。事实上，Poscher所说的法律论证场域（诸如遵循先例、一致性、路径依赖以及特殊性，等等），实际都是人类政治与伦理的体系。这固然能证明Poscher的观点，但也能证明Poscher的相反观点，因此就有些可疑。诚然，坚持实证法至上的民法典体系当然会更强调形式主义，但这并不能说明形式主义就是一个最优的选择——它不过是历史留给我们的一种传统而已。具有反讽意味的是，这不是来自法教义学本身的证成，而是一个经验主义和历史主义的证成。
　　② 关于这一点，参见：张淞纶. 傲慢与偏见：传统民法学与法经济学［M］//《人大法律评论》编辑委员会. 人大法律评论：2017年第1辑. 北京：中国人民大学出版社，2018.
　　③ 耶施德特. 法律中的科学：科学比较中的法教义学. 张小丹，译［M］//李昊，等. 北航法律评论：2015年第1辑. 北京：法律出版社，2016.
　　④ 波斯纳. 道德和法律理论的疑问［M］. 苏力，译. 北京：中国政法大学出版社，2001：8，220.
　　⑤ "法教义学"源自希腊语的Dogma一词，其意思是"不是通过理性的证明，而是通过权威的宣言和源自信仰的接受来排除怀疑"。参见：魏德士. 法理学［M］. 丁晓春，吴越，译. 北京：法律出版社，2005：136.

有 90% 以上思考过这个问题。在我国中等教育缺失的局面下①，法教义学的方法垄断对我们的本科生而言是否合适？它是否会让学生过分沉溺在技术层面而无法创新？（至少）是否会让他们忽视某些非常关键的因素，比如成本？因为传统民法（以及很多学者）也在忽视成本问题。

　　成本肯定是现实当事人最关心的问题，它也应该成为法律最关心的问题。但是很可惜，传统民法对成本会有意无意地加以忽视。比如，限制行为能力人可以接受纯获利益。但何谓纯获利益？德国认为应当依照法律效果而非经济结果，因为后者涉及判断，但限制行为能力人本来就做不了这个，而且还有可能估算失误②。这个理由当然有其道理，但接下来的一些例子就令人难以理解了。比如，限制行为能力人以 1 元买入一幢大厦，这会因负有价金支付义务而无纯获利益；但其所获权利负有抵押权，该行为亦无纯获利益——因为充其量这会让未成年人失去该物。姑且不论在我国带着抵押流转是否可行（《物权法》第一百九十一条），物上负担如若果真变现，限制行为能力人该如何处理？即便不变现（此处不谈德国法的独立型担保），那么负担的注销是限制行为能力人能处理之事吗？若限制行为能力人可以应对这些成本，那么，以 1 元购买一幢大厦为什么就不行呢？

　　另外请看以下案件③：

　　K 到商人 V 处购买 DVD 播放器，并选中一台。该台播放器是 A 型号的最后一台，价值为 180 元，双方约定的交易价格为 200 元。双方协商一致后，付钱时，K 发现未带钱包，因此双方约定，1 周后 K 带钱来取。1 周后，K 来取时，V 因将播放器放在库房，未能交 K。双方于是复约定，K 两天后来取。两

① 涂尔干对"中等教育"进行了精辟的阐述和评价：教育的本质就是反思，而起源于艺学院、统率法国教育整体的中等教育，本质上就是为了实现教育的上述核心功能，即激发、锻炼以及全面地增强思辨能力。中等教育没有直接的职业关注，是走向高等教育的"自然方式和必要方式"。其以思考能力为指向，却以一种普遍的方式来培养他们；而高等教育则是以专门的形式来开发这些能力。参见：涂尔干. 教育思想的演进 [M]. 李康，译. 上海：上海人民出版社，2006：11，118，334-336. 尽管涂尔干认为，中等教育和初等教育的分界线可能已经模糊，但笔者一直坚信：在我国应试教育的体制之下，大学不能够（像德国那样）直接且全面地面向职业教育，而是要补上本该在中等教育时期完成的反思能力培养。一个佐证是，尽管在德国，大学的发展纠正了洪堡式的精英教育忽视大众教育与职业教育的倾向，但是，专业研习所需的基础知识教育如外语、历史等在完全中学的第 12 学年和第 13 学年业已基本完成。我国的教育在全国范围上，会培养出这样的能力吗？参见：郑永流. 知行合一，经世致用：德国法学教育再述 [J]. 比较法研究，2007（2）.

② 这个论述以及以下的例子，来自：朱庆育. 民法总论 [M]. 北京：北京大学出版社，2013：246-247.

③ 此案例以及以下之讨论，来自：许德风. 法教义学的应用 [J]. 中外法学，2013（5）.

天后，K 来取。V 将播放器拿出，放在柜台上。K 付钱时，因钱包掉在地上，便低头拾钱包，不料将 DVD 播放器撞翻并落地摔毁。问 V 应该如何寻求救济？

本案实际上有两个重要的问题：用非法教义学的话讲，实际就是赔不赔以及赔多少（怎么赔）？许德风先生的分析主要针对的是第一个问题。本案的关键在于合同请求权和侵权请求权的冲突（或者叫竞合）①。双方买卖合同成立，可以请求支付价款；但本案中履行不能，但该履行不能源自债权人的责任，则对待履行请求权并不消灭。因此卖家仍然可以请求支付价款。反过来讲，正因仍享有此项请求权，卖家并未受到损失，就不得适用（德国《民法典》）第二百八十条和第八百二十三条来索要赔偿。换句话讲，因为当事人还能请求合同上的履行，因此就不能请求侵权赔偿——因为此处并无损失。王泽鉴先生对此提出了尖锐的批评：因法律行为仍有效，被害人可以请求价金给付或返还借款，财产总额便未减少而无损害，这（个说法）难以成立。② 王泽鉴先生在另一处亦指出，契约责任与侵权责任之关系，不能纯依逻辑推理，而应探求立法意旨及当事人利益的平衡③。问题的关键在于：不能因为当事人还享有法律赋予的救济手段，就认为当事人并未受到损失，这个假定是不能成立的。更不能因为有可能存在竞合甚至叠加的问题，就直接否定当事人请求救济的权利。

不过这个问题实际上并不是最关键的，因为最后反正都要赔。而且普通人不会关心是用了哪个请求权（就像犯罪嫌疑人不会关心犯罪构成要件），他只会关注要赔多少的问题（就像犯罪嫌疑人关心要被判多久或者是不是要被判死刑）。从这个角度讲，定性的意义或许远赶不上定量。然而恰恰是在这个问题上（至少是在本案之中），法教义学对此似乎兴趣不大。一个佐证是，许德风先生用了四段文字来分析这个案件，但对于赔多少的问题，他直接就认定了180 元。为什么是 180 元而不是 200 元④？大概是因为该物"价值"180 元。如何确定一个物品价值多少钱呢？是根据进价还是标价？如果该人是下游供应商或零售商，那是否还要考察上游供应商甚至出厂价？事实上双方本来约定了

① 张家勇先生认为，违约责任与侵权责任的区分，在实体法的范围内差异最为明显的就是精神损害赔偿。但很多学者指出，排除违约的精神损害赔偿实属错谬，这就使得二者的差异不明显了。参见：张家勇. 中国法民事责任竞合的解释论 [J]. 交大法学，2018（1）.

② 当然，王泽鉴先生所论述的是欺诈撤销之前的情况。但其结论亦可以比照此处。参见：王泽鉴. 意思表示之诈欺与侵权行为 [M] //王泽鉴. 民法学说与判例研究. 北京：北京大学出版社，2015：600.

③ 王泽鉴. 侵权责任与侵权责任之竞合 [M] //王泽鉴. 民法学说与判例研究. 北京：北京大学出版社，2015：600.

④ 在课堂上我经常会就此询问学生的意见，认为是 180 元或 200 元者基本上各占一半。

200元的价金。既然是强调合同，那就没必要纠缠该物的真实价值（如果非说有的话），直接走"约定必须遵守"的古典合同理论就好了（"说好了200块钱的"）。用经济学的观点看，本案实际应当赔偿的是卖方的机会成本，即因（这最后一台）DVD损毁而导致的机会丧失。由此看来，单凭法教义学的分析，常常容易在最后且最关键的问题上出现差错。没错，法教义学确实亟待深入和推广，但对民法教学来说，任何方法垄断都是要不得的。

五、反思法教义学在民法教学中的设置

当然，想必会有人反唇相讥：仅凭区区几个案例，能否（甚至说有何资格）对一种方法提出批评？而且法教义学包含很多层面的内容，实乃瑕不掩瑜。这些质疑都是很有道理的。作为实用主义者，法教义学虽然有点形式主义，但考虑到其对法实践的强调和法共同体的聚合作用，尽管它有可能会犯错误，仍然不失为一种好方法。因此本文虽然对法教义学有所批评，却无意将其放逐，而是要从民法教学的角度考虑法教义学的设置①。英国著名法学家Peter Birks曾对同事提出建议：学术论文不是悬疑剧（Who Dunnit），要读者对结果保持悬念毫无意义②。因此笔者也希望在此直接给出结论：考虑到法教义学的优势与局限，同时考虑到我国法学教育的法教义学的位置颇为微妙，它不能过早设置，也不能过晚设置。在说明这一结论的原因之后，笔者将尝试就民法教学的未来提出一些建议。

和所有学科一样，法律也是两个部分的结合：知识和方法。知识既是方法的基础，也是方法所要指向的目的；但方法在帮助人们掌握知识的同时，亦会逐步演变成为新的知识。这会对未来的方法革新造成强大的障碍：一方面，对现有方法的学习会使学习者习惯于以（现有方法所固定下来的）特定方式来看待知识，造成严重的功能性粘滞③；另一方面，进化成知识的现有方法会不加区分地将"优劣问题"转变为"对错问题"，从而排除其他方法得以应用的

---

① 有学者认为，尽管社科法学与法教义学对法学教育的理想有着不同的认识，但二者都致力于培养理论联系实际的法律人。参见：李晟. 中国法学研究格局中的社科法学 [J]. 法商研究，2014（5）.

② PENNER. Resulting Trusts and Unjust Enrichment：Three Controversies [M] //CHARLES MITCHELL. Constructive and Resulting Trusts. Oxford of London：Hart Publishing, 2010：238.

③ 这个概念来自格式塔心理学，由德国心理学家登卡尔提出，描述问题解决中的一种障碍：由于过分熟悉物品的既有用途而无法产生创新性的思维。教育很容易创造出功能性粘滞。参见：亨特. 心理学的故事：源起与演变 [M]. 寒川子，等译. 西安：陕西师范大学出版总社有限公司，2013：340-342.

空间。这正是法教义学的根本矛盾：一方面，当法教义学在寻找请求权基础时，鉴于其法官视角，会（基于现有判决）将实证法当成具有明确指向的判断标准。一个佐证就是，法教义学分析会说明具体案件中哪个法条能用（作为请求权基础），而哪个不行；哪一种是对的，而哪一种又是错的。另一方面，如果说法教义学最开始是作为方法的，但随着不断积累，其已经在很大程度上演变为知识。这就导致法教义学的方法属性很容易被知识属性遮蔽，进而具有较强的排他性——借助知识的外观而使人忘记其他方法的存在和意义，固然容易维持法律共同体的稳定，但不利于法律以及法律人的进化和革新。

这个问题集中地体现在了目前民法教学的体例上。从盖尤斯和优士丁尼的二本《法学阶梯》开始，法学院的教材（以及相应的讲授）就总会遵循一定的体例。中世纪的法律学校以《学说汇纂》为对象，并且配套相应的注释以及评注①。但《法学阶梯》《学说汇纂》《法典》的文本排列极为混乱②，因此晚期经院哲学家（late scholastics）将罗马法与哲学结合，针对财产、合同以及侵权设置专章。这个做法一直延续到了今天：我们也有《民法典》了，但就算是在没有《民法典》的日子里，按照《民法典》的每编顺序（总则、债法、物法、家庭法、继承法）分章节的讲述方式雷打不动，顺序也一以贯之：大一直接开民法总论课程，随后是物权法、合同法，然后才是亲属（婚姻家庭法）以及继承法。

按照民法典的各编顺序进行教学，这也应和着请求权基础分析所要遵循的线性法律关系。但这真的科学吗？事实上，传统欧陆民法典的体例早就有人诟病。比如 Ugo Mattei 就认为，大陆法系将继承法与财产法分立的做法，不如英美法的一体化做法更加理性，因为代际继承乃是财产具有经济价值的重要因素③。退一步讲，即便民法典有理由如此干，也并不意味着课堂的讲授一定要按照这个顺序。由于学力和课时的限制，讲授民法总论的法人部分往往无法扩展至公司法与合伙企业法；讲授物权法的共有制度往往无法扩展至婚姻共有制度；讲授合同法时往往只讲总则而来不及讲授分则；讲授担保时往往把物保与人保分割；讲授债权让与制度往往无法扩展至金融产品让与——要言之，一般法和特别法（甚至公法与私法）的讲授都离得过远，这很有可能导致学生知

① 伯尔曼. 法律与革命：西方法律传统的形成 [M]. 高鸿钧，等译. 北京：中国大百科全书出版社，1993：155-156.

② GORDLEY，VON MEHREN. An Introduction to the Comparative Study of Private Law [M]. London：Cambridge University Press，2006：36.

③ UGO MATTEI. Basic Principles of Property Law [M]. London：Greenwood Press，2000：101.

识体系的零散和无法衔接，有悖初衷，得不偿失。事实上，法教义学本来就强调"找法"的各种训练（这值得肯定）；但在分部门以及专章的教学模式下，配以法官视角的形式主义分析，法律关系很容易被视为固定的标准（而不是灵活的工具），从而加剧和放大法教义学固有的弱点。对如同白纸一般的本科生来说，不仅容易造成其知识割裂和兴趣消退，更容易使其丧失对民法（甚至整个法律）的想象力。

以上对法教义学的批评并非本体论意义上的。笔者认为，由于法教义学的以上特质，其不宜过早地进入法学院的教学。笔者认为法学院的教育不仅要培养熟练的法律技工，更要为未来法律的革新和进化埋下根基。法学的知识和方法都在不断变化。这不仅涉及政治性的问题（比如种族和性别平等、言论自由等），也包含技术性的内容（比如债权让与、物权登记等）。法律的进化来自无数伟大的判决和规则，这些都是在超越了既有知识和方法之上的创新。从实用主义的角度来看，这就对方法提出了很高的要求：一方面，科学方法必须要为自己的被超越留出足够的空间，或许这恰恰符合"科学的本质是能被证伪"的题中之义；但从另一方面讲，创新需要以知识和方法作为基础，否则就容易去造"永动机"。因此，法学院的教学是一个非常微妙的过程：它在知识讲授的过程中需要某种方法，但这种方法不能一开始就像法教义学那样封闭，它需要给学生一个能够自主选择的心灵，在他们足够成熟之后，能够自觉而不是自发地选择使用法教义学的方法，从而为未来的法律发展留下充分的空间。

正是出于这个考虑，法教义学的讲授和设置必须非常谨慎。笔者认为：法学院的本科生教学，尤其是大一和大二的教学，不应（也不可能）直接灌输德国式的法教义学。请求权基础理论和案例讲授，应当始自硕士研究生教学（至少是大三和大四的课程）。前一阶段以比较法和体系性的纯知识为主，而且应当采取多部门（甚至多学科）交叉的方式进行。这可保证本科阶段对中等教育的补充，为未来的法律方法学习准备足够的知识；同时避免学生对其他方法和知识产生排异反应。而后一阶段的法教义学案例学习，会使硕士生阶段的教学更有针对性，而且能够更有实践观照，从而为培养精英法律人才提供方法支持①。

综上所述，如同一切方法一样，法教义学有其不可否认的优势，但同样有

①　事实上这也是中世纪博洛尼亚大师们的认识：法律是更高层次的学习，只有精通三艺（trivium，语法、辩证法和修辞学）者才能登法律之堂。参见：GORDLEY, VON MEHREN. An Introduction to the Comparative Study of Private Law [M]. London：Cambridge University Press，2006：35.

着不可忽视的弱点。从民法教学的层面来看，法教义学的方法有如"七伤拳"：内力不足者不宜使用，否则容易伤及自身。因此，本科阶段前两年的教学不宜直接灌输法教义学；后者的案例教学应当留给高年级的学生和实务工作者；与此同时，在这期间的民法教学应当以知识灌输（包括比较法、制度史甚至其他学科的知识）为主①。

Doctrine of Law as a Teaching Method：
Reflection and Sublation
——Teaching by case and basic theory of right of claim
Zhang Songlun

Abstract：Legal Dogmatics which is based on case teaching and right of claim is anexcellent method of law. Most of the existing arguments focus on the study of law and ignore the important aspect of pedagogy as the teaching method of civil law. However，as a teaching method, Legal Dogmatics also has its weaknesses. Firstly，it is used to overemphasize the judge's perspective excessively；secondly，it is easy to leave out important information when analyzing virtual cases；thirdly，analysis of reasons is prone to errors when it comes to value judgment. Legal Dogmatics should be as an important method of learning and research，but in the process of development，it has alienated from the "methods" to "knowledge"，thus changing many "pros and cons" issues to "right or wrong" issues. In view of the lack of "secondary education" for undergraduates in our country，it is suggestted that teaching in civil law should not use the method of Legal Dogmatics prematurely，otherwise it is easy for students to fall into functional stickiness. Teaching of Legal Dogmatics should be moved to the third and fourth grades of the university as early as possible，preferably at the graduate level.

Keywords：Legal Dogmatics；Civil Law Dogmatics；Teaching of Civil Law；Methods；Knowledge

---

① 类似的一个构想来自纪海龙先生。他认为应当采取"两步走"的方法，先直面问题，寻找应然；然后再回归现行法和法教义学体系。参见：纪海龙. 法教义学：力量与弱点 [J]. 交大法学，2015（2）。这一思路正好暗合笔者对法学教育的构想。

法学课堂内实践性教学中
"双向场景案例讨论法"研究①

廖振中②　高晋康③　汤火箭④

摘要：对于"95后"的学生而言，国内既有以文本材料为中心的课堂内实践性教学效果不尽如人意。其桎梏之一在于"问题场景"缺位造成的学习抽象基础不足。课题组基于能动性学习、自媒体可视、当事人中心、软技能养成、平行型对抗和低成本复制六个核心机理，围绕"学习合同清单—类案检索分析—反向涵摄编剧—自媒体可视化—平行模拟法庭—集体讨论评估—理论后续延展"七个环节设计出双向案例讨论流程，从当事人与法律人的角度双向重构课堂内实践性教学。这一方法尤其契合"95后"学生数字原生代之禀赋，有效兼顾知识学习、技能培训与伦理养成，有利于培养德法兼修的法治人才。

关键词：课堂内实践性教学；问题场景；能动性学习

一、引言：如何通过课堂内实践性教学提升职业技能

理论知识学习与职业技能培训一直是法学教育相互颉颃的两面。美国在20世纪摈弃了之前的实习学徒制（apprenticeship），代之以训练学生"像律师一样思考"的法学院教育，要求学生毕业之后必须在实际工作中修习职业技

---

① 本文为2020年西南财经大学教学成果一等奖建设项目"卓越法治人才培养自媒体多方互动教学平台建设"、2020年中央高校教育教学改革专项"金课"线上线下混合式建设项目"民法总论"、2020年中央高校教育教学改革专项"金课"小班化课程建设项目"卓越财经法律人才思维与技能实战培训"、2020年西南财经大学"双师同堂"教学课程项目"法税同审：高端商事业务中的法税思维与技能"的阶段性研究成果。

② 廖振中，男，西南财经大学中国金融法研究中心常务副主任，研究员，博士，主要研究方向为金融法。

③ 高晋康，男，西南财经大学法学院教授，博士，主要研究方向为金融法。

④ 汤火箭，男，西南财经大学教务处处长，教授，博士，主要研究方向为刑事诉讼法。

能；而大陆法系将职业技能视为法学教育目标之一，实行"两阶段法"：学生在法学院学习理论知识之后通过司法考试，再进入实务部门接受两年的强制性实习学徒训练（Referendarzeit）。近年来，两大法系法学教育思路出现了再融合的趋势。美国开始通过建构经验性课程逐步再造职业技能培训；而德国和日本等大陆法系国家则开始弱化学徒训练，转而强调法学院教育的作用。这一趋势凸显出两个共识：其一，在市场的压力下，职业技能培训作为全球法学院教育目标之一的重要性正在复苏与回归；其二，课堂内实践性教学将部分取代运行成本过高的实习学徒训练而成为职业技能训练的主要路径①。

近十年来，我国各法学院陆续引入了海外的课堂内实践性教学模式，如模拟法庭、法律诊所、请求权基础案例研习等，但这些模式在中国语境下都有南橘北枳之虞。学界由此开始探讨中国本土化实践性教学方法，如个案全过程教学法（章武生，2013）、法律医院（高晋康，2017）、文本分析与法律诊所的二元互补（班小辉，2018）等②。从总体上看，法学实践教学的效果与质量评估并不理想③。2018 年教育部《普通高等学校法学类本科专业教学质量国家标准》第 5.2.2 条提出了"改革教学方法，强化案例教学"的改革方向。

考虑到当前法学教育的对象正在转向"95 后"数字原生代学生，如何开发出有中国特色的课堂内实践性课程，以满足全球化背景下市场经济和实践部门对当代法学院毕业生的需求，就成为"立德树人，德法兼修，抓好法治人才培养"至关重要、亟待回答的一个问题。本文所提出的"双向场景案例讨论法"正是对此问题进行回应的一个初步尝试。

二、法学课堂内实践性教学的"阿喀琉斯之踵"：问题场景缺位

关于课堂内实践性教学效果不佳的原因，学界有多种解释，但几乎所有学者都同意，既有课堂内实践性教学诸多模式中有一个共同的瑕疵之处，即均只从纸面代入了法官视角的判决结论，而有意无意间忽视了当事人与律师，随之

---

① 国内多数学者赞成将法学院定位于法律职业教育。参见：王晨光. 法学教育改革现状与宏观制度设计：日韩经验教训反思与中国改革刍议 [J]. 法学，2016 (8)；郜占川. 新时代卓越法治人才培养之道与术 [J]. 政法论坛，2019 (2). 也有学者认为，在法学院完成智能技能培训较为合适。参见：李红海. 统一司法考试与合格法律人才的培养及选拔 [J]. 中外法学，2012 (4).

② 章武生. "个案全过程教学法"之推广 [J]. 法学，2013 (4)；高晋康. 从法律诊所到法律医院 [J]. 中国法学教育研究，2017 (3)；班小辉. 论法学案例教学方式的二元化及其互补发展 [J]. 法学教育研究，2018 (3).

③ 例如，何美欢（2006）认为，中国法学教育在技能训练方面"全方位缺席"，参见：何美欢. 理想的专业法学教育 [J]. 清华法学，2006 (3)：68. 葛云松（2014）尖锐地批评说，法学院教育类似于疗养院。参见：葛云松. 法学教育的理想 [J]. 中外法学，2014 (2)：287.

造成真实问题场景（factual context）缺位。Shalleck（1993）就指出："在法学课堂上，如果当事人（客户）仅以纸片人（cardboard figures）的形象出现，将使得案例研究脱离引发纠纷的社会环境和关系网络。"① 如今法学院本科生大多在 20 岁左右，"像在温室里培育的花朵，社会经验相当匮乏"。如果分析基础仅是文本材料而非真实世界中当事人或律师所面对的场景时，就会出现"抽象基础不足"的学习障碍，"文本中的抽象词汇对缺乏经验的学生没有任何意义"。在此背景下，既有课堂内实践性教学出现种种问题在所难免。

第一，信息传导扭曲导致研讨效率低下。由于众所周知的原因，判决文本本身往往并不能构成案件的全貌，相当部分的"隐性细节信息"在法官写作过程中被有意无意地过滤掉了，而恰恰这些高度个人化的但很难形式化的隐性细节信息却对案件分析非常重要。当"实践教学的案例往往并不是现实生活中所发生的案例，而是教师为说明某一问题而编制的"②，案件信息传导有限扭曲势必导致研讨的低效化。一个明显的反例是，教师能向学生提供自身执业经历、具有"隐性细节信息"的真实案例往往教学效果更好。有学者提出了同步观看真实法院庭审的方案③，但枯燥冗长的观看内容会提前耗尽学生的精力。

第二，真实客户缺位导致学习激励不足。实践中律师对一个案子的投入度往往高于法官，是因为其在案件中具有经济激励，而后者仅仅将案件作为日常工作的一部分。同样，如何激励学生对案件产生"移情和共情"的投入，而非草率应付书本作业是实践性教学必须解决的难题，"（学生）往往缺乏真实世界中律师代表客户时那种不可预测性和紧迫性"。受教育消费主义的影响，"95 后"学生很容易对单纯的文本材料产生厌倦感，研讨的学习动力会因此下降。教育部也注意到了这一点，特别指出应当"围绕激发学生学习兴趣和潜能深化教学改革"④。

第三，师生比例失调导致研习效果异化。"95 后"学生很容易拒绝接受

---

① Shalleck（1993）认为，传统案例分析往往把当事人故意刻画为以牺牲他人为代价，最大化自己的经济利益的单维度纸片人，忽视了关系、声誉和价值观等其他对当事人起作用的因素。参见：SHALLECK, ANN. Constructions of the client within legal education [J]. Stanford Law Review, 1993, 45（6）：1732.

② 房绍坤. 我国法学实践教学存在的问题及对策 [J]. 人民法治, 2018（16）：81.

③ 卢春龙. "四型人才"导向的"四跨"：中国政法大学法治人才培养新模式 [J]. 政法论坛, 2019（2）：26.

④ 教育部. 关于加快建设高水平本科教育 全面提高人才培养能力的意见 [EB/OL]. http://www.moe.gov.cn/srcsite//s7056/201810/t20181017_351887.html.

"自上而下的权威模式"（top-down authoritative model）教育。为了补充文本材料信息的不足，教师势必在课堂上依靠口头表达输出"问题场景"。这种依赖于师生一对一高度互动进而创建"问题场景"的办法本质上是一种师徒式的个体培养，其有效性系于师生比例——理想情况下每位教师面对不超过 10 名学生，否则教师会进退失据，无法应对。但考虑到中国的实际情况，要求个位数的师生比对国内法学院而言并不现实。因此，实践中大课状态下的文本案例研习效果往往不由自主地异化为改头换面的知识灌输或者剧本导向的话剧表演。

第四，抽象要件空洞导致职业技能偏废。除了三段论的逻辑推理和请求权基础分析能力，全球化的市场至少还需要法学院学生具有两方面的技能，一是站在商业角度进行成本效益分析，为客户降低交易成本、增加交易价值的复合技能；二是可视化表达、客户沟通、团队协作、业务发展、形象塑造甚至压力管理等对于其职业生涯至关重要的"软技能"。单纯文本的案例教学法过于重视概念与逻辑，让学生在情感真空状态下按图索骥地寻找要件事实，交易场景缺位无法使学生意识到其中的潜在风险，也不利于学生培养复合职业技能。换言之，即便文本研习在某种程度上能够教会学生"像律师（法官）一样思考"，但绝对无法教会他们"像律师（法官）一样做事"。

第五，诚信教育匮乏导致职业伦理失范。法学教育的任务之一是要让学生意识到诚信和声誉比金钱和不惜一切代价的胜利更重要。法学教育理应鼓励学生重视职业伦理，但由于缺乏"问题场景"，学生很难通过"移情"体验到当事人在真实案件中的直观感受，也无法通过单薄的文本感受案件中的人性化与同理心，因此单纯的文本案例分析很难实现诚信教育，从而提升学生的职业伦理认同①。

完整的法学教育应当由"三个学徒"来定义：一是"认知学徒"，即学生拥有法律知识与三段论的分析思维；二是"实践学徒"，即学生获得专业人员所需的种种技能；三是"身份学徒"，即学生认同法律职业价值观②。缺少"问题场景"的既有课堂实践性教学模式的失败之处就在于无法提供后两种教育功能。

---

① 有学者注意到了国内法律职业伦理教育缺失的问题，中国政法大学为此专门成立了法律职业伦理教研室。参见：刘坤轮."学训一体"法律职业伦理教学模式的实践与创新 [J]. 政法论坛，2019，37（2）：30-37.

② SULLIVAN W M. Educating lawyers：Preparation for the profession of law [M]. London：John Wiley& Sons, 2007：28.

三、双向案例分析实践性教学的运作：机理与流程

（一）"双向案例分析法"的六大运作机理

与既有研究不同，本课题组并未停留在单纯的情景模拟层面，而是创新性地提出以下六点作为双向场景案例讨论法的基本运作机理：第一，基于建构主义的能动性学习理论引入"学习合同"以解决"95后"学生与教师之间"代际交叉"（generational crossroads）问题；第二，根据信息时代的多媒体网络传播的经验，要求学生通过自媒体制作主动创造可视化的"问题场景"；第三，实现教学中心从以传统案例分析法官视角为中心向以当事人视角为中心的转移；第四，将类案检索、诉讼可视化、商务谈判等近年来实务界急需的法律技能与传统请求权案例研习的要件涵摄要素相融合，实现法律思维与职业技能的复合养成；第五，采取双组"平行宇宙"的模拟法庭，实现案例研讨的同构归因与竞争效应；第六，为了低成本可复制性和资源保留，开发了统一的多方互动教学平台以实现多种课程技术支撑底层模块的公用。

需要特别指出的是，建立在建构主义基础上的能动性学习模式与基于网络自媒体的法律信息传播经验是双向场景案例讨论法的"任督二脉"：前者鼓励学生有意识地主动尝试个性化学习，后者则赋予了能动性学习互联网的工具理性。与传统认知主义观点相反，建构主义教学方法提倡"人类创造意义而不是获得意义"，由此产生了"能动性学习"（agentic engagement）模式，即强调"学生对所接受的教学流程的建设性贡献"[①]。所谓"能动"，是指赋予学生更广泛的内在化学习选择，促使学生从提高专注度、调动情感和调整认知三方面提高学习效能。此外，以简短的动态视频音频为核心的自媒体文化构成了"95后"的法律信息来源的重要渠道。

（二）"双向场景案例讨论法"的运作流程：以表见代理案例研讨为例

双向场景案例讨论法的运作流程包括"学习合同清单—类案检索分析—反向涵摄编剧—自媒体可视化—平行模拟法庭—集体讨论评估—理论后续延展"七个核心步骤。

第一，学习合同清单。教师与学生通过协商事前制定学习合同（learning

---

① REEVE J, TSENG C M. Agency as a fourth aspect of students' engagement during learning activities [J]. Contemporary educational psychology, 2011, 36（4）：257-267.

contract)① 清单。换言之，不能单方面由教师指定需要讨论的案例类型，应当让学生提前参与到案例讨论的选择中，教师转而扮演引导、推荐和补充的角色。一般而言，学生会选择更有直接体会、更感兴趣的案例类型，如夫妻债务的承担、虚拟财产的界定或是消费者格式条款维权。教师则需要提示、补充学生暂时没有直接生活体验，但是对未来工作或理论构建有重要意义的案例类型，如善意取得、表见代理等。教学双方通过学习合同形成整个学期的案例分析清单，兼顾知识点与学生兴趣点。同时，学生互相选择完成组队，然后在每一个案件中指定不同小组为被告当事人组（A 组）、原告和被告平行代理组（B、C【原告】和 E、F【被告】）、法官组（G 组）和观摩组（其他学生）一共七个小组。由于每个小组在不同案件中所扮演的角色不一样，可以使得学生在不同案件中得到当事人、律师、法官以及旁观者四种角色体验。

第二，类案检索分析。A 组的学生负责提前完成学习合同清单上某一类案件的检索分析。以表见代理的案件为例，师生共同协商确定以 2014—2018 年金融行业、省级以上高院的表见代理二审或再审案件作为类案分析的对象。A组学生通过中国裁判文书网、北大法宝网、无讼网进行相关类案检索，共计得到符合条件的案例 52 个（见表 1），A 组学生由此出具类案检索报告。

表 1　表见代理案件类案检索分析情况

法院	总数/个	年份	数目/个	案号	法院	总数/个	年份	数目/个	案号	法院	总数/个	年份	数目/个	案号
湖南高院	3	2018	0	无	浙江高院	3	2018	2	(2018) 浙民终 827 号 (2018) 浙民终 830 号	湖北高院	2	2018	1	(2018) 鄂民终 1091 号
		2017	1	(2017) 湘民终 342 号			2017	0	无			2017	1	(2017) 鄂民终 2291 号
		2016	1	(2016) 湘民终 691 号			2016	0	无			2016	0	无
		2015	1	(2015) 湘高法民二终字第 40 号			2015	1	(2015) 浙民终字第 22 号			2015	0	无
江苏高院	1	2018	0	无	新疆高院	1	2018	0	无	云南高院	3	2015	0	无
		2017	1	(2017) 苏民终 1554 号			2017	1	(2017) 新民终 456 号			2016	1	(2016) 云民终 699 号
		2016	0	无			2016	0	无			2017	1	(2017) 云民终 964 号
		2015	0	无			2015	0	无			2018	1	(2018) 云民终 554 号
福建高院	3	2017	2	(2017) 闽民终 822 号 (2017) 闽民再 101 号	四川高院	4	2015	3	(2014) 川民终字第 728 号 (2015) 川民终字第 31 号 (2015) 川民终字第 389 号	辽宁高院	3	2018	3	(2018) 辽民再 168 号 (2018) 辽民终 957 号 (2018) 辽民终 745 号
		2018	0	无			2017	1	(2017) 川民终字第 120 号			2017	0	无
		2016	1	(2015) 闽民终字第 2182 号			2016	0	无			2016	0	无
		2015	0	无			2018	0	无			2015	0	无
山西高院	1	2018	0	无	安徽高院	2	2018	0	无	河南高院	1	2018	1	2018 豫民终 150 号
		2017	0	无			2017	1	(2017) 皖民中 377 号			2017	0	无
		2016	1	<2015>晋民终字第 357 号			2016	1	(2015) 皖民提字第 00070 号			2016	0	无
		2015	0	无			2015	0	无			2015	0	无

---

① 学习合同被界定为：由学生与教师协商拟定，具体说明学生在给定时间段内将学习什么和如何学习的文件。参见：AIKEN J H, KOPLOW D A, LERMAN L G, et al. The Learning Contract in Legal Education [J]. Maryland Law Review，1985（44）：1047-1098.

表1(续)

法院	总数/个	年份	数目/个	案号	法院	总数/个	年份	数目/个	案号	法院	总数/个	年份	数目/个	案号
山东高院	5	2018	1	<2018>鲁民终69号	甘肃高院	1	2018	1	(2018)甘民申1849号	北京高院	1	2018	1	(2018)京民终239号
		2017	1	<2017>鲁民终338号			2017	0	无			2017	0	无
		2016	0	无			2016	0	无			2016	0	无
		2015	3	<2015>鲁一终字第231号 <2015>鲁商终字第229号 <2015>鲁民一终字第257号			2015	0	无			2015	0	无
最高法院	12	2018	5	(2018)最高法民终820号 (2018)最高法民终901号 (2018)最高法民终147号 (2018)最高法民终36号 (2018)最高法民终302号	黑龙江高院	2	2015	0	无	吉林高院	3	2015	0	无
		2017	1	(2017)最高法民再209号			2016	1	(2016)黑民再222号			2016	2	(2016)吉民终520号 (2016)吉民终56号
		2016	3	(2016)最高法民终800号 (2016)最高法民终508号 (2016)最高法民终219号			2017	1	(2017)黑民终397号			2017	1	(2017)吉民终405号
		2015	3	(2014)民四终字第48号 (2015)民二终字第64号 (2015)民二终字第311号			2018	1	(2018)黑民再292号			2018	0	无

第三，反向涵摄编剧。根据类案检索报告，A组学生发现2014—2018年期间"以表见代理为诉由将金融机构列为被告"的案件值得研究，基于此标准又从上述52个案例中提炼出11个类案[①]，同时根据表见代理构成理论中的表象外观、第三人善意无过失、本人可归责等事实要件，对以上11个案件进行再涵摄与归纳，总结出这些案件中出现频率最高、最容易产生法庭辩论争议的真实事件场景情节，例如无权代理人身份、公章或其他印章、合同签订场所、金融机构是否受益、第三人身份、金融机构是否具有过错等（见表2）。

表2　11个表见代理类案中真实事件场景情节的总结

案号	表象				第三人善意无过失	本人可归责	判决结果
	无权代理人身份	加盖公章与否	行为场合	本人获益			
(2014)民四终字第48号	曾任鼓楼支行行长，但出具借条时已不再担任	公章×			赵宝燕不存在合理的信赖	对鼓楼支行印章的管理尽到了必要的监管义务	×
(2016)最高法民终800号	张某并非光大长春分行员工	公章和负责人名章均系犯罪分子伪造√			招行无锡分行没有对光大长春分行负责人或相关业务部门工作人员进行核查		×
(2018)最高法民再302号	戴鸿翔作为交行扬中支行时任负责人	公章√	在工作时间于行长办公室向郭世亮出具涉案借条		郭世亮等信赖符合常人理性判断，相关信赖利益应予以保护		√
(2016)最高法民申3057号	白山工行营业部经理	个人信贷业务专用章√			李子江在明知于竹兵借款并非白山工行业务范围的情况下，依然向于竹兵借款，未尽到善良相对人的一般注意义务，主观上存在重大过失		×
(2017)吉民终405号	工作人员	公章×			刘艳实际控制银行卡长达两年之久，且在两年内李政学对该银行卡置之不理、不闻不问，有悖常理		×

[①] 其中最高法院案例4个，浙江高院案例3个，黑龙江、吉林、四川、湖南高院案例各1个。

表2（续）

案号	表象				第三人善意无过失	本人可归责	判决结果
	无权代理人身份	加盖公章与否	行为场合	本人获益			
（2018）黑民再292号	金山屯支行负责人	公章√	借款未在银行柜台办理，签订借款合同的地点不在金山屯支行	未将所借款项汇入金山屯支行账户			×
（2016）湘民终691号	支行副行长	公章×	均是廖建华在其办公室签订的		根据诚实信用原则和公平原则，农发行XX县支行亦应对廖建华的行为后果承担法律责任		√
（2015）川民终字第31号	信托公司营业部工作人员	业务公章√	不能证明在信托公司的营业场所内办理		陈家礼有理由相信李犀的行为系职务行为	信托公司管理不严，用人不当	√
（2015）浙民终字第22号	专职个贷经理	印章系高喜乐伪造×		资金亦未进入银行指定的结算账户	第三人将该账户的网银设备及密码交由高喜乐保管，丧失了银行客户的基本注意义务，导致高喜乐具备实施犯罪行为的便利条件	内部管理制度混乱，存在巨大漏洞，对员工的业务监管也存在严重缺失	50%的责任
（2018）浙民终827号	工作人员	伪造公章×	银行附近路边车上	平均年化利率78.85%	葛建华作为具有丰富从商经验的完全民事行为能力人，应对该利率标准有清晰认知……葛建华并不属于善意且无过失		×
（2018）浙民终830号	工作人员	伪造公章×	银行附近路边车上	案涉业务平均年化利率78.85%	华荣华作为具有丰富从商经验的完全民事行为能力人，应对该利率标准有清晰认知……不属于善意且无过失		×

　　根据反向涵摄的结果，被告当事人（A组）学生将所有出现频率较高的案件情节浓缩改编形成一个虚拟剧本。在本案中，A组学生得到了这样一个虚拟剧情：A银行（被告）的支行行长（法定代表人）甲在2015—2017年从事民间借贷资金掮客角色，多次签字从房地产开发商乙（原告）处借贷资金共计人民币1 000万元用于放贷给资金需求方。甲为规避监管，利用其妻子丙在A银行开立账户，该账户中混同了银行自身的工作经费与甲对外放贷本息。2017年甲、乙双方在某茶楼补签借条（待证事实），此时甲已经被A银行内部罢免支行行长，但工商登记尚未变更。甲签字让A银行支行秘书丁从银行内部拿出个贷业务专用章在担保人栏下盖章。随后，原告乙起诉，要求甲赔偿或A银行承担担保责任。虚拟案情法律关系如图1所示。

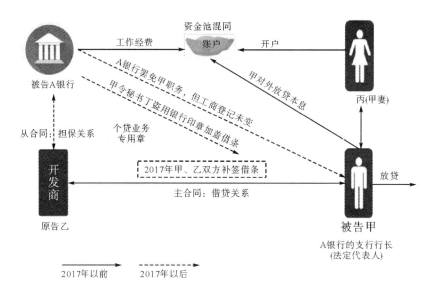

图1 虚拟案情法律关系图（虚线为待证事实）

第四，自媒体可视化。根据上述剧情，A组学生采用PS技术，制作相关的借条、个贷业务专用章、转账记录等书面证据，同时分别扮演甲、乙、丙、丁、银行代表等角色，将案件事实制作成15分钟左右的自媒体视频。

第五，平行模拟法庭。A组扮演被告A银行和甲，B、C组扮演原告乙委托的原告律师组，E、F组扮演被告A银行和甲委托的被告律师组，B、C、E、F四组同时听甲（A组）陈述并查看证据。然后组织模拟谈判，即由B、C、E、F四组根据手上的材料，分析自身优势与劣势，在法庭组（G组）的主持下，模拟和解谈判。同时，要求B、C、E、F四组提交建议委托人是否接受和解提议的书面电子邮件。

随后，B、C、E、F四组分别提交起诉状和答辩状。在法庭组（G组）的主持下，按照B—E和C—F的对决顺序分别进行两次法庭模拟，完成证据交换、质证程序与法庭辩论。同时，观摩组（其他同学）负责观摩庭审，并通过多方互动教学平台软件对每个小组的整体表现进行评估打分，同时可以上传留言和点赞。最后，法庭组（G组）合议之后出具判决书。在此环节，观摩组（其他同学）基于"上帝视角"可以提前观看A组制作的自媒体视频，其他组同学则基于"无知之幕"不得观看该视频。

第六，集体讨论评估。模拟法庭结束后，向全体同学播放A组制作的自媒体视频并提供类案检索报告下载。观摩组同学负责制作讨论提纲，组织集体讨论。本案中，观摩组所提出的讨论问题包括：法定代表人的工商登记是否变化的影响有多大？如本案盖的是公章而非个贷业务专用章是否会导致判决不同？合同签订具体地址（茶楼或银行营业场所）的影响有何不同？第三人的身份是否应当认定为职业放贷人？个人与银行资金混同是否构成银行管理责任？等等。

最后，邀请校外专家——本省高级人民法院做出过类似判决的资深法官和J银行资深法务专员在线进行点评。校外专家（法官25%+银行法务25%）、观摩组（其他同学25%）与教师（25%）的打分加权平均作为平时成绩。

第七，理论后续延展。教师在课后需要布置相关中英文理论文献供学生阅读，同时提供中国庭审公开网（http://tingshen.court.gov.cn/）相似真实案件的庭审录像链接供有兴趣的同学观看。学生则可以自愿选择将某类案件作为自己毕业论文或科创项目的选题方向。

四、双向场景案例讨论法的教学效果评估与分析

近五年，课题组在民法课程中对同一年级不同班级有意识地有差别化地实行了双向场景案例讨论法。从客观效果来看，使用了该方法的班级（A班）与没有使用该方法的班级（B班），最终同一套期末考试题平均分相差4分之多，尤其是在案例分析题上，两者百分制总分差达到6分。从主观效果来看，根据我们下发的调查问卷，评分显示，大多数人认为过程有趣（85%）和有指导意义（64%），29%的人认为任务比预期的难。其中，学习合同（60%）、自媒体案情展示（74.5%）和平行宇宙模拟法庭（78.6%）三个因素得到了学生最多的认可。同时，法学院本科学生科创立项数量明显增加。根据我们的观察，以上教学效果提升可能是以下七个方面共同作用的结果。

（一）案例信息的高效传递

双向场景案例讨论法有利于提高案例信息传递效率。第一，学习合同清单有利于学生形成金字塔式结构化思维，使其主动学习相关法条和理论，从而夯实了实践性教学的理论知识基础。第二，类案检索与反向涵摄环节实现"逻辑要件与事实经验之融合"，案例信息不再受制于教师输入，学生亦不再单纯地将其等同于书面抽象符号，从而同时改变了案例信息的提炼深度。第三，自媒体可视化给予了学生利用情感来构建学习体验的机会。通过制作证据材料与案件视频，学生通过类似于VR的客户视角，获取了可感知、可移情、可共情信息，从而部分弥补了学生所缺乏的社会经验。第四，外部专家担任一个信息补充者的角色，将课堂分析与司法实践串联起来。

（二）学习激励的合作产生

"95后"学生面临的课余选择和诱惑之多，使得实践性教学必须提供"利

用不同的资源创造个人有意义的学习体验"① 才能获取（甚至是争夺）学生的时间与精力，从而实现从"为获得知识而学习"过渡到培养解决问题的技能。第一，学习合同清单直接回应了"95 后"希望参与重大决策和目标设定的期许。第二，A 组学生扮演了委托人的角色，创造出一个真实的委托主体，这使得代理组学生意识到自己不只是在完成作业，而是在履行一个真实的代理义务，由此带来的使命感与主人翁精神有效地提升了学习激励。第三，将纸面信息转化为自媒体视听材料刺激了学生的学习欲望。一名学生在问卷调查中写道："我越是陷入自己角色的表演，就越感受到这一事件演变成一场官司的可悲之处，也就越是拼命寻求解决的办法。"第四，模拟法庭环节中 B—E 组和 C—F 组的两次平行对抗性庭审提供了竞争激励，学生不仅要对抗本组的对方代理人，还必须争取比另一组同样角色的学生表现更突出。同时，观察组现场打分与网络平台点赞功能提供了"95 后"最为看重的"即时的满足感和频繁奖励"②。第五，将所有信息公开后的综合讨论环节给学生提供了一个进行"头脑风暴"的机会，形成学习吸收率最高的转教别人模式③。同时，外部专家评议给予了学生之前的努力以有效反馈。

（三）深层反思习惯的养成

习近平总书记"五三"讲话指出，"青年时期是培养和训练科学思维方法和思维能力的关键时期"。反思是实践性学习形成深层思维的重点环节。"95 后"数字原生代学生的重要印记之一就是过于依赖快节奏的信息吸收，缺乏批判性思维，故而需要学习如何练习放慢速度，集中精力深入思考材料和信息。第一，不同组别的学生对某一类案件先是从当事人、律师、法官多视角有限信息的情况下介入，最后披露所有信息（自媒体视频与类案检索报告）进行全面讨论。这使得学生有机会反复检讨之前自身思维的局限性。第二，将教师分享信息转变为学生交流讨论，通过"自我生成的观察"（self-generated observations）养成深层思考的习惯。第三，B—E 组和 C—F 组的两次模拟法庭对抗所创造出的"平行宇宙"（parallel universes）使学生有机会"同构归因"

---

① BERENSON S K. Educating Millennial Law Students for Public Obligation ［J］. CHARLOTTEL REV., 2009, 51 (53)：2.

② 有学者从心理学角度解释，后千禧一代的学生从小就被教导他们是参与活动的"赢家"，并习惯于接受即时奖励。BENFER E A, SHANAHAN C F. Educating the Invincibles：Strategies for Teaching the Millennial Generation in Law School ［J］. Clinical Law Review, 2013 (20)：1.

③ 哈佛大学的"学习吸收率金字塔"理论指出，听讲、阅读往往属于被动的个人学习，学习吸收率低于 30%，而如果采取主动的学习方式，例如小组讨论，学习吸收率可以达到 50% 以上，而将所学到的知识转教别人的学习吸收率可以达到 90%。

（isomorphic attribution）地观察、比较和解读相同案例中不同小组的工作思路与结果，尽收切磋之益。第四，钳制"95后"对学习功利消费主义之倾向，促进学生能动思考，促进个人快速成长。

（四）技能培训的多元提升

传统案例研习另一个被人诟病之处在于忽略了学生所急需的多元法律职业技能，而这正是双向场景案例讨论法的可贵之处。第一，类案检索与反向涵摄有效提升学生检索和消化大量信息的能力，即信息化社会急需之"搜商"。第二，"庭审是一种用故事解决问题的实践"①。多媒体视频制作本身就是一种必要技能，更可培养学生通过"金字塔式结构化思维"整合思路讲故事的能力。视频制作思路清晰的小组，往往在集体讨论中表现更好。第三，学生对某一类案件（如表见代理）在某一行业（如金融业）产生的深层次原因的分析潜移默化地提升了学生整合法律知识与其他专业背景知识的能力。第四，"善律者不诉"，现代商业社会需要学生掌握通过谈判妥协、避免诉讼的能力。诉前纠纷解决课程已经成为全球法学院常见的技能课程设置。双向场景案例讨论法的重要特色之一就在于要求学生"模拟谈判"。评估显示，42%的案件学生能够通过谈判形成妥协方案。第五，训练学生沟通能力，要求学生就调解方案向当事人小组提交书面邮件，并尝试说服后者接受这一方案。第六，多项工作同时展开的时间协同、能力互补和相互激励要求学生的团队合作及部分学生的领导技能。第七，给予学生面对不确定性时的心理训练，从而培养他们被暴露在波动性、随机性、压力和混乱下时的复原力②。

（五）职业伦理的潜移默化养成

双向场景案例讨论法通过场景革命鼓励学生移情和进行批判性思考，进而引入了培养职业伦理、提倡公平正义的三条路径：第一，自我意识的激发。场景革命可以强化学生的主动意识，提前修正面对真实世界时的自身性格弱点。第二，伦理敏感的养成。通过构建可视化的场景并在讨论环节评估可能的道德困境，学生潜移默化地逐渐形成当自身行为与法治价值体系发生冲突时自动叫停的直觉。第三，移情反思的养成。学生在讨论中将理解并间接体验当事人的感受，从而学会换位思考和沟通交流。这不仅对于习惯于以自我为中心的"95后"尤为重要，而且有利于消弭法科学生中常见的"法律帝国主义"倾向。

---

① LOPEZ, GERALD P. Rebellious lawyering：One Chicano's vision of progressive law practice [M]. Boulder in Colorado：Westview Press, 1992：39.

② 塔勒布. 反脆弱：从不确定性中受益 [M]. 雨珂，译. 北京：中信出版社，2014：2.

（六）案例资源的传承扩散

在教学案例完成后，视频以及讨论所形成的书面材料将物化保留于数字化介质以增加记忆黏性，从而解决了教学经验无法代际传承的问题。通过保留每一届学生的学习过程痕迹与记录，使得不同届别、不同专业学生之间可以实现跨空间、跨专业互动交流。云储存上的每一个视频都可以成为建立后续教学案例数据库的真实题材，学生甚至新晋教师都可以通过平台随时复查以前的知识，进而推动学生教学和教师培训模式的创新①。

（七）理论研究的涟漪效应

课题组还发现，双向案例研讨法有利于解决既往学生毕业论文选题空洞的难题，同时显著提高了学生科创立项数量。其原因有二：一是学生已经在类案检索与反向涵摄中发现了真实世界中存在的疑问，从而激发了其问题意识；二是前期的集体讨论与后续文献研究相对照，使得学生产生了深入研究的兴趣，因此会主动地投入更多的时间和精力。

五、双向场景案例讨论法的若干经验及检讨

（一）强调"互嵌式团队"合作参与案例讨论

课题组发现，双向场景案例讨论法的最大潜在问题在于性格差异、性别差异与交流障碍。首先，学生在参与过程中往往分为驱动型、妥协型、表达型与分析型四种情况。学生的性格往往决定了自身参与讨论的深度。其次，在双向案例讨论中，女生往往承担驱动型与表达型的角色，而男生之中妥协型较多。这也和课后调研中女生对双向场景案例讨论法的肯定比例高于男生（88%：68%）相印证。那么，是否会存在个体上男生的发言权或自信被女生压制或者剥夺的可能②？最后，"95后"认为网络交流优于口头交流，原因在于前者带给他们的安全感更大，这也导致了部分学生在模拟法庭与集中讨论时的交流障碍。

由此，我们鼓励采取性格、性别、专业三方面的"互嵌式组队"：一是考虑到比较内向的学生不愿意单独暴露在群体面前，因此，通过组队创造一个"安全空间"，能让不同性格的学生发挥自身能力。二是组队时注意男女比例

---

① 为保留与分享视频和材料，西南财经大学法学院课题组申报了"卓越法治人才培养自媒体多方互动教学平台建设"项目，并设计了相关软件，建立了校内云存储服务器。

② 考虑到西南财经大学所在省份（四川）女性强势的传统以及财经类院校女生占比超过65%这两个前提，课题组尚缺乏广泛数据，不能确定是否不同地域、不同类型的高校采取双向案例讨论法时都会存在上述性别差异。

合理，以发挥性别互补优势。三是学生专业组成的多元化往往可以通过两种相互关联专业视角来观察案例，从而取得意想不到的效果。例如，在表见代理的案件中，金融专业的学生对银行内控的知识对案件分析提供了重要支持①。

（二）基于"95后"学生对及时积极反馈和奖励紧密的依赖性，评价的客观公正与事后反思对教学效果至关重要

最开始课题组选择公布所有学生的分数，但发现低分带给学生的消极反馈可能是毁灭性的。因此，对于评估小组的打分调整为程序上只公开发布表现最好（最高分）的前三组，个体得分则只能由学生自己查询。另外，将校外专家和教师的打分调整为只针对小组而非个人，从而减少负面影响。尤其重要的是，专家和教师需在事后主动对得分较低的小组提供挫折反馈，通过反思会议（review sessions）组织小组内部开展自我评估，引导学生检讨与总结，从而有效提高学生对负面评价的接受度。

（三）关于开展双向场景案例讨论法的时间与年级

调研显示，大二与大三的本科生对该方法的反应优于研究生（好评率92%：83%），这一数据与上课教师的主观感受一致。这有可能是因为研究生受科研、兼职或生活事务的牵制，不愿意投入过多的时间和精力。从另一个角度来看，这一数据也反映出法理知识掌握与实践性教学并不存在必然的前后因果关系，印证了将法律实践教学与理论知识讲授同步甚至更加前置化的呼吁②。

（四）不同教师对双向场景案例讨论法的接受度差异

部分教师提出了三个担忧：一是自媒体过于娱乐化从而降低了教学的严肃性；二是教师对部分学生提出的学习合同要求存在自身知识专业储备不足问题，例如学生提出了对网络主播跳槽、第三方支付违约等娱乐法、网络法前沿课题的学习要求；三是教师电脑技术欠缺，无法把控自媒体教学过程。对此，课题组认为：第一，大量研究显示，适当地使用娱乐性教学资源或方法以推动教育改革有益无害，传统教学观念在互联网时代的转变则是应有之义。第二，学生前沿化的教学需求正是推动教学内容改革的重要参照，亦是推动教师职业终生学习的强大动力。第三，教师参加自媒体培训以及给年纪较大的教师配备

---

① 在另一个医疗纠纷的侵权案例中，我们邀请了四川大学华西医学院的学生加入讨论，使得法律与医学的学生可以从各自角度对照分析病人的法律投诉，有利于"推进法学与外部各学科的理性对话、交叉融合、优势互补、资源共享"的趋势。参见：张文显. 在新的历史起点上推进中国特色法学体系构建［J］. 中国社会科学，2019（10）：34.
② 刘坤轮. 走向实践前置：中国法律实践教学的演进趋势［J］. 政法论丛，2019（6）：156.

熟悉多媒体技术的学生助教似乎是该技术问题的应对之道。

（五）考虑到双向场景案例讨论法对教师与学生时间和精力的消耗较大，必须通过规模效应降低该模式的运行成本

本课题组在将不同课程使用双向场景案例讨论法所需共通逻辑链汇总的基础上，开发了统一的自媒体多方互动教学平台，可以实现多个课程对底层应用和技术支撑的模块公用，在统一技术标准的同时避免了重复成本。同时，疫情期间上课的经验显示，通过 QQ 群或其他在线办公软件可以在线完成一对一会议、小组会议、研讨会课程。换言之，除了模拟法庭之外，其他环节均可以通过线上完成，这大大提高了沟通的效率。另外，双向场景案例讨论法不只适用于法律专业，商学院、医学院等学科也适合推广这一方法，从长远来看，建立跨院系、跨学科与跨学校网络合作和讨论成果共享机制将进一步增加该方法的规模效应。

Research on "Two-way Scene Case Discussion Method" in Practical Teaching in Law Class

Liao Zhenzhong   Gao Jinkang   Tang Huojian

Abstract：For post-95 students, the results of practical teaching in the domestic classroom centered on text materials are not satisfactory. One of its shackles is the lack of abstract foundation for learning caused by the absence of "problem scenes". Based on the five core mechanisms of active learning, self-media visualization, client-centeredness, soft skills development, parallel confrontation, and low-cost replication, the research group focuses on the seven links of "learning contract list—category case retrieval analysis—reverse capture screenwriter—self-media visualization—parallel moot court—collective discussion evaluation—theoretical follow-up extension" designed a two-way case discussion process to reconstruct the practical teaching in the classroom from the perspective of the parties and legal persons. This method is particularly suitable for the digital native endowment of post-95 students, effectively taking into account knowledge learning, skills training and ethics development, and is conducive to cultivating legal talents with both morality and law.

Keywords：Practical teaching in classroom；Problem scenarios；Initiative learning

第三篇
法学实践性教学中的师资协同

在全面依法治国的时代背景下，法科学生成为国家法治建设的后备人才，法学院校应加大对法学教育的重视，这也对法学教育模式和法学教师提出了更高的要求，法学教师需要创新法学实践性教学的教学方式，并加强自身建设，助力法学教育模式改革、优化教学方法、提升教育质量，以适应法学实践性教育之需求。

本篇中第一篇文章主要探讨在慕课背景下，高校法学教师的角色转换问题。慕课作为全球最大型的在线开放学习平台，自然是国家落实教育计划的重点对象，同时也是高校教师角色转换的平台。文章通过梳理慕课背景下法学教师教学中面临的各类挑战，为法学教师自身的发展提供了新的模式和路径。第二篇文章以校外导师在研究生培养模式中的角色定位为切入点，研究校外导师在法学研究生培养模式中的问题。文章通过分析双导师责任分工、校外导师角色偏差及其成因，提出完善校外导师制度的具体路径，从而弥补校内导师实践的短板和课堂教育实践性的不足，进而锻造高素质法律职业人才，以期有利于法学实践教育和卓越法律人才培养。第三篇文章详细阐述了"双师多域协同"教学模式。它是由一系列实践教学方法与多个教学环节组成的教学模式体系，与其他实践性教学模式相比具有鲜明的特色。然而，该教学模式也才经过几年的实践探索，在实施过程中也遇到了诸多问题。本文作者以多年从事法律实务课教学方法探索的经验为基础，对"双师多域协同"教学模式的内涵、教学方法及其教学环节、保障措施等进行了提炼。第四篇文章分析了法学案例教学方式在实践性教学中遇到的问题。案例教学已成为国内众多法学院校着力推行的教学方式，但是在实践中仍面临诸多问题，还需要进一步完善。作者首先对我国案例教学的类型与价值进行分析，其次探讨不同类型案例教学存在的弊端，最后提出案例教学方式完善的建议。

慕课视域下高校法学教师的角色转换路径[①]

赵吟[②]

摘要：在互联网信息化时代，高校法学教师应当努力加深对慕课等现代、高效、便捷的教学手段的认识，努力提高包括信息化教学能力在内的综合素养，进行全方位的角色转换。具体路径包括转变陈旧教学理念、借鉴构建主义教学方式、提升综合教学能力、设计科学的考核评价指标体系、以教师教学发展中心为依托协同发展。

关键词：慕课；高校教师；法学信息化；角色转换

2018 年 2 月 11 日，教育部等五部门颁布《教师教育振兴行动计划（2018—2022 年）》，推动实施教师教育在线开放课程建设计划，遴选认定 200 门教师教育国家精品在线开放课程，推动在线开放课程广泛应用共享。"慕课"作为全球最大型的在线开放学习平台，自然是国家落实该计划的重点对象，同时也是高校教师角色转换的平台。线上教学的优势在于：宣传推广及招生不限范围和区域，教学地点和时间灵活，师资来源广泛，节约场地，品牌依赖度低。而线下教学的优势在于：细分化市场，针对性极强，情感互动强，风险低，竞争激烈程度相对较低。事实证明，线上教学与线下教学相结合，可使两者优势发挥到极致，同时用对方的优势弥补自己的不足，进而打造教学类的全学习链应用场景。本文的研究对象是高校法学教师在慕课背景下的角色转换问题，旨在及时追踪法学教师自身发展新趋势，助推我国法学教师时代化、国家化发展，通过系统梳理慕课背景下法学教师教学中面临的各类挑战，为法学教师自身的发展提供新的模式和路径，同时为加强法学教师自身建设提供智力支持，助力法学教育模式改革、教学方法优化、教育质量提升。

---

① 该文曾在《中国法学教育研究》2019 年第 2 期发表，特此声明。

② 赵吟，西南政法大学民商法学院副教授，法学博士，人工智能法律研究院金融科技法律研究中心主任。

一、实证调查情况统计分析

为充分了解当前高校法学教师对利用互联网进行教学及信息时代角色定位、发展模式和路径等问题的认识，课题组在前期大量相关文献收集和梳理的基础上，设计出主体框架涵盖教学理念、教学方式、教学能力、教学评价和教师发展模式五大部分内容的调查问卷，并对来自北京大学、清华大学、浙江大学、复旦大学、厦门大学、中山大学、西南大学、中国政法大学、西南政法大学、华东政法大学、中南财经政法大学、西北政法大学等20余所高等院校的近200名法学教师进行了调研，最终获得有效调查问卷175份。所涉法学教师的授课类别包括法学理论、法律史、宪法学与行政法学、刑法学、民商法学、诉讼法学、经济法学、环境与资源保护法学、国际法学和军事法学。其中占比较高的为民商法学、法学理论和刑法学，分别为27.43%、18.86%和12.57%。法学教师所任职的高校为政法院校和综合类院校，两者所占的比例相近，分别为52%和48%。

（一）慕课基本信息知悉情况分析

关于对慕课的基本认识，超过50%的高校法学教师不仅听说过慕课，而且对其非常了解，但仍有超过33%的法学教师仅仅是听说过"慕课"这个词，对慕课的实际内容知之甚少，还有超过13%的教师不知慕课为何物。同时，即便是有超过50%的高校法学教师对慕课有所涉猎，但其在使用慕课方面仍不尽如人意，仅有7.43%的教师在自身的教学过程中经常使用慕课，与此同时，从未使用过慕课的教师比例为53.14%，可见慕课的利用率较低。虽然教师们对慕课进行了研究和学习，但落实到教学中，使用者仍然较少。这些从侧面反映出高校法学教师对信息化教学手段的应用仍然有所不足，应当引起相关高校及法学教师群体的重视。

在对慕课的具体了解方面，绝大多数的高校法学教师均认同慕课具有课程选择丰富性、时间地点灵活性、教学方式新颖性和资源共享性的优点，其中对共享性的认同程度最高，这也契合慕课本身的技术性特点。而对于慕课所存在缺点的列举却认知不一，其中最为突出的是慕课的约束力较弱，占比为49.71%；其他诸如课程普及度低、实际种类少、师生互动同步性不足、课程需支付费用以及内容缺乏连贯性的缺点占比则较为平衡，均未有突破50%的选项。在比较慕课与传统课堂的区别方面，绝大多数法学教师认为教学方式的转变最为重要，占比为73.71%，然后是教学理念的转变，占比54.29%，再后是教师自身发展模式的转变，占比47.43%，其余的认知包括教学评价方式的转变和教学能力结构的转变。

在明晰慕课的基本情况后，其教学目标何在以及如何达成就成为前置性问题。有65.14%的高校法学教师认为慕课教学的主要目标在于增强学生的学习自主性，剩余的目标包括增加专业知识和提高专业能力、开拓国际视野和意识、学习国外先进教学理念和拓宽受教育群体等，从中显现出一个潜在的矛盾之处，即法学教师群体普遍认为慕课教学的最大缺点是约束力较弱，但又秉持着通过慕课教学来增强学生学习自主性的价值目标。慕课自身的技术性局限如何跟教学期望衔接与融合，是值得研究和深思的突破口。

（二）法学教师角色相关认知情况分析

在教学理念方面，高校法学教师认为慕课教学中最应具备的思维是主动引导、参与学习的思维，占比为62.86%，其余的以学生为中心的思维、积极反思教学研究的思维、综合开放性教学思维均获得了40%以上的选择率，只有精细化数据分析思维的选择率为30.86%，这可能是有的法学教师基于技术性统计分析复杂和难以掌握的特点考虑的结果。

在教学方式方面，高校法学教师调动学生积极性的微观途径有提供根据学生兴趣爱好和个性设计的多层次的课程，采用学生易于理解和接受的方式设计教学方案，引导学生利用课程网站、论坛、学习小组等交流平台和以专题项目或案例等形式开展教学，这些途径的采纳比率均为40%以上，且各自比率都相差不大。在课程选择方面，教师偏向于认为公共基础课和任选课更适宜采用慕课方式教学，两者占比分别为62.29%和45.71%，最后两种课程分别为法学专业基础课和专业课，这在一定程度上表明专业程度越高的课程，高校法学教师越排斥对慕课教学方式的采用，反映出其内心深层次的不信任感和忧虑感。在教学模式方面，完全线上的模式认同度最低，而翻转课堂这种线上线下结合度恰当的模式选择率最高，为46.86%（翻转课堂模式是指由学生进行线上自主学习，然后是课堂辅导、讨论或作业，最后的考核方式为线上或线下考试）；高校法学教师针对慕课时长的倾向选择依次为10~20分钟、20~30分钟和30~40分钟，少于10分钟的时长在设计上容易造成问题阐述不清，而40分钟以上的时长又容易造成课时过于冗长的情况。

在教学能力方面，信息应用能力和知识切分及重构能力占据前两位，分别有64%和62.29%的法学教师认为其是在慕课背景下高校法学教师必不可少的教学能力，其余诸如学习能力、创新能力、团队合作能力、良好的沟通与交流能力、对知识的反馈与处理能力、互动组织能力和时间管理能力的占比大致均衡。具体到信息化教学能力上，认可度最高的是增强信息收集与处理能力，占比为 73.71%，而对于如何提高信息化教学能力，主要认知为增强自主学习能力、接受教学培训和积极与同事合作沟通（占比分别为 68%、61.71% 和 50.86%）。对于如何提高学习能力，做"学习型教师"，主要认知是依托于教学与教研有效结合，确保自身知识与时俱进；充分利用各种交流平台和途径，形成良好的学术氛围；加强知识储备，综合学习心理学、教育学等各类专业知识以及突破固化思维，勇于接受新事物（占比分别为 62.29%、61.14%、60.57%、46.86%）。

在教学评价方式方面，高校法学教师认为将课程内容与课程效果相结合的教学评价体系和以学生评价为核心的多元化主体教学评价体系更有利于建立科学有效的教学考核评价体系，两者占比分别为 61.71% 和 53.14%，其他的包括定性考核与定量考核相结合的教学评价体系和理论与实践相结合、知行合一的教学评价体系。当然这些教学评价体系仅仅是宏观角度的建构，微观层面的探讨暂不涉及。针对教学评价考核结果的公开与否，有超过 80% 的法学教师认为应当公开，其中支持匿名公开的比例为 56%，这兼顾了教学效果的激励作用和教师个人隐私的保护。

在教师自身发展模式方面，高校教师发展组织机构的出现为高校法学教师提供了多层次的服务，涵盖了关注教师职业发展，指导教师开展职业培训；引导教师进行互助合作，形成学术共同体，创新科研成果；提供专业化的信息技术培训和业务技能培训；关注法学教育前沿，为法学教师提供教学咨询服务以及为法学教师运用现代化教育技术提供条件与帮助等。其中教师们最为渴望的是该组织能够提供专业化信息技术培训和业务技能培训（占比为 61.71%），可见对技术层面应用的需求是最为迫切的。至于如何建设高校教师发展组织机构以便为高校法学教师提供专业化与多样化的服务，法学教师们认为最有效的措施是制定合理的激励机制，促进教研协调（占比为 65.71%）；其次为创新服务方式与内容，提升吸引力（占比为 55.43%）；再次为组建专业团队，确保服务质量（占比为 46.29%）；最后是独立建制，明确高校教师发展组织机构的定位（占比为 40.57%）和完善工作成效监督机制（占比为 30.29%）。经综合考察，我们认为高校法学教师在慕课教学过程中的三大困扰是学生学习自主性难以保证（占比为 59.43%）、课程制作复杂（占比为 45.71%）、信息技术操作困难（占比为 44.57%），其他的困扰还包括缺乏团队协作、网络不流畅、师生交流不及时和课程测试效果差等。

通过分析调研结果可见，在互联网信息化时代，高校法学教师应当努力加深对慕课等现代、高效、便捷的教学手段的认识，努力提高包括信息化教学能力在内的综合素养，进行全方位的角色转换，才能更好地适应现代教育教学发展趋势提出的新要求。

二、高校法学教师教学理念的转变

（一）从被动参与到主动学习

对于高校法学教师而言，面对慕课这种新型的教学模式，与其被动应对，不如主动迎接。教师应以主动学习者的身份参与这场在线教育改革，积极主动地将自己纳入慕课平台的研习中，促使自身教学能力多元化提升，且明晰自身的优势和特点，在掌握学习者的具体目标和要求的情况下，形成有强竞争力优势的特色教学，这不仅仅是时代所赋予教师群体的使命，也是教学改革自主性和觉醒性的显现①。通过逐步推进和深化，教师群体最终达到的目标是终身学习，特别是在知识爆炸的网络时代，知识不再是一成不变的，而是随时随地都可能被更新。信息技术的发展和广泛应用使得学生的知识来源不再单一地源自自己的教师，而是通过多种途径获取和吸收，换言之，教师相对于学生的信息优势已经大幅度减弱。在这样迫切的情形下，教师对自身知识的完善和提升应时刻保持危机感，进行知识资源的持续化更新，甚至不仅仅是关注本学科、本专业的知识，还要进一步掌握与本学科、本专业相关的交叉领域以及实践层面的最新知识，通过动态化的学习，形成深层次、宽领域、前沿性的知识积累，才能更妥当和便捷地向学生传播知识、教授技能和解疑答惑。

（二）从教授主导到创造引导

引导性思维将教师视为知识海洋中的导航者，相较于此前的主导地位而言，其强势性和领导性显著减弱。该种教学理念的形成首先需要教师对慕课课程了然于心，因为这不仅关系到知识的传授，根本上的目标是为学生提供适合自身特点的专业性课程，调动学生对课程知识的兴趣，从而推动课堂顺利有效地展开，也就是教师发挥了教学资源的创造和传播作用。在具体的教学过程中，制作慕课课程所需的知识储备较大，出于确保教学资源内容的真实准确和科学合理的考虑，教师对教学要求的恰当设置和教学形式的丰富完善，需要依托于学生个性化目标的确定。同时教师要引导学生利用诸如课程学习小组、论坛等多种交流平台，通过互相的交流和帮助先行解决课前自主学习中所遇到的疑难问题，逐步拓展自身的自主学习能力和团队合作技能，在交互式的课程交流中培养学习兴趣。

---

① 同勤学."慕课"对高校教师带来的机遇与挑战 [J]. 教育现代化，2017（39）：67-68.

（三）从单打独斗到合作共享

教学理念的主导性思维可体现为综合开放性教学思维，即以包容融合的心态积极应对慕课教学的冲击。应对之策要从构建高校法学教师共同体入手，将教学理念由单打独斗转变为合作共享，实现多层次互联互通。随着新型技术的不断出现，大数据时代来临，加深了社会分工和专业化协作的程度。社会主体在集成知识生产、传递和消费链条的诸多环节都发挥了积极作用，传统教学领域中的分散化小规模和封闭式的单人作战已经难以适应技术时代的环境①。互联网的便捷性不仅冲破了时间和空间的界限，而且也打破了不同专业知识领域的边界，使得学生可以在不同的地区、学校和不同的时间参与学习。教学内容不是由教师作为最终的决定者，而是由学生来进行自主化选择，但这种方式难以完全避免慕课教学的弊端，即学生学习自主性难以实现、教学效果不显著。而团队协作化的教师群体可引导学习者进行知识内容的创造，摆脱基础阶段的知识框架而丰富内在具体的内容②。随着交流和探讨的进一步深入，教学内容的逐步创新和知识体系的日渐丰富都需要教师建立课程组参与到教学和引导管理互动中来。只有充分发挥集体协作的力量，才能实现教学内容和教学效果的不断创新和深化。

（四）从教学管理到研究反思

当然，面对慕课，教师不应一味接受而不加以辨别反思，这种辨别反思包括对慕课的实际情况和对高校教师自身的反思，即教学理念从"教学管理"转变为"研究反思"。可以说，这是教学理念情感倾向的转变，不是一味地排斥和反对，而是立足于对慕课现状的了解反思自身。为了摆脱当前教学瓶颈的束缚，高校法学教师应明确慕课并未从本质上动摇传统的高校教学模式。在现有的技术条件和社会背景下，绝大多数的高校学生知识的获取仍然依赖于高校教师的课堂传授，即使慕课对高校教师的教学产生了一定的影响，这种影响在研究和反思的过程中也可转化为教育质量提高的新型途径。另外，通过对慕课所提供资源的反思吸收，可汲取大量有助于强化教学效果的优质资源③。这种反思需要以积极的心态转变旧有的教学思想，在实践活动中融入研究的心态，将科研与教学并重，以研究者的角色应对教学实践的改进。具体操作上，研究

① 张蕾蕾."慕课冲击"与大学教学模式改革［J］.当代教育科学，2016（9）：36-39.
② 杨霖.慕课背景下高校教学改革的挑战及应对［J］.吉首大学学报（自然科学版），2016，37（6）：92-95.
③ 曹明平，毛光周.高校应对慕课挑战的策略：从高校教师、学生、教学管理者的视角论述［J］.中国高等医学教育，2017（8）：11-12.

应落脚于慕课设计、有效教学、激发兴趣、学习养成等不同阶段，通过阶段性的跟踪反馈，及时调整和优化自身的不足，以切实保证教学质量的稳步提升①。

（五）从粗略应对到技术依靠

虽然高校法学教师大多缺乏理工类的教育背景，从而难免对慕课这种与计算机等理工类学科紧密结合的事物产生畏难心理。正如调研结果显示的，法学教师对精细化数据分析思维的认同度是最低的，然而迎难而上和持续性学习才是正确的应对方法。高校法学教师要培养注重时效性的教学理念。首要的是明确教学环节，按照问题引入、基础知识讲解、疑难互动、课堂测评、效果评估、总结提炼等多个环节合理选择配套的教学资源和教学内容。在时长的选择上，将视频课程以微课程的样式进行细致切分，每个视频的时长控制在 20~30 分钟，还有人反映单个知识点的课程视频时长可以限定为 10~20 分钟。单门课程的微视频应当按照一定的逻辑主线排序，注意课程之间的关联性。同时，在大数据和人工智能的背景下，掌握数据和发挥其价值是完善个性化教学的基础。通过对数据的考察，教师在教学环节可依据个人的兴趣爱好和实际需求推送相应的慕课教学资源以及具有体优化的教学方式和方案，使微观层面的个体学习更具有针对性和契合性。另外，这种做法还为现行的学术思维提供量化、互动和跨界等多重性可能，有助于师生之间有效沟通的形成和最终落实。这种情景下的课程是动态开放性的，课程运营方式不再是简单的线性化模式②。

三、高校法学教师教学方式的革新

（一）探索混合式教学

在问卷调查中，翻转课堂式的慕课模式得到了最大的推崇，这是混合式教学的实际操作途径。混合式教学模式包括观看在线视频的线上自主学习环节，课堂上师生讨论、分享和教师线下辅导的教学环节以及线上或线下考核环节，是课内外相结合的教学过程③。这种方式结合学生自身的特点，关注学生个体差异，有助于提高学生的主动参与度。对此，高校法学教师需要了解和掌握信息技术与教学过程的具体融合和基础应用，并结合我国特殊的国情和自身所处

---

① 王慧. 论"慕课"时代的教师角色定位 [J]. 人才资源开发，2015（22）：46.

② 冯永华，刘志军. 慕课开发的问题、成因及改进路径：基于开设慕课的高校教师调查 [J]. 现代远程教育研究，2016（6）：82-92.

③ 贺晓梅，欧阳群. "慕课"背景下高校教师角色的转换 [J]. 职业教育（下旬刊），2015（11）：78-80.

高校的特色探求新型的混合教学形式。具体的操作步骤在教学目标方面，应从注重学生的文化知识，转变为更加注重创造性和自主性学习能力；在教学手段方面，重视如电脑、移动手机等信息网络化教学工具的作用，重视在线教学的效果，进一步开展小组学习；在教学内容方面，强调项目模块整合化教学，剔除重复性机械化教学，强调研讨开放性授课，重视线上教学的积极作用，合理规划编排新型的课程内容；在教学考核方面，探索新型的考核方式，比如在线课程小节式测评、互动交流积分、实时性回答反馈等辅助性评价标准，并设置相应的测评比例，同时还可设计在线答题库等线上知识检验考核系统，以便学生自我学习和评价①。

（二）探索个性式教学

个性式教学包含教师和学生两个层面。教师层面，个人风格化的教学方式是每个教师区别于其他教师的独特之处，也是发挥自身人格魅力和实现教学效果的有利因素。教师应结合自身的性格特点和教学习惯，积极主动地学习和探索受教群体、教学内容和人际交流规律，逐步形成具有自身特色的个性化教学风格，并在教学过程中根据实际情形逐步调整改善。这不是完全脱离教学内容的个人思想展现，而是紧密联系教学内容、教学对象和教学环境的教学风格展现。学生层面，教师群体可以运用数字资源作为教学的支撑，在信息技术的帮助下设计教学内容和教学环节，并且运用大数据、互联网技术，追踪慕课平台上所有学习者的学习路径和学习痕迹，形成海量的过程相关信息。针对法学主观题较多的特殊情形，甚至可以采用人工智能技术批改有关试题②。通过学习人数、学习成绩、学习时间等多个指标的综合分析，教师可以为学习者构建学习模型，优化整体和个体的学习方式和效果，分析过去和预测未来学生的知识能力状态、可能性障碍与不足以及可行性解决方案等，以便为学生提供合乎规律和逻辑的个性化学习规划和建议③。

（三）探索多层次式教学

多层次教学方式的主体是以学生为主的学习者，要求教师根据学生知识和能力的程度不同设计不同的知识点。自身知识和能力较为薄弱的学生，可以先观看和学习公共基础课和法学基础理论课。而基础比较强的学生，则适合难度较大的专业性和综合性课程。这种分配和设计不是一成不变的，而是随着学习

---

① 姜波，宋建军，李淑梅．"慕课"视角下高校教师发展机遇与应对［J］．常州大学学报（社会科学版），2015，16（3）：110-113.

② 朱圆，陈月琴．法学慕课的社会价值与发展路径［J］．福建行政学院学报，2018（2）：33-43.

③ 李晶．慕课背景下教师角色转变策略研究［J］．教育理论与实践，2016，36（19）：37-40.

的推进和学生的成长而转变的。如先前能力较强的学生可以进一步开展自我创新的学习和课程创造。这种层次分明的教学方式，使学习计划和学习目标明确具体，大大减少了学生的学习压力和学习障碍，各个学习阶段的重难点、易错点等都能被顺利解决。当然这种教学方式的开展离不开教学组织和教学结构的合理设计，需要提高教师对知识层次的掌握程度。教师对知识的理解要达到化繁为简、融会贯通的程度，并基于此对知识进行逻辑性、系统性的梳理，构建新型的知识框架和逻辑思维。同时，为活跃课堂，教师可将辩论式、庭审式、参与式等多种新型的教学方法引入课堂教学，最终形成开放式的教学氛围①。这种模式不是传统封闭且小课堂形式的教学，而是具有一定程度上大课堂性质的教学，可以引导学生充分把握课外时间随时随地学习。

（四）探索协作式教学

互联网突破了时空的界限，拓宽了受教育的群体，使个体户式的教师工作坊难以继续存在下去。大量的学习者进行在线提问、在线测评、在线交流和课程评价等，学习者的需求急剧增加。慕课教学需要大量教师组成协作的团队进行分工，以便共同解决辅导解答、系统维护、作业反馈、交流宣传、知识讲授、课程制作等多方面的问题，同时为多种类型的学习者提供多样化的学习模板和方式等。因此，高校法学教师对慕课教学资源的利用，应秉持互联互通的理念，在本专业其他教师、本校其他学科的教师、其他学校的教师之间构建交流共享的常态化机制，积极开展学习和探讨活动，融合吸收各种高质量的教学资源和丰富的教学经验为己所用，达到兼收并蓄的良好效果②。具体而言，高校法学教师首要的任务是提高寻求合作的主动性，构建所教授课程的团体队伍。受慕课资源自身技术属性所限，其开发路径往往存在不同程度的困难且兼具繁琐性、技术要求高的特点，教师之间的合作不应局限于本学科团队的合作，而应在多学科团队的协作下建构慕课教学资源。此外，对团队化的组织和本土资源的利用，要紧密联系主体理念和教学方法，实现独具特色的本土资源创作，为学生提供个性化的学习指导服务③。

（五）探索精细式教学

技术依靠的教学理念意味着教学方式需通过利用数据分析实现精细化。精

---

① 王玉，张涛."慕课"对大学教育教学模式创新的启示［J］.中小企业管理与科技，2017（9）：106-107.

② 刘刚，李佳，梁晗."互联网+"时代高校教学创新的思考与对策［J］.中国高教研究，2017（2）：93-98.

③ 吴丽莉.高校教学理念的再造：基于"慕课"与大数据时代的思考［J］.中国成人教育，2016（9）：108-110.

细化教学方式的技术载体为互联网，通过互联网将多层次的社交资源、在线资料等串联起来，提升了教学环节的科学有效性和交互性。这种技术性的优势不容忽略，云计算技术、互联网技术、大数据分析和学习特性分析方法支撑着慕课在线教学的发展①。针对教学内容而言，精细化意味着对知识点的拆分切割以提高学习的效率。如对视频等音讯资料可进行多媒体技术处理，将知识点进行提炼以缩短课时。由此，学生的学习效率可以有所提高，同时也减少了学习时间，还可以依据自身的学习情况对相应范围的知识点进行多次学习，避免重复冗杂的学习②。另外，精细化的教学方式将整节的课程学习转化为多个小节的内容，同时不只是依靠教师的幻灯片和板书，而是结合图片、音频、视频等多元化展示形式，生动地进行知识讲解。教学方式的丰富也促进了教学时间、教学地点、教学背景、教学进度等多方面的自主选择性。作为高校教师，应时刻关注、学习、吸收和利用这些新型技术，从而精细化掌握学生学习的各个阶段，了解学生个体学习的障碍和缺陷，根据精细化数据分析的结果为个体学习者提供有针对性的学习方案，且能够使其适应学习的环境和条件，以最终实现教学目标的有效贯彻落实③。

四、高校法学教师教学能力的提升

（一）培养信息应用能力

大数据时代最突出的特征，无疑是使人获取信息的来源与途径更广泛，人们可以从海量的信息中各取所需，挖掘信息的关联性，从而最大化信息的潜在价值。这对高校法学教师在信息敏感性、辨识性方面的素养提出了更高的标准，要求培养并发展其具备一种捕捉、筛选、转换和利用信息并改变固有信息环境的能力。当前，互联网的盛行正在经历着技术层面的革命，人工智能研究已经上升至国家战略高度，国家政策利好频出。2017 年 12 月 3 日，第四届世界互联网大会发起的《"一带一路"数字经济国际合作倡议》号召促进数字技术在学校教育及非正式教育中的使用，推动实现学校宽带接入并具有网络教学环境，使得越来越多的学生可以利用数字化工具和资源进行学习。尽管学者们对于信息应用能力的内涵各执一词，但是归纳起来看，主要体现在两个方面：

---

① 辛永涛. 慕课（MOOC）视野下高校教学改革初探 [J]. 教师，2014（11）：24-26，27.

② 王绘娟. 论"互联网+教育"背景下高校教学模式的改革 [J/OL]. 当代教育实践与教学研究（电子版），2016（9）：165.

③ 孙英隽. "慕课"背景下高校教学模式的新问题探讨 [J]. 上海理工大学学报（社会科学版），2015，37（3）：260-264.

一是了解和熟悉各种信息源，掌握信息产生和运输的各类渠道；二是掌握多种检索和获取信息的技能。其中具体包括信息技术和课程整合能力、信息技术工具使用能力以及网络资源应用与开发能力。法学教师是否能很好地把握视频内容，其表达方式的新颖性、清晰度以及视频是否适合学生观看等，都将直接影响信息接收者对于课程种类以及学习时间长短的选择。这就要求法学教师能够应用慕课开发工具制作课程资料或者开展辅助教学，能够掌握必要的视频拍摄、录制、剪辑、合并等技术，并运用此类技术制作出高质量的课件，在慕课平台发布优质的课程，实现技术与学术的完美结合①。

（二）培养学习创新能力

学习能力是成长的加速度，面对不断更新的法律规定和层出不穷的各类案件，高校法学教师只有不断提升自身学习能力，才能不被时代淘汰。实践中，虽然高校法学教师队伍中拥有博士学位的教师比例逐年增加，但教师知识结构与教学水平的现状仍不容乐观。法学教师往往专注于本专业的研究，甚至仅对个别学科方向有研究，欠缺跨专业、跨学科的知识储备和方法贯通，尤其是对与法学教育紧密联系的教育学、心理学知识知之甚少。并且许多教师内心已形成职业定式，缺乏进取心和创新意识。为此，高校法学教师应当顺应信息技术潮流的发展，努力提升学习能力，既要有较强的自学能力，也要有较强的教育科研能力。当然，更为重要的是树立创新精神，将内在的学习能力通过外在的创新行动加以彰显，同时融会贯通相关学科的知识和方法。具体途径可以通过网络资源、会议交流、专家讲座等多种形式主动进行学习，广泛涉猎教育学、心理学、人文艺术、信息技术等自然科学和社会科学的知识，还可以通过参加岗前培训、学术报告会、项目交流会、在职攻读硕博学位、访学研修等各类平台提升学习能力。教师个人可以从理论与实务两个方面不断总结直接经验、吸取间接经验，同时不同年龄和不同学科背景的教师群体也可以积极参与教师平台互动，进行知识共享、思想交流、协同创新。

（三）培养团队合作能力

开放式学习需要教师通过开放式合作加以支持。由于受到工作量、科研成果等方面考核的约束，高校法学教师普遍习惯于单兵作战，团队合作面临着研究方向不同、排名先后、荣誉分享、奖励分配等方面的困扰，不受法学教师青睐。然而，在慕课背景下，法学教师仅凭一己之力无法应对众多学生在不同时

---

① 曹秀平. 慕课背景下高校教学存在的问题及应对策略 [J]. 中国成人教育，2016（14）：106-108.

间提出的不同需求，故需要教师之间、教师与助理之间、教师与学生之间的各层面合作。法学教师应该具备主动合作的意识，与其他教师建立合作与信任的关系，在和他人的合作与交流中进行批判性互动，相互学习，功能互补，进而提高总体教育质量和教学水平[①]。一方面，通过群体协作，教师突破自身局限，吸取集体智慧；另一方面，通过相互交换意见，教师思维得以碰撞，点燃持续学习的热情，避免职业倦怠[②]。在合作过程中，教师要注意区分长期合作和短期合作，合理分配相关利益，通过相对固定的合作模式提高工作效率，并最大限度地展示多人合作的教学效果。如此一来，教师将有相对充裕的时间与学生进行有效沟通，听取学生的想法并转换为有价值的信息，而且能与学生进行密切合作、共同协商，实现"点对点"式的教书育人。

（四）培养管理反馈能力

慕课这种新颖而独特的教学方式，使得教师对于学生的问题处理能力相较于传统教学来说更为科学、有效。教师处理学生反馈信息的方式主要有两种：一种是以在线提问的形式随时对学生所遇到的问题在网络平台上进行解答；另一种是以见面会的形式对学生在课程学习中遇到的问题进行解答。这些均会消耗教师大量时间，需要教师提高管理时间的能力。一是要严格遵守时间计划，通过自我约束的方式迫使自己按既定方案办事，避免惰性；二是要明确自己拥有的时间，尽可能提高整段时间的利用率，并合理安排零散时间的使用。如果利用慕课进行教学，法学教师应在保证课程完整性的前提下，尽可能地缩短每一门课的教学时间，精简相关内容，突出重要知识点，以保证使用者获得具有较高时间性价比的完整学习经验[③]。

五、高校法学教师考核评价的优化

（一）注重道德、政治、文化考量

2018年1月20日，中共中央、国务院发布《关于全面深化新时代教师队伍建设改革的意见》，指出要深入推进高等学校教师考核评价制度改革，突出教育教学业绩和师德考核。高校教师承担着塑造灵魂、塑造生命、塑造人的工

---

① 李晓东. "慕课"对高校教师教学能力的挑战与对策［J］. 南京理工大学学报（社会科学版），2014，27（2）：89-92.
② 康小红. "慕课"热潮下高校教师的角色转变与挑战［J］. 中国成人教育，2016（14）：125-127.
③ 胡苗苗，赵志超. 慕课背景下高校教师发展机遇与应对策略［J］. 教育与职业，2016（18）：68-70.

作，法学教师则因法律本身来自道德的升华和凝练而担负着更加深刻的道德教育责任。在慕课开放性、共享性的特征下，法学教师面临着有史以来最大数量学生的倾听与效仿，更需要注重自身的言行示范，寓德行教育于行为表现之中，让学生能够切身感受到法律与道德的互动关系。故任何偏离主流价值观念、具有偏激性等品德瑕疵，都应当成为教师评价的减分项，并要充分发挥名师的道德示范、辐射和引领作用。同时，慕课使全球法学教育资源共享，对培养具有国际视野、通晓国际规则、能够参与国际事务和国际竞争的国际化法律人才具有重要作用。但是由于存在国家政治制度及文化的差异性，慕课对意识形态领域将产生一定的冲击。教育本身是一种文化，有其自身的目的①。因此，明确中国高校法学教育的根本任务，强化对法学教师政治意识、文化自信的考察，也具有重要的现实意义。

（二）增加信息技术能力考量

在教育信息化发展趋势下，需要增加对法学教师信息化素养的评价指标，将教师信息化素养的提高与职称评定、岗位聘任、工资晋升等工作挂钩，充分调动教师的积极主动性。法学教师应当转变传统的以教师讲授、学生被动接受为主的教学方式，主动适应信息化教学新常态，由知识灌输向问题导向转变。对此，考核评价的内容至少应当包括：是否积极利用网上教学平台进行辅助教学，将网络学习资源融入课堂教学环节，充分发挥其效用；是否熟练掌握信息技术，将其应用于微视频的制作、课堂师生互动或教学过程的其他环节，使信息技术与教学的深度融合落到实处②；是否充分利用信息技术开发多样化的学习资源，促进基于网络平台的数字资源整合共享，提高教学水平和质量；是否利用大数据统计来采集、分析学习者的学习痕迹，发现其学习规律与习惯，促进教学方式、课程设计等教学活动的革新。

（三）形成多元主体评价机制

基于慕课的运用，高校法学教师兼具评价者与被评价者的双重身份，应当接受来自各方的评价。一方面，由学生对教师进行评价，且占据主导评价地位。学生是教师教学工作最直接的承受者、感知者，其对教师的评价相对来说更能反映该教师教学水平和教学质量的真实情况。该种对教学效果的直接信息反馈具有不可替代性，是促进教师不断自我修正和完善的重要渠道。对此，师

---

① 李志义. 理性面对 稳妥推进：开放课建设与课堂教学改革 [J]. 中国高等教育，2013（23）：49-50，55.

② 颜艳旭. 信息化时代地方高校教师面临的现实挑战与应对策略：基于大学生评教及其自身信息化素养的调查分析 [J]. 中国成人教育，2018（2）：57-59.

生可以在线上线下、课内课外进行平等的交流和探讨，让学生有更多机会评价教师[①]。学生既可以在线上对讲授视频课程的教师进行评价，也可以在线下对课堂讲授的教师进行评价。相关的评价结果将作为教师年度工作质量考核的重要指标。另一方面，由同行专家和学院、学校领导对教师进行评价，作为考核教师教学水平和教学质量的辅助指标。该种评价可通过专家、领导随机抽查视频课程或现场听课来完成，也可以通过与学生的交流获知相关细节信息，对教师的各方面素养进行综合考评。调研结果显示，教学考评结果采用匿名公开的方式较为妥当，可以兼顾激励作用和隐私保护。

（四）健全双重标准考核体系

由于多元主体的评价总是或多或少掺杂着个人情感因素和偶然性情况，为科学评价高校法学教师教学工作，准确反映每个教师的优势与不足，考核评价的标准应当分为定性和定量两个方面。定性标准主要包括道德意识、政治意识、服务观念、创新能力、协作能力、信息应用能力等，定量标准主要包括论文、课题、奖项、经费、课堂时数、教学效果等。需要注意的是，定量标准在采用信息化教学的情况下需进行分层分类，讲授视频课程的教师所承担的工作量应按一定的系数来计算，比如1.5倍的系数甚至是2倍的系数，因为录制视频课程比现场授课耗费了更长的时间，对制作PPT及提供相应学习资料的要求也相对更高。在定性标准与定量标准相结合的评价体系下，应按照不同的指标对不同主业的教师进行考核，将教师区分为以现场教学为主、以网络教学为主、以科研为主、以社会服务为主等类型。教学效果的评价要兼顾课程本身的设计、教学环节和项目的安排、学生的期末成绩等因素，分别设置不同的权重[②]。

六、高校法学教师自身发展模式的创新

不论是教学理念、教学方式、教学能力还是教学评价的转变，最终构建的根本落脚点在于高校法学教师自身发展模式的转变。《关于"十二五"期间实施"高等学校本科教学质量与教学改革工程"的意见》以及《关于启动国家级教师教学发展示范中心建设工作的通知》等文件均提出，要建立高等学校教师教学发展中心以促进高校教师教学能力的提升，通过开展教师培训、教学咨询、教学改革、质量评价等工作建设高素质高水平的教师队伍。自2011年

---

① 吴全会. 慕课对于高校教师的挑战与对策探析 [J]. 中国成人教育, 2015 (15)：123-125.
② 孙晓娟. 基于慕课的高职课程改革及教学评价的研究 [J]. 中国管理信息化, 2016, 19 (4)：236-237.

以来，随着国家级教师教学发展示范中心的出现，我国高校迎来了建立教师教学发展机构的热潮。这种高校教师发展机构不同于传统的高校教师培训，其中理论和实践的融合、高校主管部门领导和教师的主动参与、宏观发展目标和微观实践内容的结合，均为法学教师提升自身综合能力以适应现代教育发展的要求提供了有力的平台支撑。

目前，尽管教师教学发展中心的名称各不相同，有诸如教学和学习提高中心、学习与教学研究中心、教师教学发展中心、教学支持中心等，但其内涵基本是一致的。教师教学发展中心的主要目的在于促进高校教师的发展以推动教学活动的深入开展和教师教学水平（能力）的提高，其组织性质是一种服务性机构①。其服务目的包括教师教学发展和学生学习进步，核心仍然落脚于教师业务水平，包括教学、专业、组织和个人的发展。在宏观方面，教师教学发展中心是国家高等教育发展战略的产物，其自上而下地开展反映了国家层面对高校教学活动的影响和指导，是高校教学职能活动进一步分化的显现。在微观层面，针对新教师而言，教师教学发展中心可以为其指明教学发展方向，提供教学活动开展的必要培训和咨询帮助，同时也为科研进步提供空间，有利于逐步打造卓越型教师群体。

综合国家在建设国家级教学示范中心时所提出的教师培训、教学咨询、教改研究、质量评估、教学资源、区域辐射等职能，以及我国特殊国情和将伦理道德引入师德、师风、教育文化等人文伦理方面的职能，高校教师教学发展机构在信息化时代能够为法学教师发展提供的服务主要包括：关注教师职业发展，指导教师开展职业规划；引导教师进行互助合作，形成学术共同体，创新科研成果；提供专业化的信息技术培训、业务技能培训；关注法学教育前沿，提供教学咨询建议，为法学教师运用现代化教育技术（手段）提供条件与帮助。具体的实践模式可包括项目培训、专题研讨、成果培育、教改指导和咨询服务。其首先应从教师自身出发，时刻跟踪和关注教师发展规划和教学需求，对教师所反映的问题进行归类整理、分析，并及时予以反馈；其次是关注学生的需求，对学生直接反映出或间接显现的问题进行与教师能力对应的转换分析，并将可行建议反馈给相关部门或教师个体；最后是建立信息反馈系统，收集整合和接纳来自各方面的监督举报等。

概言之，作为高校法学教师创新发展所依托的重要组织机构，高校教师教

---

① 别敦荣，李家斯. 大学教师教学发展中心的性质与功能［J］. 复旦教育论坛，2014，12（4）：41-47.

学发展中心应提供更为综合化的能力提升渠道和平台。在激烈的竞争中，首要的是及时应对教师知识能力不足、传播渠道增加、创新要求提高和难度上升的冲击，合理界定自身的性质、定位、职能、内容、运作机制，通过专业化的教育教学服务迎接新时代新型教学模式的挑战。此外，高校教师教学发展中心更需强调教育教学技术（手段）的支持，通过逐步完善信息技术（手段），真正做到高效的服务与反馈，并将技术优势惠及教师群体，为其提供专业培训以促进其实现顺应时代发展要求的角色转换。

The role transformation path of university law teachers from the perspective of MOOC

Zhao Ying

Abstract：In the Internet information age，law teachers in colleges and universities should strengthen the understanding of MOOC and other modern，efficient and convenient teaching means，strive to improve the comprehensive quality including information teaching ability，and carry out all-round role transformation. The specific path includes changing the old teaching ideas；learning from constructivism teaching methods；improving the comprehensive teaching ability；designing the scientific evaluation index system；relying on the development of teachers' teaching，the center for collaborative development.

Keywords：MOOC；University Teachers；Informationization of law；Role transformation

校外导师介入法学研究生
培养模式分析[①]

陈伟[②]　黄梦圆[③]

摘要： 在全面依法治国的时代背景下，法治建设对未来法律工作者的理论素养和职业技能都提出了更高要求。法学研究生作为国家法治建设的后备人才，从理论知识储备向实践转化的能力严重欠缺，因而各大高校设置法学研究生双导师培养模式以适应法学实践教育之需。然而在教学过程中，由于缺少常态化监管和激励机制，存在主体间性不充分、培养目标不契合、教学评估不客观等问题，严重影响法学研究生双导师制度功能的发挥。与此相对应，应从强化校内外导师链接力、完善遴选和激励机制、注重实践教学开展、健全多元评估体系等方面予以制度构建，从而使校内外导师对研究生培养模式的现有路径予以现实优化。

关键词： 法学研究生双导师制；校外导师；培养模式

对绝大多数法学研究生来说，法律市场竞争激烈是公认的事实，随着全面推进依法治国的展开，法律行业精英化趋势日益明显，准入标准更为严苛，"当前法学教育以课堂和教材为中心的传统模式根本无法实现锻造法治人才的初衷"[④]。顺应国家"卓越法律人才教育培养计划"和"双千计划"，法学院校普遍设置法学研究生双导师培养模式以弥补校内导师实践的短板和课堂教育实践性的不足，进而锻造高素质法律职业人才。校外导师是研究生发掘实务问

---

①　本文系重庆市高等教育学会高等教育科学研究课题项目"法学研究生双导师培养模式的问题与对策研究"（项目编号：CQGJ17002A）、重庆市教育科学"十三五"规划课题"法律硕士双导师制度的困境及出路研究"（项目编号：2017-GX-121）的阶段性研究成果。

②　陈伟，西南政法大学教授，博士生导师。研究方向：刑法学。

③　黄梦圆，西南政法大学青少年犯罪研究中心研究人员。研究方向：刑法学。

④　陈伟. 面向实践性的法学教育改革路径探讨："动态法学实习基地"的积极提倡 [J]. 海峡法学，2014，16（3）：97-103.

题和完成职业角色转化的重要推手，其在双导师培养模式中的角色定位尤为受到关注，理论上需要对双导师培养模式的应然和实然状态展开探讨。本文以校外导师在研究生培养模式中的角色定位为切入点，明确双导师责任分工及校外导师角色偏差及成因，提出完善校外导师介入研究生培养模式的具体路径，以期有利于法学实践教育和卓越法律人才培养。

一、法学专业校外导师的角色定位

"导师制"的优势在于密切师生联系，明确工作责任。法学专业校外导师是实务部门的优秀法律工作者，在专业理论讲授方面可能较校内导师稍为逊色，但因其长期从事法律实践活动，具备丰富阅历和职业经验，所以能够在实践教育中为研究生提供多方面的指导，弥补职业教育的缺失。

（一）实践课程的教导者

法学是一门理论与实践并重的学科，法律规范为人们实践活动提供具体指引，对法律规范的研习离不开对实践问题的研究，长期从事法律实务的校外导师是法学研究生实践教学的天然教导者，在双导师培养模式中与校内导师具有同等地位。纯粹的课堂理论教育只能增长研究生的间接经验和知识储备，研究生往往书卷气有余而发现和解决实际问题的能力不足。一方面，校内导师长期从事理论教学工作，受法教义学浸染，倾向于法学规范层面研究；另一方面，高校与实务部门合作缺失，校内导师难以接触实践素材，不能有效挖掘实务问题。

而校外导师通常是从法官、检察官或律师等法律实务工作者中选聘而来的，具备丰富的司法实务经验，能带来丰富的实践素材和全新的认知角度，全面培养研究生理论和实践相互转化的能力。同时，实践中会产生新问题，新问题往往是人们对实践及理论问题产生的困惑，校外导师引导研究生对问题的探索能激发其问题意识，有利于培养研究生主动探究问题和解决问题的实际能力。

（二）职业道路的引导者

服务实践是理论知识学习的出发点和落脚点，研究生就业指导课程在法学院校并未得到广泛开展。从法学研究生毕业抉择去向来看，公检法、律师事务所是其首要考量，校外导师能够根据研究生在实习中的表现提供有针对性的引导，强化研究生自我认知、实习岗位认知，进而使其明确职业道路选择。

"根据2007—2014年的《中国大学生就业报告》，法学每年被列入十大就业红牌警告专业，这其中显示了法学人才培养模式存在的弊端。"① 虽然法学教育以培养理论研究型和实际应用型人才为目标，但是法学人才培养长期侧重素质教育而忽略职业教育，离开校园庇护，法学研究生在职业选择和职场规则的冲击下容易迷失方向，会逐渐产生不敢、不愿就业的逃避情绪，极大地影响其就业稳定性。因此，理论研究型人才培养的最终归宿是服务于法治事业建设，无论是理论研究型还是实际应用型人才的培养，都应该与职业教育相结合，发挥校外导师在研究生专业实习中的就业指导作用，能有效弥补当前职业教育的不足。

（三）职业习惯的培养者

法律工作是一门精细的学问，具有严谨性和规范性，校外导师是研究生职业习惯的最佳培养者。为具体规范社会生活，法律对其适用范围和操作程序都做了非常细致的规定，法律职业日益呈现出精细化、规范化、流程化的特点。因此，法学研究生应当养成良好的职业习惯。习惯一旦养成将很难改变，职业习惯对初次接触法律实务的研究生来说尤为重要，良好的职业习惯有利于其职业技能的学习，能够培养其严谨求实的法律人格魅力。

校外导师是在相关领域中做出杰出贡献和成就的法律人，具有严谨的工作品质和良好的职业素养，"善于从众多信息中筛选出有价值的信息点，进而确定法律解决方案和思路，并付诸实施，形成证据链条，有理有据，充分展示法律职业工作者的风采"②。校外导师在言传身教中潜移默化地影响着研究生的职业习惯，规范研究生司法文书撰写、法律文件检索、证据材料处理，培养研究生有理有据的职业品格，提高其纠纷解决效率，促进其践行以事实为依据、以法律为准绳的基本原则。

（四）法律困惑的开导者

情与理、公正与效率的对立统一是法学理论研究的重要命题，更是法律实践无法回避的基本问题。经验是法律的生命，法律不外乎伦理。在法律实务中，法之情与法之理的对立性更加明显，法学理论教育的应然层面与法律实践的实然层面并非一一对应的，实然层面的偏差难免会让长期接受理论教育的研究生感到困惑、失落。

校外导师作为法治运行过程的亲历者，深谙法治运行规律，能够在实践技能指导之外提供心理疏导，让研究生在坚持法律底线的同时具有灵活性。随着

---

①　王欣，张萍萍，廖家纶，等.法学实验班专业实习现状和对策研究：兼论法学院校与实务部门合作［J］.法制与经济，2017（2）：35.

②　张铭真.法律职业群体应重视行为习惯养成［N］.检察日报，2016-06-14（3）.

全面推进依法治国的展开，在理念上，法治思想深入人心，但在经济欠发达地区，行政化的管理体制依然阻碍着司法的公平正义；立法并未完全指导司法，司法面对执法常常妥协，法治的无奈挑战着法律的尊严，有时会动摇研究生的职业憧憬和法治信仰。校外导师必须以案说法，指导研究生在正确适用法律的基础上学会运用多元化的纠纷解决方式，客观分析社会现实以深入理解立法的局限性，普及法律常识并培育法治信仰，在个案正义中，使研究生积累对法律的理性认识，提高法律职业认同感。

二、校外导师培养模式存在的问题

校外导师在法学研究生培养中扮演着多重角色，是法学实践教育改革和卓越法律人才培养的前提条件和重要保证。从法学研究生双导师培养模式来看，校外导师并未完全符合应有角色定位的要求，面临以下困境和不足：

（一）师生主体间性不充分

在教与学领域，主体间性强调主体之间的平等性和互动性，在教学活动中，教师应注重师生多向型互动的主体关系以促进教学相长，而非单向型知识传授的主客体关系。在双导师培养模式中，校外导师和研究生的主体性未能得到充分发挥，校内外导师对研究生的联合培养限于理论教学，校外导师通常作为理论教学和论文指导的辅助角色出现，作为教学客体，研究生往往只能被动接受来自理论和实务的既成观点，不能与导师形成互动，课程参与感不强，主动发现问题和研究学习的积极性不高。"这种仅仅围绕知识的传授而形成的师生关系容易导致师生间话语霸权、等级压制等现象，使整个师生关系单方面地依附于教师，阻碍师生更深层次的交往。"① 不仅"导师制"在密切师生联系方面的应有优势未能得到发挥，而且双导师培养模式在连接理论教育与实践教育中的重要作用也会受到严重影响。

再则，校外导师遴选和课外活动中师生互动缺失。其一，校外导师是高校指定而非研究生自主选择的结果。学校善意"越俎代庖"导致培养模式主体间信息不畅通，校外导师难以专业对口、因材施教、挖掘特长，研究生难以培养对实务的热情和信心。其二，双导师培养模式的顺利实施依赖于师生之间的互动和重视，校外导师在对学生兴趣爱好、专业特长、职业规划疏于了解的前提下盲目开展教学活动，对实践教学过程中的因材施教极为不利。其三，校外导师在学校没有相应的办公场所，课后要回单位处理本职工作，研究生在课外

---

① 刘梦华. 主体间性视域下现代师生关系的建构 [J]. 教学研究，2018，41（2）：36-41.

活动中无法通过平等途径与校外导师沟通交流，"校外导师往往能给学生提供更多的学习资源，但其自身事务繁杂，假如学生不主动请教，则导致校外导师的指导频率偏低"①。在师生缺乏平等沟通的前提下，校外导师很难落实在法学研究生双导师培养模式中的角色定位。

（二）双导师培养目标不契合

"研究生培养目标定位是研究生教育的基本出发点，也是研究生教育的目标归宿。"② 法学教育以培养理论研究型人才与实际应用型人才为目标，法律硕士教育更倾向于实际应用型人才培养。由于理论研究与实际应用能力的培养概念模糊和缺乏可操作性，校内外导师基于不同视域，在人才联合培养中不能有效分工协作，校外导师极有可能陷于"两不管"的窘境。

一方面，校外导师不能指导研究生从法律实务中挖掘有价值的理论问题。从二者分工来看，校外导师倾向于研究生实务经验技能和实务问题意识培养，校内导师倾向于指导研究生检视理论在实务中的运用。然而理论研究与实务有一定差距，实务中的突出问题也不都是理论问题。理论追求的是普适性的结论，而在立法大前提与事实小前提都已确定的前提下，对法律理解的不同，其结论往往千差万别。在校外导师与校内导师缺乏合作交流的前提下，校外导师对实务问题的挖掘有可能只是实践操作性难题而非有理论价值的实务性疑难问题。

另一方面，实务问题意识挖掘培养与理论科学研究未能充分结合，校外导师也不能对具有理论价值的实务问题予以解释论上的说明。由于校内外导师链接力不足，在分工的基础上难以形成合力，校外导师对实务疑难问题缺乏专门性的理论研究，校内导师也没有途径提供专业性的理论帮助和指导，尤其在研究生论文选题过程中，校内外导师意见很难统一，进而不利于研究生问题意识的形成和理论与实践相互转化能力的培养。

（三）双导师与职业教育不衔接

我国法学教育与职业教育联系不密切，基于校外导师在双导师培养模式中的角色定位，校外导师应当发挥其补位职业教育缺失的作用。受学生数量和本职工作限制，校外导师在实践教学和弥补研究生职业教育缺失中的角色定位难以具体实施。

---

① 陈淳，张争胜. 全日制教育硕士校外导师指导质量问题分析与提升途径 [J]. 嘉应学院学报（哲学社会科学版），2016，34（4）：89-92.
② 杨忠孝. 法学硕士研究生培养目标定位多元化的思考 [J]. 法学教育研究，2016，14（1）：115-126，389.

在实践课程设置方面，职业教育注重职业技能和职业伦理培养，传统的理论知识传授并非法律职业的必修课，而法律诊所和法律职业伦理等课程却被设置为选修课，并且担任课程的校内导师往往没有实务经历。虽然校内导师可以引入案例教学方法，但规范层面的案例分析难以满足研究生的职业技能需求，"中国式的案例分析侧重的是解释法律规则或加深对法律规则的理解，而美国式的案例教学法则是注重学生的法律思维的训练"①。脱离实践活动的纯粹理论教学难以实现研究生职业教育的培养目标。

在专业实习设置方面，校外导师数量与高校扩招未能成正比，校外导师在完成本单位繁重业务的同时又要指导众多研究生（实习生），实习生自然而然成为校外导师的办案工具。"实习的学生往往被当成实习单位廉价甚至免费的劳动力，主要负责打扫卫生、阻挡上访者、收发法律文书、整理档案、装订案卷、校对文件等简单工作，使之变异为法律实务的'旁观者'而非实际'操作者'。"② 此外，一旦确定校外导师将不得自由调换。在具体的个案中，通常一个案件要花费半年甚至一年时间。受实习时间限制，研究生在实习中主要从事卷宗档案整理、受案当事人接待、庭审会议记录、法律文书送达等边缘性法律事务，很少直接参与案件起诉和审理。甚至有的实习单位出于安全性和保密性考量，不让研究生接触具体案件和相关文书材料，校外导师只让研究生从事与法律关联性不大的行政性事务。研究生缺乏岗位认知和职业规划，只是被动地完成校外导师布置的任务，加之实习过程中师生互动缺失，导致专业实习得不到正向引导，错误职业习惯得不到及时纠正，职业困惑得不到理性解答。长此以往，校外导师很难扮演好职业引导者的角色。

（四）教学评估考核不客观

以应试教育和学生评教为依托的教学评估不具有客观公正性，不能客观反映双导师培养效果，还会影响评估考核的激励作用，从而使评估考核制度失去实质意义。校外导师与研究生接触较少，对研究生的管理具有很大随意性，对校外导师管理和考核的缺失容易滋养人的惰性，让师生产生应付态度。

从评估主体来看，师生双方具有利益关系，具有牵连关系的主体很难做出中立的教学评价。校内导师要遵循高校教学管理制度，而没有制度约束的校外导师对研究生的指导全凭责任心。其一，校外导师不是正式教师，与高校不存

---

① 王隆文. 中美法律职业教育的比较及启示 [J]. 教育与教学研究，2013，27（11）：82-85，129.

② 白丽. 法学专业实习教育实践的困境与出路 [J]. 忻州师范学院学报，2016，32（1）：121-124.

在管理与被管理关系，不受约束的同时也不享有高校提供的教学便利条件；其二，虽然部分实务部门与高校建立了人才合作培养基地，但是并未设立相关机构和确定负责人，高校和实务部门并不存在必然的合作制约关系，人才合作培养很少取得实质意义上的进展；其三，实务部门的规章制度能有效约束相关部门的校外导师，但规章制度只对单位业务范围以内的职务行为发挥作用，校外导师的教学行为属于本单位职务之外的行为，实务部门的规章制度自然鞭长莫及。

从评估形式来看，应试教育和学生评教容易使评估考核流于形式。目前，研究生教育没有升学率的压力，以考试成绩作为研究生学习效果的评估标准会产生一种倾向，即研究生仅仅在考试之前背诵知识点以获取高分，学习的过程和方法反而被搁置在次要位置。学生评教也会使部分导师为获得好评而刻意提高学生书面成绩，进一步扭曲应试教育的客观性。基于此，建立在应试教育和学生评教基础上的教学评估考核制度被架空，研究生培养异化为单纯获得书面成绩，评估考核越来越形式化甚至走向制度的反面。这不仅违背制度设计的初衷，而且让研究生对教学关系的认知产生误解。

三、校外导师介入研究生培养模式的优化路径

没有制度约束的人心是不可控也不可靠的，针对校外导师介入研究生培养模式的角色偏差和存在的问题，需要在校外导师遴选、教学、激励、评估等方面构建常态化制度管控，以强化校外导师责任意识，明确培养目标，并以此发挥双导师制度的优越性。

（一）师资力量：完善遴选和师生双向互选

研究生的培养离不开校外导师的悉心指导，"一定要让更多的优秀人才加入导师队伍中来，也需要让这些优秀的导师能够发挥他们的作用，给他们提供事业发展的平台"[①]。首先，扩大校外导师遴选范围。法学调整的社会关系具有广泛性的特点，遴选范围要尽量覆盖不同行业和领域，以改变导师数量有限和资源单一的尴尬局面。为保证校外导师有精力根据研究生的不同研究兴趣和职业规划实施针对性教学，"每位校外导师所指导的学生的名额应当有一个合理的限定，在条件允许的情况下，尽可能降低生师比"[②]。其次，遴选标准的

---

① 杨忠孝. 法学硕士研究生培养目标定位多元化的思考 [J]. 法学教育研究，2016，14（1）：115-126，389.

② 朱顺东. 基于"双导师"制的校外教育实践存在的问题及思考：以丽水学院小教专业为例 [J]. 丽水学院学报，2014，36（6）：95-100.

制定应避免资历和行政职务优先的错误倾向，兼顾校外导师多重角色定位，德法兼备的法律工作者才是遴选的第一考量条件。

再次，积极组建网上校外导师库并完善入库和退出机制。各院校应对遴选出的实务工作者进行短期培训后将其纳入网上导师库并登名造册，在网络上公开校外导师信息，为研究生与校外导师双向互选奠定基础。如果实务导师与高校有合作项目，便于沟通和管理，更善于从实务中挖掘突出问题，可以将其优先纳入校外导师库。对工作懈怠的校外导师，应及时提出改进建议，必要时予以强制退出。

最后，在此基础上搭建师生双向选择平台，加强师生互动。师生双向选择平台包括虚拟平台和线下平台。高校应完善网上导师库建设，建立师生互选专用 QQ 群、微信群等官方虚拟平台。校外导师提前在虚拟平台上发布指导意向、指导方案、预期指导效果等教学信息，研究生可以在虚拟平台了解校外导师和教学概况。与此同时，举办正式的师生见面会、学术沙龙或者各类文体活动，为师生面对面交流互选创造条件。只有在相互了解的基础上才能相互理解、相互尊重，实现师生相互满足，方便后期实践教学的顺利开展，突破学校包办视域下教与学积极性不高的困局。

（二）目标设定：案例教学和科研能力培养

"'科研能力''业务能力''技术能力'构成了完整的专业实践能力，其中，'科研能力'是研究生区别于本科生的核心所在。"[1] 法学研究生双导师培养模式正是要通过理论与实践的交锋，从法律实务中挖掘理论问题，为科研提供实践素材和明确问题导向。鉴于理论与实践并非一一对应的，"在这两者间要形成内在一致的关联，需要两大主体能在交互的过程中实现一定的转化和贯通"[2]。因此，在教学过程中要搭建互动交流平台，积极创造条件培养校外导师、校内导师、研究生三方共同视域，促进研究生理论与实践相互转化能力的提升。

校内外导师要增进沟通，将实务问题意识培养与理论教学科研相结合，提高研究生对具有理论价值的实务问题的鉴别能力。虽然校外导师与校内导师所处的领域不同，在研究生培养中的教学方法和手段方面存在差异，但二者都是为了实现法学实践人才培养目标。案例教学是契合学科特点、联系理论与实践、实现主体交互的重要途径，要积极开发"双师同堂"或"多师同堂"等疑难案例探究课程，注重学生法律思维能力训练，强化师生多向型教学互动以

---

[1] 胡沈明. 新闻与传播专业硕士"双导师制"实施的困境与出路 [J]. 教育传媒研究，2018 (2)，49-53.

[2] 严孟帅. 交互参与：论教育理论与实践的过程之维 [J]. 教育理论与实践，2018 (2)：49-53.

取长补短。校内导师负责选取校外导师收集的实务疑难案例形成课程资源，校内外导师分别从理论和实务角度出发予以探讨，在此基础上形成课题。对于校内外导师共同申报的课题项目，在评审时可适当放宽。研究生通过实习予以实证研究，确保研究的针对性和实践性，实现实践教学和理论教学的统一。

（三）教学创新：导师轮岗和深化校企合作

受制于本职工作，校外导师难以对研究生实习提供全程性指导，导师轮岗旨在使研究生在完成阶段性实习任务的前提下获得更换其他校外导师的机会。"通过此种轮流或交叉实习机制，让学生充分接触不同的校外导师与实习岗位，获得多样化的实践技能，并通过实习活动的对比了解不同法律实践部门的运行现状。"① 在丰富实习资源的同时，可以使研究生潜能得到充分挖掘。

从域外培养目标确立来看，"法国在培养法律人才的过程中，注重培养的目的性，对择业目标定位于科研、教学类工作的学生和从事法律实务工作的学生采取不同的引导方式，各有侧重"②。法学硕士以"培养学术型、研究型人才为主要目标"③，实习中积累的实践素材能够为其学术研究提供问题导向和事实依据，而丰富实践素材的积累以教学资源多样为依托，轮流实习能够使研究生接触不同实务部门进而获得多元化实习经验和实践素材。相应地，轮流实习也应当受到严格限制，只有获得"双导师"许可，研究生才能获得更换校外导师资格，防止研究生以更换校外导师为名行逃避实习之实。

校企合作旨在建立产学研联合基地。传统的专业实习无法深度衔接实践教学和职业教育，校企合作使校内外导师联系更为密切，将实践教学贯穿研究生培养全过程，不仅能够积累最新实践教学素材和深化研究生职业岗位认知，而且借助于企业平台，科研成果能直接转化，有利于激发师生实践教学热情。"企业一方不但能够为大学生提供就业、创业的机会，还能为高校科研人员提供广阔的技术成果推广平台"④，有利于产学研良性互动，实现多方互利共赢。

（四）内部激励：重构兼职兼薪和学术休假

校外导师身份的特殊性带来监管真空，其对研究生的培养全凭责任心，因此需要创设内部激励来激发校外导师工作的积极性。内部激励具体体现为目标

---

① 陈伟. 论职业化能力提升目标下的法学实习基地改革：基于实证调研的现实考察 [J]. 海峡法学, 2015, 17（4）：110-120.

② 张莉. 道器一体、学以致用：法国法学高等教育模式研究 [J]. 中国法学教育研究, 2010, 5（1）：35-60, 222.

③ 冀祥德, 等. 中国法学教育现状与发展趋势 [M]. 北京：中国社会科学出版社, 2008：74.

④ 曹海莹, 赵大海, 王鼎. 基于校企合作共容利益机制的案例库与专利库建设研究 [J]. 教学研究, 2018, 41（1）：105-108, 124.

激励、薪酬激励、发展激励。

目标激励表现在制定法学研究生实践能力评估考核表，细化实践能力考核目标和评分标准，把研究生的实践能力和科研能力与校内外导师绩效考核挂钩，激励校内外导师不断提高工作绩效，从而使符合法学研究生培养目标的行为得到强化。

薪酬激励最直接的方式就是加大校外导师培养模式的经费投入，鼓励校内外导师兼职兼薪。高校要为校外导师提供物质保障，发放固定津贴，提供免费的工作餐并报销相应的交通费，对于考核优秀的校外导师应发放特殊津贴并邀请其担任校内职务。对优秀的校内导师也要适当予以政策倾斜，鼓励校内导师去实务部门挂职交流以冲抵校内课时量，充分调动校内外导师的工作热情。"这种形式的兼职兼薪将教师的各种角色融合起来，将角色冲突降低到最低水平。"[1] 在创设薪酬激励的同时融合双导师角色，强化双导师制度的功能发挥。

发展激励表现在满足校内外导师成就发展需要。借鉴国外学术休假制度，为部分符合一定条件的教师提供专门开展学习科研的机会，在一定程度上能够激励教师努力实现自身未曾满足的需要，培养与发展教师的成就需要[2]。高校应当为考核优秀的校内外导师提供外出交流和出国访学的机会，在满足校内外导师成就需要的同时增强师资力量和提高教学水平。

（五）效果评估：实践汇报和引入第三方评估

以应试教育和学生评教为依托的评估考核具有局限性，如前所述，师生难以客观检视教学成效，校外导师游走于制度之外，不能被有效纳入评估体系。法学研究生教学效果评估机制的构建应当既能客观反映实习成效，又能为实践教学改进提供方向指引。

一方面，将实践教学和职业教育纳入必修课的教学计划，规定学时和学分，强化研究生的重视程度和校内外导师的实践教学意识。建立实践汇报制度，缩短考评周期，校内外导师和研究生每个月进行实践教学内容和成果汇报答辩，通过评估及时反馈实习效果，为后期实践教学的针对性改进提供新举措和新进展。

另一方面，引入第三方评估主体，提供必要的外部制衡机制。作为教学评估考核的第三方主体应当具有独立性，不能隶属于高校或者实习单位，可以是研究机构或专业的评估组织。评估的对象应当具有多样性，不仅包括研究生的

---

① 吴合文. 高校教师兼职兼薪的角色冲突与制度设计 [J]. 教育研究, 2017, 38 (12)：104-111.
② 范明，杨小楠. 高校教师学术休假制度的构建与完善 [J]. 北京工业大学学报（社会科学版），2016, 16 (2)：64-70.

实践技能和科研产出评估，而且包括校内外导师的指导情况和合作力评估。评估的参与应当具有全程性，应当涉及实践教学的各个环节和阶段，不能局限于考试结果。评估的手段应当具有先进性，顺应"互联网+"大数据发展潮流，应当"提供全面专业的人才质量研究生实习情况检测系统，挖掘人才培养基础数据，推动和促进我国政法类人才培养与职业发展的深度衔接"①。可以利用大数据精准分析研究生职业能力和职业兴趣，匹配最佳的职业规划。评估的结果应当具有权威性，以第三方评估结果作为教学考核的唯一标准。

四、结语

教育的目的不是注满一桶水而是点燃一把火。为了充分发挥校外导师培养模式在法学研究生实践教学中的引导作用，就应当对症下药，厘清校外导师在双导师培养模式中的角色定位、明确实践教育培养目标、完善实习评估考核方式。校外导师不仅能挖掘实务问题和传授实务经验技能，更能从职业教育层面教导研究生在坚守法律底线的同时具有灵活性，以此强化研究生职业信仰。科研能力培养是研究生教育的核心所在，是契合双导师培养目标的上位概念，案例教学能提供多向型教学互动，是培养研究生问题意识和法律思维、强化师生主体间性和校内外导师链接力的重要途径；校企合作旨在建立产学研联合基地，是促使实践教学与理论科研相结合、推动研究生实践教学与职业教育深度衔接的最佳选择；实践汇报和第三方评估的建立能够客观公正地评估教学成效，正向引导师生拾起社会责任和法律担当，发挥导师效用，践行职业使命，促进双导师制度现实价值的真正发挥。

On the Problems and Solutions of the Cultivation Model of Law School Graduates with the Participation of Extramural Supervisors

Chen Wei　Huang Mengyuan

Abstract：Under the background of the comprehensive development of rule of law, the construction of the rule of law has put forward higher requirements for the

---

① 付子堂. 多维度协同创新，立体推动法学人才培养改革：以西南政法大学深化人才培养改革创新为例 [J]. 法学教育研究，2016，16（2）：64-70.

theoretical literacy and professional skills of future legal talent. As the future majority for the rule-of-law construction in the country, law school graduates' ability to transform from theoretical knowledge to practice is seriously lacking. Therefore, each university and college has set up a double supervisor training model for law school graduates to meet the needs of legal practice education. However, in the process of teaching, due to the lack of normalized supervision and incentive mechanism, there are problems such as insufficient inter-subjectivity, incompatible training objectives, and subjective teaching evaluation, which seriously detract from the function of the double supervisor system of law school graduates. The authors believe that the system should be constructed from the perspective of strengthening the link between the on-campus and off-campus supervisors, improving the selection and incentive mechanism, focusing on the implementation of practical teaching, and improving the multi-evaluation system, so that both on-campus and off-campus us supervisors can optimize the existing cultivation model for aw school graduates.

Keywords：Law School Graduates；Double Supervisor System；Extramural Supervisors；Cultivation Model

法律实务课"双师多域协同"教学模式探究①

宋志军②

摘要： 在卓越法律人才教育培养计划实施过程中，探索以法律职业能力培养为目标的实务课教学模式非常必要。"双师多域协同"教学模式是校内教师与检察官、律师等实务导师以真实案卷、仿真训练场景和岗位训练为基础的协同教学，是使学生在办案过程中提升法律职业能力的教学模式。"双师多域协同"教学模式的核心是"4 方法、4 环节"教学组织模式。4 种教学方法包括实操训练法、以赛促学法、法律实务岗位训练法、任务驱动教学法。教师引导与示范、学生分组演练、汇报与研讨、实训基地训练 4 个教学环节有序运行，可以使得 4 种教学方法在学生职业能力训练中有效发挥作用。

关键词： 法律实务课；"双师多域协同"教学模式；法律职业能力

以培养学生法律职业能力为目标，对课程设置、教学方法和课堂组织形式进行改革，特别是增设法学实务课、探索实务课的教学方法，是卓越法律人才教育培养计划实施的重要内容。法学课程教学方法的探索和研究已经有多年的历史，在传统的讲授方法之外，又出现了多样化的新型教学方法，例如，讨论式教学法、案例式教学法、诊所式教学法、模拟法庭教学法等。这些方法相比于传统的课堂讲授法有所创新，对提升学生解决实际问题的能力具有一定的作用，但是在教学理念上还没有从根本上脱离传授法学知识的窠臼。因为"我们的法学教育教学，忽略了一个重要问题，即把学生培养成专业的法律职业者"③。在培养学生的应用能力和职业技能的目标下，"双师多域协同"教学模式从实质上和形式上创新了法律实践课教学模式，与其他强调法律应用能力的

---

① 该文曾在《法学教育研究》2018 年第 2 期发表，特此声明。
② 宋志军，西北政法大学刑事法学院教授。研究方向：刑事法学。
③ 王晨光，陈建民. 实践性法律教学与法学教育改革 [J]. 法学，2001，4（7）：3-7.

案例教学、法律诊所教学相比，具有鲜明的特色。笔者在本科生和研究生中开设了"刑事辩护实务"和"检察实务"课程，由校内教师与司法实务部门的业务骨干联合授课，探索学校与检察院、律师事务所协同创新的实务课教学模式。本文以笔者多年从事法律实务课教学方法探索的经验为基础，对"双师多域协同"教学模式的内涵、教学方法及其教学环节、保障措施等进行理论提炼。

一、"双师多域协同"教学模式的内涵

"双师多域协同"教学模式在培养目标上以法律职业能力为导向，在教学组织上突出实践教学环节，以真实案卷、仿真的办案环境及岗位实训为实践教学条件，由校内教师与检察官、法官和律师等实务导师共同授课，在教与学的关系上实现学生主动学习及师生互动。该教学模式以学校与司法实践部门的双向协同育人机制为依托，通过对教学资源进行整合，拓展教学空间，实现教师之间、师生之间、学校与司法实践部门之间等多元主体的全方位协同。"双师多域协同"教学模式的教学实施过程主要由"4方法、4环节"构成，形成了独具特色的、系统化的法律实务课教学模式。

（一）以法律职业能力训练为导向

传统法学教学模式主要采取单向灌输方式，向学生头脑中注入某种既定的知识，重在知识体系的完整性和逻辑思维的训练。案例教学、诊所教学尽管在不同程度上强调培养学生运用法律条文及法学理论解决实际问题的能力，但是在法律职业能力训练维度上并未有明显突破。"双师多域协同"教学模式则旗帜鲜明地将法律职业能力训练作为教学的导向，教学内容和教学方法服务于学生法律职业能力训练和职业伦理的养成，教学组织形式也以促进学生融入法律职业角色办理案件为原则。它也不同于多师同堂的教学模式，后者是指由三名或三名以上来自不同学科背景的教师组成协同教学团队，共同分担同一门大学本科或研究生教学任务，展开共同授课的研讨式教学模式。该模式中的"双师"实质上均为校内的理论课教师，强调理论和思辨训练层面①。

（二）"双师"实质上是"多师"

"双师"并不是一般意义上的"两名教师"，而是两个"领域"的教师，即校内理论教师和校外实践部门的实务导师，即校内不同专业的教师、校内教师和校外实践部门的教师协同授课。校内理论教师和实务导师都可以是多人，

---

① 付子堂. 构建多师同堂协同教学模式［N］. 中国教育报，2013-02-25（6）.

即在同一门实务课上，根据授课内容的需要，会有两名以上的校内理论教师和实务导师授课，即使在某同一节课上，也可以有多位教师授课。多位教师可以同堂授课，也可以按照各自的业务专长先后承担不同的授课任务。例如，检察实务包含审查批准逮捕业务和公诉业务，可以分别聘请检察院从事审查批准逮捕和公诉业务的检察官授课。同理，检察业务和刑事辩护业务既有刑法的问题，又有刑事诉讼法的问题，这就需要根据校内理论教师的研究领域，由刑法学专业的教师、刑事诉讼法学专业的教师分别或者共同主持课堂教学。这样既可以突破教师专业知识和实务技能的限制，又可以在刑事一体化的背景下发挥教学团队知识和技能的合力。

（三）"多域"在实质上拓展了课堂的空间领域

"多域"是指"多场域"，即校内课堂、校外"实训课堂"——协作实训单位（检察院、法院、律师事务所）、校外实训延伸课堂（公安机关、看守所）、校内学习资源室。传统的教学场域——教室所提供的场地、资源等难以满足仿真性和实战型教学方法的需要，必须通过建立学习资源室和实训基地来拓展课堂的空间场域。充分利用实践部门的案卷、办案设施等教学资源，将课堂延伸到检察院、法院和律师事务所等实训基地，形成"课堂—实训基地—课堂""课堂—学习资源室—实训基地"等多场域协同的人才培养形式。多场域协同既可以解决案例教学和实习对专项能力培养不足的问题，又可以创新教学形式，特别是学生在实训期间跟随检察官、法官或者律师，以"师傅带徒弟"的形式进行办案实践，针对课堂上学习的内容开展实地训练，真正做到"在讲中练，在练中学，讲练结合"。基于法学实务课教学需要较多真实案卷材料及相关学习资料的现实要求，可以把案卷、技能训练指导书、文献资料、庭审录像、案例数据库等资源进行整合，设置专门的学习资源室，供学生在课下自学时使用。

（四）"协同"是教学主体及教学场域的立体化、全方位协同

协同是指两个或者两个以上的不同资源或个体协同一致地完成某一目标的过程或能力。它表现了元素在整体发展运行过程中协同与合作的性质，结构元素各自之间的协调、协作形成拉动效应，推动事物共同前进，对事物双方或多方而言，协同的结果使整体加强，共同发展。协同教学是将协同理论运用于教育领域的产物。协同教学从改革教师结构、课程内容等方面入手，是教师的优化组合和课程内容的有效传达①。协同教学先驱者美国华盛顿大学夏普林教授

---

① 钱丹洁，张伟平. 国内协同教学研究述评 [J]. 教学与管理，2012，4（15）：3-6.

给协同教学的定义是：一种教学组织形式，包括教师、主力人员和他们所担任教学的学生，在两个或更多教师的合作下，担任同一群组学生的全部教学或其他部分。在这一定义之下，协同教学是两名以上的教师与学生共同构成的、在共同学习中形成的协同关系，在学生的分配、时间的分配、分组的调配等方面是多样的、变化的。上述协同教学的内涵仍局限于主体之间的协同，"双师多域协同"教学模式中的协同则更为丰富，既包括多元教学主体之间的协同，也包括多元教学场域之间的协同。

1. 多元教学主体之间的协同

教学主体之间的协同，既包括学校和实践部门的协同，也包括校内教师和校外教师的协同，还包括师生之间的协同。"双师多域协同"教学模式突出了学生与教师的平等主体地位，教学主体关系不是二元的——师生关系，而是多元的——师与生之间、师与师之间、生与生之间的协同与互动。教学主体之间的协同关系可分为三个层次：其一，师与师之间的协同。由于法律实践课教师的专业背景和职业特性差异较大，对于课堂教学和实务训练的方式、方法和内容等可能会存在不同的认识，这就需要校内教师和校外教师在备课和授课过程中能够做到充分沟通，做到有效协同。难度较大的能力训练课或者竞赛式教学法需要进行课前排练，将教案中所设计的教学环节特别是互动、模拟和辩论等难度较大的环节，在课前进行模拟，发现问题后及时调整。"通过课前排练和模拟教学，可以适时调整教学内容与进度，减少课堂教学中的不确定因素，避免突发情况影响教学的顺利进行。"① 其二，师生之间的协同。传统法学教学模式的师生关系以威严与敬畏为基调，以自上而下的灌输为知识传播路径，师生之间不是平等的关系；而"双师多域协同"教学模式中的师生关系不仅是平等的，而且是协同的，更加强调师生的互动与同步。例如，在教师演示和学生模拟环节，教师在技能训练开始之前先演示办案步骤、方法和技巧，然后讲解模拟练习中的注意事项和要求，学生在观摩的过程中必须与教师演示的进程同步，否则将无法领会所演示的办案技巧。学生分组演练时，教师进行巡回指导，并且回答同学们提出的问题，对同学们演练中的不当之处提出改进意见。在展示阶段，教师仔细观察学生的表现并且对其合理性、实战效果进行评估，在此基础上进行点评，学生对教师的点评意见及建议可以提出自己的想法并且进行讨论。其三，学生之间的协同。通过角色扮演、分组模拟演练、汇报与点评、案件办理中的分工与合作等教学组织形式，将学生的潜力充分激活，使其

---

① 王杏飞. 多师同堂协同教学模式的路径透析 [J]. 黑龙江高教研究，2014（8）：143-145.

思想火花和创造力在工作配合及语言沟通中被激发出来。法学实务课堂给学生赋予了一定的责任，他们在这种责任感的推动下会用超出一般课堂上百倍的注意力和细心来学习。这种负责任的学习过程也使得学生学到了如何在实际案件中把握职业道德标准的经验和模式①。学生在进入不同的法律角色、完成不同的工作任务的过程中，成为彼此密不可分的有机整体，每个人都必须融入团队，积极扮演自己的角色，完成自己的工作任务。学生在模拟演练中形成了工作环节前后相继与制约、同一角色的分工与配合、不同角色的对抗与协调等复杂的"准工作关系"。

2. 多元教学场域之间的协同

"双师多域协同"教学模式大大拓展了教学的场域空间——教室、实训基地和学习资源室，而且三种教学场域既可以先后运用，也可以交叉运用，甚至可以平行运用。根据课程内容和职业能力训练的需要开展"多域协同"，在一定程度上充分发挥了多个教学场所的整体优势。教室和实训基地之间是先后运用的关系和交叉运用的关系，通常是先在教室中进行职业能力、基本知识、法律运用和办案技能的学习、讨论和演示。在学生具备基本的操作技巧之后，再安排学生到实训基地进行上岗实训。在实训基地中，由实务导师带领学生办理案件，有针对性地运用所学办案方法和技巧处理案件。与此同时，学生可以自由选择时间在学习资源室进行练习，即学习资源室与教室、实训基地是平行关系。学生对学习资源室的运用可以让教学更加具有弹性和个体适用性，学生可以根据自己的学习进度和课堂技能训练、实训基地训练中遇到的问题，随时在学习资源室进行资料查询、阅卷宗和案例检索。

二、"双师多域协同"教学模式的主要方法及环节

在"双师多域协同"教学模式运用过程中，选择科学合理的教学方法并将其有效融入教学环节，是实现训练学生职业能力的关键。经过几年的实践和总结，笔者形成了法律实务课"4方法、4环节"教学组织模式。

（一）"双师多域协同"教学模式中的教学方法

教学方法是教师教的方法和学生学的方法的有机统一。在以学生为主体的实践课教学过程中，教的方法应根据学的方法来确定并及时调整，否则便会因缺乏针对性、适应性和可行性而不能有效达到预期的教学目的。以职业能力培养和办案技能训练为宗旨的教学模式有以下几种：

---

① 王晨光，陈建民. 实践性法律教学与法学教育改革 [J]. 法学，2001，4（7）：3-7.

1. 仿真场景下的实操训练法

实务课的首要教学方法就是办案技能的实操训练法，即实战型的实践教学方法，通过为学生亲身参与法律实践提供机会、创造真实场景，在实践演练中进一步提升学生法律实务操作能力。这种实操教学方法是训练学生法律实践能力的最有效方法之一。因为"法律实践为法律技能的形成提供了具体化、情景化的语境，使学生在亲历亲为的实践活动中熟练掌握各种法律技能"①。"检察实务""刑事辩护实务"等都是实战性很强的课程，传统的案例教学法已经不能适应办案技能训练的需要。我们在课堂和实训基地都采用检察院真实卷宗，在检察官手把手的指导和带领下，学生在仿真和真实的办案环境下学习处理案件的步骤、思路和方法，训练实战技能。这种教学方法对教师的要求比较高，即只能由具有丰富办案经验、具备较强职业能力的法官、检察官、律师及有实践部门挂职经历的校内教师授课和指导。更形象地说，实操训练法中的师生关系更像是师徒关系。首先由"师父"——实务导师向徒弟——学生演示办案要领、操作步骤并对可能遇到的问题及通常的解决办法进行指导，然后"徒弟"从实际案件入手，实践"师父"所演练的步骤和方法，遇到自己解决不了的问题或对处理方式存在疑问的，可以随时向"师父"请教。在演示、指导、提问、再指导的过程中，学生就能逐渐领会和掌握办案技能。例如，在阅卷（宗）能力训练课上，由检察官讲阅卷（宗）的目标和要领，将提前编制好的案卷和阅卷（宗）笔录本发给学生，带领学生分步骤阅卷（宗），制作阅卷（宗）笔录。

2. 技能训练导向的任务驱动教学法

法律职业能力训练的目的明确、指标可量化、任务可分解，其程序化、顺序衔接的特点非常适合在分组训练时采用任务驱动教学法。任务驱动教学法是教学任务的顺序性发展，它鼓励学生自己学习，提高学生的交流能力，产生协作学习的环境，在协作完成任务的小组活动中，每个成员都有机会表达自己的观点，每个人都能发挥其创造性②。在备课阶段，教师将每一项具体的职业能力根据学生的实际情况分解为可执行、可习得的指标，并将任务指标通过一定的载体和形式在课前发给学生。在法律实务课的教学中，技能训练指导书承载着操作指南、项目说明书和最终成果指标的信息，是向学习者输入任务信息的载体。在运用任务驱动教学法的课堂上，学生具有更多的独立性和自主性，教

---

① 房文翠. 法学教育中的实践教学原则 [J]. 中国大学教育，2010 (6)：72-74.
② 邓环环. 关于任务型教学法在中国课堂上应用的探讨 [J]. 湖北师范学院学报，2015，35 (1)：143-146.

师主要是演示者、引导者、观察者和指导者。在不受教师所给定的答案限制的情况下，学生能够充分发挥其主观能动性和进行发散思维，有利于提高学生运用法律技能的灵活性。例如，在阅卷能力训练时，学生根据技能训练指导书按步骤完成阅卷之后，汇报阅卷后发现的问题，由实务导师对汇报进行指导和点评。教师通过明确学习的任务和学生需要达到的能力训练目标，把办案过程和分析方法向学生进行演示，然后学生在分组讨论甚至争论的过程中，充分发挥学习的主动性和主体性。在这个过程中，每个学生都可以根据自己的基础和掌握程度，找到适合自身特点的角色和参与的最佳方式，实现了师与生之间、生与生之间及师与师之间的协同互动。正如有的学者所言，"这就意味着教学从传递知识到生成知识的转换，知识不再是教师以独自的方式传递给学生的静态的书本内容，而是动态的、生成的"①。任务驱动教学法在课堂教学和实训基地的岗位锻炼中具有较强的适用性。完成任务的方式是否正确、办案时间是否符合程序法的要求等指标，是衡量法律职业能力训练任务是否完成以及完成效果的重要因素。

3. 法律实务工作岗位锻炼法

法律职业能力除了在课堂上通过实务导师的演示、学生的模拟等教学环节得到训练之外，更需要在法律实务工作岗位上进行锻炼，将课堂上学到的带有一定虚拟性的办案技能进行实际应用。这既是对能力的提升与深化，又是对教学效果的检验。在每一个模块或者几个相关模块的课堂教学结束之后，有计划地将学生派往检察院、法院和律师事务所等实训基地，在检察官、法官和律师的带领和指导下亲自办理案件，把所学技能运用在真实的案件办理中，从而获得直观的体验和检验。更为重要的是，法律职业伦理不经过真实案件的办理便无法得到培育。在实务导师的指导下观察办案、参与办案，在实际办案过程中训练专项技能，同时熟悉办案环境、理解法律规定及专业知识在实践运行中所遇到的问题，在专业课学习过程中有针对性地加强理论学习，有效提高运用所学知识解决实际问题的能力，并且提高学习的主动性和针对性。

4. 以赛促学教学法

法庭辩论能力不仅需要在课堂演示和实训指导中培养，而且更需要在竞赛的环境中加以锻炼。以赛促学教学法是通过组织模拟法庭辩论赛来提高学生语言表达能力、临场应变能力和办案技能的综合应用能力，是上述三种教学方法

① 张增田，靳玉乐. 论新课程背景下的对话教学 [J]. 西南师范大学学报（社会科学版），2004（5）：77-80.

的综合运用。因为一项竞赛的组织、准备和竞赛过程需要学生以小组为单位，将准备文书、制定辩论方案等划分为任务指标分配给每一个学生，学生带着任务，根据自己以及团队其他成员的时间及资料准备情况，在课上和课下都可以自由选择时间进行演练。无论是在教室、寝室还是在学习资源室等场所，都可以开展讨论、演练，并且可以随时向教师咨询，得到校内教师和实务导师的精确指导。笔者在与实践部门签署的合作协议中就包含了组织学生与检察官、律师之间的法庭辩论赛，尤其是在检察院、律师协会组织法庭辩论赛时，实务课教学中的以赛促学教学法与检察官、律师的赛前训练相衔接，能取得事半功倍的效果。

（二）教学组织活动的主要环节

良好的教学方法还必须在科学设计的教学环节中才能真正发挥作用。根据实务课教学模式对教学环节的需要，笔者在"检察实务""刑事辩护实务"课程教学过程中设计了可以灵活运用的教学环节。以下教学环节可以按顺序进行，也可以根据授课内容的需要调整顺序或者跳过某一个环节。

1. 教师引导与示范环节

"双师多域协同"教学模式突出学生在教学过程中的主体地位，教师扮演组织、引导和促进者的角色。"教师在课前是学生学习的组织者与设计者；在课中是学生学习的参与者、引导者；在课后是学生学习的促进者和指导者。"[1]根据职业能力分析表、教学模块大纲所列的教学目标及其对背景知识和办案技能的要求，先由校内教师简要说明本节课的知识要点、技能的内涵和训练指标，引导学生了解本次训练的职业能力的内容、流程及时间要求等，运用所学实体法和程序法的知识，为实务导师讲解办案要求、流程和方法奠定知识基础。在实务导师讲解完办案要求和方法之后，由校内教师和实务导师对办案流程和方法进行现场演示，通过运用观察法，让从来没有接触过实践办案的学生对办案流程与方法建立直观感受。演示完成之后，实务导师对其中的办案要领进行详细讲解并分享自己的办案经验，对学生直观体验所得认知进行补充，为下一个环节的分组演练奠定基础。在演示、讲解过程中，通常贯穿着学生与教师之间的问答。经过教师的引导、演示和答疑，学生掌握了本节课所要训练的实践技能应具备的知识、办案流程、方法和时间要求，可以按照顺序开展分组演练。

---

① 李国强. 地方本科院校 CBE 教学模式探索 ［J］. 黑龙江教育，2014（2）：13-14.

2. 学生分组演练环节

在教师将办案流程和方法演示并答疑之后，确认学生已经清晰掌握了办案的要点、程序和方法，即可以根据技能训练的需要分组进行演练。在小组演练过程中，学生根据分配的具体任务，分别扮演不同的角色，例如，检察官、警察、辩护律师、犯罪嫌疑人、被告人、法官，等等，通过模仿检察院、法院的办案模式和流程，掌握在办案中不同角色应当承担的职责、沟通技巧和办案方法。教师在分组演练中扮演观察者、指导者和答疑者的角色，一旦发现学生在理解角色、办案方法和问题处理能力方面的不足，会及时予以个别化指导。小组演练环节可以在各组形成一定的竞争，促进互相学习、互相借鉴，因此学生的参与度较高，不仅提升了课堂的吸引力，而且使学生的职业能力和综合素质均得以较快提升。

3. 汇报与研讨环节

为了检验分组演练的效果，锻炼学生的语言表达能力，使其掌握案件汇报的技巧，分组演练结束之后进入汇报与研讨环节。由每个小组推选出代表对本组的意见进行汇报，其他组员可以进行补充。当一个小组汇报结束之后，其他小组可以派代表进行点评，汇报与交叉点评环节可依次循环。各组的汇报与点评结束之后，由校内教师和实务导师对各组的汇报进行点评，并提出自己的观点、意见和建议。"有时就同一问题，教师之间、学生之间、教师与学生之间会有不同的观点、不同的视角，或者采用不同的方法得出相同的结论，或者采用相同的方法得出不同的结论"①，这就构成研讨的基础，各教学主体之间可以开展平等的对话甚至辩论。这种参与式、互动式的教学方法可以激发学生的创造力，提高学生参与的积极性和学习效果。需要注意的是，该环节的效果有赖于教师和学生在课前的充分准备，唯此才能保证讨论的信息量和有效性。在汇报与讨论环节，可以引导学生在讨论过程中从多个角度，运用多种方法分析问题和解决问题，提高其实际操作能力。

4. 实训基地训练环节

实训基地训练与通常的实习不同，学生到检察院、法院或律师事务所等实训基地跟着实务导师一起办理案件，技能训练的目标更加精准、更加有针对性。在学校与检察院、法院和律师事务所签订的合作协议中，确定实践部门的实训导师，采用一对一的形式指导办案。实训环节可根据课堂技能训练的进度进行灵活运用，可以是单项技能的专项实训，也可以是一个模块所涵盖的数项

---

① 王杏飞. 多师同堂协同教学模式的路径透析 [J]. 黑龙江高教研究，2014（8）：143-145.

技能的综合实训。例如，出庭公诉教学模块涵盖阅卷、讯问犯罪嫌疑人、制作展示证据提纲、制作起诉书和量刑建议书、法庭辩论等多项技能。学生利用课余时间到检察院公诉岗位实训，跟随实训导师进行阅卷、案件讨论、出庭及制作法律文书等，在实际工作中体验课堂上演练的办案流程和方法。从检察院、法院和律师事务所反馈的信息来看，以技能训练为导向的实务课，对于提高学生的办案能力、适应能力、沟通能力和文书写作能力具有良好的作用。从学生反馈的信息来看，无论是课程内容的设计还是教学方法的运用，都与实践部门的办案场景非常近似，在课堂上学的和实践中用的差距不大，学生直接从课堂上学到了办案技能，通过实训的磨炼，更快、更充分地掌握了办案能力和工作技巧。

三、"双师多域协同"教学模式运行的保障措施

与基本理论教学和案例教学相比，法律实务课教学模式需要更多的资源支撑和制度保障。"双师多域协同"教学模式的有效运行，既需要以学校与实务部门的协同育人机制为依托，又需要教师遴选的制度化，还需要适合进行职业能力培养的教学资料及科学合理的能力评估指标等作为基本保障。

（一）学校与实务部门建立协同育人机制

"双师多域协同"教学模式的保障措施中最为基础的是学校与实践部门协同育人机制的建立，这在一定程度上制约着其他工作的进程乃至效果。原因有以下三点：其一，实践导师的遴选需要合作单位的授权与配合。尤其是检察官、法官在学校授课需要单位的同意，如果没有得到单位的同意，不仅他们的上课时间无法得到保证，而且还有违反工作纪律之嫌。其二，实务课要以真实案件的卷宗材料为基础进行模拟和训练办案能力，而真实卷宗材料的获取必须通过单位之间签订协议的途径，同时在合作协议中解决卷宗材料的提供、合理使用、保管及保密等相关问题。其三，实训基地需要通过单位之间的合作协议才能建立，否则将无法长期化、制度化和规范化。在合作协议中将实务导师的条件与聘任程序、学生岗位实训方案、案卷材料收集和改编等问题进行详细规定，为后续教学步骤奠定坚实的基础。

（二）教师遴选条件和程序的制度化

协同式教学对教师的知识结构、理论水平、实践能力和教学能力有更高的要求，因此建立一支知识结构搭配合理、理论和实践有机结合的高素质的师资队伍是组织教学的重要保障。基于学校和司法实践部门的协同与合作，在检察官、法官和律师中遴选具有丰富的实践经验和较强的职业能力、具有较强的理

论水平和教学能力的实务导师。实务导师主要承担课堂教学中演示环节、学生模拟环节和点评环节的技能辅导职责，同时还承担着对模块大纲、模块教材和技能训练指导书等教学资料的编写职责。校内教师承担着教学计划拟订、教学环节设计、教学资源室建设、学校和实践部门之间的沟通职责，是课堂教学的主要组织者。实务课教学不仅要求校内教师具有相关学科的较高理论水平，而且要熟悉司法实践，具有实践部门的挂职经历或者律师执业经验。只有这样，才能保证实务课的教学目标、教学方案、课堂组织及职业能力评定真正符合职业能力培养的需要，也才能实现在课堂教学中校内外教师之间的配合与顺畅沟通。

（三）职业能力及其训练指标的体系化

法学实务课的教学目标就是培养学生从事法律实务的能力，尤其是动手办案的能力。因此，在教学活动的开始就要清晰界定检察官、法官及律师等法律职业所需的能力，并对相关职业能力的内涵、外延及其训练指标进行清晰界定，以作为后续教学模块、模块教材、模块教学大纲及技能指导书等教学资料编写的依据。在进行职业能力分析之前，首先要对职业能力有充分的认识。法律职业能力不是专业能力，而是综合职业能力。综合职业能力可以分解为从事职业活动所需要的专业能力、方法能力、社会能力和实践能力。综合职业能力的关键在于"综合"，即综合职业能力不是各自能力的简单叠加①。对能力进行界定所要解决的关键问题是寻找其载体和促进其发展的方法。能力的构成要素包括：①能力的需求方，即谁对这些能力有需求。法律职业能力的主要需求方是检察院、法院、律师事务所及检察官、法官、律师等。需求方不同，能力的类型、内涵及具体指标就会有差异。由于课时所限，法律实务课不可能涵盖所有职业能力，只能根据学生的基础和今后的就业方向，选择检察官、法官和律师个体职业能力作为培养和训练的主要指标。②能力的提供方，即学校课堂及实践部门。明确了能力提供方，就可以在授课内容、授课形式、训练场所等方面为不同能力找到最适合的提供者。简言之，明确了哪些能力是理论教师能提供的，哪些能力是实务导师能提供的，哪些能力是必须在岗位实训的过程中由法律实践部门提供的。③能力的实现。能力培养的核心任务是发展学习者的个性、奠定其职业发展基础并培养其符合社会准则的行为方式。④能力的评估。与专业知识考试和技能考核相比，对职业能力的证明和鉴定更加复杂和困难。但是，高等院校的能力评价与职业资格鉴定考试有很大的不同。职业资格

---

① 蒋乃平. 对综合职业能力内涵的思考［J］. 职业技术教育，2001，22（10）：18-20.

鉴定的考试题目应反映每个职业的实践共同体成员所具备的能力，包括知识、技能以及典型的职业生涯发展途径，它可以是标准化的试题。绝大部分学习者通过努力都能达到这一要求。

（四）模块教材、技能训练指导书等教学资料齐备

法律实务课不需要知识体系完整的教材，而是要求教材的实用性、指导性、灵活性和能力导向性。在教学模块基础上，根据实践能力培养和训练的需要，由校内教师和实务导师依据教学模块和教学大纲的要求，协作编制模块教材。模块教材实际上是对学生的自主学习进行指导的手册，而不是传统意义上的"书"。该学习指导手册是校内教师和实务导师根据能力分析表上所列的各项专项能力，分别制定的模块学习指导材料。其内容主要包括：职业能力的名称及其在职业能力中的位置、职业能力的内涵及具体指标、训练方法、背景知识（包括法学理论、法律条文及司法解释）、办案指南、文献及案例索引等。技能训练指导书是在模块教材之外独立成篇的技能训练操作指南，类似于实验指导手册，主要目的在于列明技能训练的实施步骤、注意事项、需要达到的指标等内容。

（五）科学合理的能力考核方案及评估指标体系

考核方案和评估指标所构成的评价体系宜采用定量与定性相结合的评价方法，尤其是对操作考评和方案评价需要多指标定量的评价与定性评价相结合①。在实践调研的基础上，以司法实践部门对职业能力的需求为基础确定评价指标，客观评价学生的职业能力、检验教学效果，建立法律实务能力考核及评估体系。笔者认为，法律实务能力评估指标体系由三部分构成：第一，确立适合法律实务能力考核的指标，较为全面地体现学生职业能力水平。为了综合反映学生学习情况和职业能力的发展程度，评价指标应涵盖学习态度、知识理解、技能掌握以及对知识、技能的综合应用等各方面内容。主要指标包括：学生在课堂教学和岗位实训中完成教学计划所要求的特定办案程序、法律文书、案卷装订及归档工作的程度；所有工作环节的"产品"符合技能指导书所定标准的程度；在实践部门进行岗位实训中所表现出来的专业素质。第二，符合能力评估规律的、动态的和过程化的考核方式。职业能力无法通过选择题、论述题以及一般的案例分析题的考试进行衡量，因此，应围绕这些能力设计多元的评价指标，对学生的实践活动、实际办案效果和综合表现进行整体评价。第三，由校内教师、实践导师、实践部门的技能实训导师共同组成的考核主体。

---

① 徐国庆. 高职项目课程的理论基础与设计 [J]. 江苏高教, 2006（6）：137–140.

由校内教师与实务导师一起研究、确定评价标准和评价方法。只有做到了评价主体的多元性，才能确保对学生评价的全面性和客观性。

四、结语

在卓越法律人才教育培养计划实施过程中，探索以法律职业能力培养为目标的实务课教学方法成为教学改革的重要内容。"双师多域协同"教学模式以法律职业能力为导向，它是由一系列实践教学方法与多个教学环节组成的教学模式体系，不仅拓展了传统课堂教学的空间，而且重塑了教学主体之间的关系，与其他实践性教学模式相比具有鲜明的特色。然而，该教学模式只经过了几年的实践探索，而且在实施过程中也遇到了诸多问题。主要问题有以下几个方面：首先，在课程设置、课时计算等方面受到的政策制约较多，需要学校层面通过完善实践课的教学管理制度，给予实务教学更多的政策支持，特别是赋予实务课教师更多的自主权。其次，教师之间尚存在协同与配合不到位的问题，需要在实践中探索更加顺畅、有效的协调与沟通机制。再次，师生之间的配合程度，尤其是学生课前准备的充分性、参与的积极性有待进一步提高。最后，学校应通过完善教师考评制度，提高教师参与实务课教学的积极性和主动性。这些问题的解决需要长期的实践探索，并且要进行更深层次的教学管理体制改革才能实现。

On the Dual Teacher More Fields Coordination Pedagogy of Legal Practical Course

Song Zhijun

Abstract：In the process of implementing the Excellent Legal Talent Training Plan，it is necessary to explore practical teaching models that aim at cultivating legal professional ability. The "Dual Teachers and Multi-Fields Collaboration Pedagogy" is a teaching model in which school teachers and prosecutors and attorneys and other practical instructors collaborate on the basis of real cases，simulation training scenarios and job training to enable students to improve their legal professional competence in the process of "handling" cases. The core of the "Dual Teachers and Multi-Fields Collaboration Pedagogy" teaching model is the "4 methods and 4 links" teaching organization model. The four teaching methods include practical training，competition promotion, law practice training, and task-driven teaching. Through the orderly operation of teacher guidance and demonstration, student group drills, reporting and discussion, training base training and other four teaching steps, four kinds of teaching methods can play an effective role in student professional ability training.

Keywords: Legal Practical Course; Dual Teachers and Multi - Fields Collaboration Pedagogy; Legal Profession Ability

论法学案例教学方式的
二元化及其互补发展①

班小辉②

摘要：案例教学法近十几年来在我国发展迅速，已形成文本式案例教学法和法律诊所式案例教学法的二元格局。前者实施起来较为容易，但面临案例选取困难、学生参与度参差不齐、实践体验缺乏的问题；后者虽能够使学生直接参与到真实的案件处理中，但面临资金和案件来源等方面的问题。为了进一步推动法学案例教学的发展，各高校法学院系应当推动案例教学库的建设，建立明确的案例教学指引，设置模拟式法律诊所，并积极利用互联网技术和外部法律公共服务平台资源，以弥补两种案例教学方法中存在的缺陷。

关键词：文本式案例教学；诊所式案例教学；互补发展

2017年《国家教育事业发展"十三五"规划》（国发〔2017〕4号）强调"践行知行合一，将实践教学作为深化教学改革的关键环节"。在法学教育领域，为解决我国法学教学培养方式与市场需求脱节的问题，中央政法委员会与教育部早在2011年就联合启动了"卓越法律人才教育培养计划"，力求摆脱法学教育人才培养的困境，将培养应用型法律职业人才作为法学教育改革的重点，要求"强化学生法律职业伦理教育、强化学生法律事务技能培养，提高学生运用法学与其他学科知识方法解决实际问题的能力，促进法学教育与法律职业的深度衔接"，并强调加强实践教学的环节，确保法学实践教学累计学

---

① 本文受武汉大学教学研究项目"劳动法实践教学案例库资源建设与利用研究"（项目编号：2017JG007）支持。

② 班小辉，武汉大学法学院讲师，法学博士，武汉大学社会学系博士后，研究方向：劳动与社会保障法。

分（学时）不少于总课时数的 15%①。在此背景下，案例教学已成为国内众多法学院校着力推行的教学方式，但是在实践中仍面临诸多问题，亟须进一步完善。本文首先对我国案例教学的类型与价值进行分析，进而探讨不同类型案例教学存在的弊端，最后提出完善案例教学方式的建议。

一、法学案例教学方式的二元格局

案例教学是法学实践教学的主要方式，在实践中已形成多种教学形式，诸如案例研习课程、模拟法庭课程，也有强调案件真实体验和参与的法律诊所教学方式。对于案例教学的范围，国内学者有不同的理解。有学者认为，案例教学的范围可分为狭义解释和广义解释，前者将案例教学限定为案例分析课程，后者则包括更为高级的模拟法庭、法律诊所等②。根据学生参与教学案例形式的不同，笔者认为我国法学案例教学方式主要分为两种，一种是虚拟的文本式案例教学法，另一种是真实的法律诊所教学法。

（一）虚拟的文本式案例教学

早期的案例教学法起源于 19 世纪 70 年代的美国哈佛大学法学院，当时传统的学徒式法学教育已在美国衰落，学院主义盛行，教学上过于忽视法律实践技能方面的培养。为此，郎代尔教授（Christopher Columbus Langdell）创设了案例教学法，希望改变这种纯理论型的教育③。该方法认为学习美国法律的最好方式是研读真实的判决书，而不是单纯地研究高度抽象的法律规则。通过苏格拉底式的教学模式，引导学生对诉讼案件的判决书进行分析，进而推导出法律适用的原则④。这种案例教学法建立在文本性质的判决书基础之上，学生并不参与案件的真实过程，而是由教师引导学生结合案件事实在课堂中进行推理演绎，所以本质上该教学方法是一种虚拟的实践教学。

在我国，文本式案例教学主要通过两种方式实现。一种是开设专门的案例研讨课程，将案件的学习作为课程的核心内容。例如，武汉大学法学院开设了商事案例研习课、民事案例研习课等，每门课程 36 个学分，由授课教师引导

---

① 《教育部等部门关于进一步加强高校实践育人工作的若干意见》（教思政〔2012〕1 号）和《教育部、中央政法委员会关于实施卓越法律人才教育培养计划的若干意见》（教高〔2011〕10 号）。

② 郭明龙. 案例教学：回归/走向法教义学 [J]. 天津滨海法学，2017（6）：208-224.

③ 张红. 学徒制 VS 学院制：诊所法律教育的产生及其背后 [J]. 中外法学，2007（4）：498-512.

④ GROSSMAN G S. Clinical Legal Education：History and Diagnosis [J]. Journal of Legal Education，1974，26（2）：162.

学生分析具体的案件事实，探讨与之相关的法律问题，以达到学习法律知识的目的。另一种是采用模拟法庭的情景教学方式。模拟法庭是在虚拟法庭的情景下，讨论模拟或假设的案例，以加强学生的法律职业素养和综合思辨的能力①。由于模拟法庭是以模拟文本案例的方式来实现教学目的，因而也被归入案例教学法②。模拟法庭在实践中有多种表现方式，有的学校单独开设了模拟法庭课程，有的不定期地举行模拟法庭活动，还有的通过指导学生参加一些全国性的或者国际性的模拟法庭大赛来实现教学目的。此外，有的学者将观摩真实的庭审也视为案例教学的方式③，但在这种情形下，学生参与度不够高，且难以成为独立的课程，因而，笔者认为其仅能作为其他案例教学法的辅助方法。

文本式案例教学方法的优势体现在三个方面：一是教学方式能够有效融入现行的课程体系中，教学开展较为方便。该方法可以通过传统课程展开，亦可通过设置专门的案例研习课的形式，由学生根据兴趣自行选择，并且在普通的教学场所即可展开。二是教学方式能够激发学生参与的积极性。与传统的理论型授课方式不同，案例式教学是通过"法律事实→法律问题"的教学引导方式，让学生在分析案件的过程中，理解相应的法律关系、法律适用以及处理案件的路径，而不是单纯地讲授概念、法律关系、原则、权利与义务等基本法律术语。三是教学案例的获取较为方便，成本较低。中国裁判文书网为课堂提供了免费的全国性的法律裁判数据库，许多高校的图书馆也购买了相关的案例数据库资源，如北大法宝、威科先行等中文裁判数据库，亦有 westlaw、lexis 等外文裁判文书数据库。

（二）真实的法律诊所教学

法律诊所是实践型案例教学法的典型模式，是在现实主义法学的推动下发展起来的。与抽象的法律规则和原则相比，现实主义法学派更加强调行为和政治因素对司法判决的影响④，即影响法官判决的重心不在于法律规范本身，而在于判决理由以外的社会和心理的因素。基于此，现实主义法学派代表人物认为，需要修正郎代尔教授的案例教学体系，应当学习医学院的诊所式培养方式，建立法律诊所，给予法学院的学生了解法律实际操作的机会，使其成为真

---

① 瞿业虎. 关于规范我国高校模拟法庭教学的思考 [J]. 高等教育研究, 2015, 36 (9): 71-74.

② 张守波. 案例教学法在法学实践教学中的应用 [J]. 教育探索, 2014 (2): 51-52.

③ 王洪友. 法学案例教学法的理论与实践探索 [J]. 西南科技大学学报（哲学社会科学版），2006 (4): 62-65.

④ 付池斌. 现实主义法学 [J]. 北京：法律出版社，2005: 3.

正的案例教学①。因此，相对于文本式案例教学，诊所式教学更加强调让学生亲身参与实践，以体验法律运行的真实性，而不是拘泥于文本的案例研究。自2000年全国7所高校率先开设法律诊所课程以来，法律诊所教育在我国发展迅速，截至2017年3月底，已有202家高校成为中国法学教育研究会诊所法律专业教育委员会的会员单位②。法律诊所安排在第3~4学年，每门课程54学分。法律诊所的形式也多种多样。例如，西北政法大学开设了民事、立法、公益法、农村社区诊所、刑事辩护、劳动法、行政法7个不同专业的法律诊所③。诊所教学主要是在教师的指导下，学生全面参与真实的案件处理之中，通过法律咨询、代写诉讼文书、代为仲裁诉讼等方式学习法律知识和职业技能。法律诊所教学优势体现在以下两个方面：

第一，有利于学生对法律知识进行深层次的理解与掌握。首先，法律诊所教学有利于学生对立法理念进行深入理解。例如，通过办理劳动争议案件能够让学生有机会与弱势群体直接接触，借助对案情的直接交流、对仲裁诉讼过程的参与以及参加相关的调研活动，学生能够进一步理解当前弱势劳动者群体的生活现状、工作状况以及诉讼中面临的困境等，这有利于学生对劳动法有关劳动者倾斜保护理念的深化认识。其次，诊所教学有利于学生对法律知识体系进行交叉性的学习和整体性的掌握。学生通过接待具体的案件咨询，分析具体的法律关系，寻找合适的法律规则，并对诉求进行逻辑性的论证，锻炼了课堂知识的实践运用能力，实现了法律知识的串联性巩固学习。同时，学生可以在实践中发现自身知识的薄弱点，再自主回到课堂和书本中去探寻答案，实现了学习知识→解决问题→发现问题→学习知识的良性循环过程。最后，这种教学方式能够引导学生对我国法制现状进行反思。学生以一名"职业律师"的角色亲身参与到实际案件中，有助于帮助其进一步了解纠纷发生的原因。学生通过对比文本法律规则与司法实践存在的差异，由实践体验引导其自发地对现行制度进行反思，为其学习法律提供一种由实践到理论的路径。这可以增强其学术研究的洞察力，并消除书本理论与司法实践严重脱节的现象。

第二，有利于促进学生法律职业技能的发展。法律职业人的一个典型思维

---

① JEROME FRANK. Why Not a Clinical Law School？ ［J］. The University of Pennsylvania Law Review，1933（81）：917.

② 中国诊所法律教育网. 热烈祝贺云南师范大学哲学与政法学院成为 CCCLE 新会员［EB/OL］. http://www.cliniclaw.cn/article/？1863.html.

③ 汪世荣. 构建诊所式教育"西北模式"培养学生法律专业能力和素质［J］. 法学教育研究，2013，9（2）：105-117，378.

模式便是"建构法律而不是解构法律"，他们注重从"现有的法律资源中整合出新的资源从而解决社会问题"①，而不是批判现行法律并力求使之完善的法学家思维。在法律诊所教学中，学生在办理具体实务案件时，是在现行法律体系内努力寻找解决争议的办法，而不是简单地从学理上证明自己的诉求，这种实践方式在一定程度上促进了法律职业人这一思维模式的形成和巩固。此外，参与真实的案件能够增强学生的法律实务技能。除了了解基本立法之外，学生还需学会收集可以适用的地方性立法规则等，在调解中还要学会如何把握双方当事人的心理、如何巧妙地化解纠纷等。这些职业技能在文本式案例教学中是难以获得的。

此外，培养法律道德同样是法学教育的重要内容。正如我国著名的法学家孙晓楼先生所言，法律人才至少有三个要件：①要有法律学问；②要有社会常识；③要有法律道德②。法律诊所教学在提供实践经验的同时，也在培养学生的法律道德和正义观念。这事实上也是 20 世纪 60 年代法律诊所教育在美国兴起的原因之一③。学生在为弱势群体提供法律服务的过程中，学习到的社会常识、养成的社会责任感以及形成的社会公正观等职业伦理道德是一名法律人才所应具备的。

二、当前我国法学案例教学方式的困境

（一）文本式案例教学的困境

虽然文本式案例教学的开展较为简单，但其是以书面判决文书为基础的，不仅对判决书的质量要求较高，而且也无法使学生获得真实的法律职业技能的锻炼机会，在实际运用中存在一定的缺陷。

1. 教学基础：裁判文书选取困难

在案例教学中，判决文书是课程开展的基础。虽然当前中国裁判文书网、威科先行等数据库为裁判文书的获取提供了便捷途径，但是我国裁判文书本身的质量仍有待完善。正如我国台湾地区著名法学家王泽鉴教授所言，大陆地区的案例法教学最大的"瓶颈"在于判决书，与美国、德国等国家的案例相比，大陆地区的判决书说理部分过于简单④。如果司法裁判文书对案件事实和诉讼

---

① 王丽. 法律人的思维方式与法律教育：由"法律诊所"教育手段生发的思考 [J]. 法学杂志，2007（2）：90-93.

② 王允武. 法律职业伦理培养：不应忽视的法学素质教育 [J]. 法学家，2003（6）：31-35.

③ 徐芳宁. 中国诊所法律教育中的正义教育 [J]. 法学教育研究，2013，8（1）：288-307，458.

④ 王泽鉴. 法学案例教学模式的探索与创新 [J]. 法学，2013（4）：40-41.

双方的观点等记载不够全面、对法院的法律适用和判决之间的逻辑论证不够充分，这便不能完全展现法官做出判决的考虑因素与依据，难以直接作为案例教学的素材。此外，地方立法在贯彻上位法时，在某些规则上存在理解不一的问题，加之在具体的案件审理中，司法裁判人员可能会受到立法之外因素的影响，因此会造成各地的司法裁判尺度难以统一。例如，有的法官通过对审判业务样本进行分析，认为当前存在司法裁判标准区域化的现象①。这种情形进一步给指导教师在案例数据库中甄选出符合教学要求的判决书带来了困难，授课教师往往需要对研习的判例进行一定的修改与补充，以确保研读的裁判文书能够达到教学目的。

2. 教学过程：学生参与度参差不齐

在案例教学过程中，授课教师需要调动学生的参与积极性，而不能仅以单方面叙述的方式介绍现有的知识结构体系，需要引导学生对案件所呈现的事实与法律问题等进行分析，并对学生的表现进行评价，从而实现培养学生自主的法律分析能力的目的。相对于传统的授课方式，这种教学方式对教师与学生的互动提出了较高的要求，授课教师需要在课前对案例本身和案例研讨的问题进行精心的设计，学生也需要提前熟悉案件的内容，以便更好地开展课堂讨论。但是，在实践中，由于缺乏明确的案例课程教学标准，一些课程在开设时只是冠以"案例课程"的名称，更多的是由指导教师讲授案件中涉及的法律争议问题，学生缺少参与互动。这种讲授式的案例教学方式难以实现"实践教学"的本质目标，让案例教学课程流于形式②。

3. 教学效果：实践技能学习的理想化

在案例教学中，授课教师自身必须具备充分的司法实践经验，才能有效引导学生参与案例研讨，并对其表现做出正确的评价。但现实情况是，在当前我国以科研为主的职称评价体系中，许多教师是以撰写论文和研究课题为主的，并且多是博士毕业后直接进入高校工作，缺乏从事实务的经验。如果教师自身不具有法律实践经验，在文本案例式教学过程中，其所传授的法律职业技能也会更多地偏向理论化。此外，虽然文本案例式教学法与一般的理论型授课不同，侧重于对学生法律问题分析能力的培养，但是相关的法律职业技能，诸如接待咨询、参与调解、法庭辩论的能力，在案例教学中难以得到充分培养。即

① 孟高飞. 司法区域化现象研究：以 H 省高院 463 件审判业务文件为样本 [J]. 上海政法学院学报（又名：法治论丛），2016，31（2）：105-116.

② 陈伟. 论以职业能力提升为目标的法学案例教学改革 [J]. 法学教育研究，2017，16（1）：159-170.

使在模拟法庭这种模拟真实案件的教学方式中，学生更多的是在已了解案件事实和案件结果的背景下进行模拟，具体流程往往流于表演化。而在真实的案件中，法律人所面对的不是预设好的静态案例分析题，而是不尽全面的案件材料、不完全了解的案件当事人、不可完全预知的法庭辩论等，这些都与文本案例中的理想化状态大相径庭。

（二）法律诊所教学的本土化困境

作为西方法学教育模式的舶来品，诊所式教学在我国本土化过程中也存在多种问题，使其难以像文本式案例教学一样在法学院真正开展起来。具体而言，主要包括以下几个方面：

1. 法律诊所的运行成本问题

与案例教学法相比，诊所式教学强调案件的真实体验，需要学生通过参与具体的案件处理来获取知识。然而，案件的处理必然会产生相关的费用，如交通费、案件材料打印与复印费等。一些依托于法律援助中心的诊所，通常还需聘请专职的工作人员。可以说，法律诊所是一种相对昂贵的教学方式。因而，当前高校开设法律诊所，尤其是与法律援助项目相结合的法律诊所，大都需要依赖外部公益资金的支持，但是这种资金的来源并不具有稳定性，我国大多数诊所教学面临资金欠缺的问题①。此外，法律诊所课程的授课对象也相对有限，由于需要教师引导学生参与案件的整体运行，所以不可能采取大班制教学。例如，按照武汉大学法学院本科教学培养方案，法律诊所课程仅限于8~10名学生。因而，受到运行成本和授课对象数量的限制，与文本式案例教学相比，法律诊所课程在我国法学院系开设的成本相对较高。

2. 法律诊所的案源问题

真实的案件是开展法律诊所教学的必要条件，但是我国法律诊所教学面临案源不稳定和案件单一性的问题。

首先，法律诊所不同于律师事务所和政府部门的法律援助机构，不具有相对稳定的案件咨询量，大都依赖学校法律援助中心转递而来的案件，这种案件来源的不稳定性也决定了法律诊所教学开展的不确定性。此外，由于案件纠纷数量和案件难易度不同，不同的诊所面临的案源不稳定性也有一定的差异。例如，劳动争议的案件资源远多于环境公益诉讼案件，而商事纠纷的双方往往会选择专业律师事务所予以解决。这进一步决定了诊所教学难以在所有的法学学科中开展起来。

---

① 蔡仕鹏. 试析法律诊所与实践性法律教学 [J]. 黑龙江高教研究，2012，30 (11)：179-181.

其次，由于法律诊所接受的案件类型和援助群体的有限性，学生通过这种援助案件的方式，能够获取的实务操作经验也是有限的。例如，劳动法诊所接受的服务对象以弱势劳动者群体为主，基本不涉及高收入劳动者群体和用人单位所遇到的法律问题，因此学生在诊所办案过程中所获得的真实体验也相对单一。同样，由于案件类型多集中于劳动报酬、双倍工资、经济补偿金、社会保险补缴等常见的个别劳动合同争议问题，对于集体合同争议方面的实践经验与法律知识难以获取。

3. 法律理念与法律现实的偏差问题

在法学教育中，塑造学生的法律理念是至关重要的内容，这可使其在掌握法律专业技能的同时，具备法律的基本价值观。然而，受到司法现状与社会现状的影响，法学教育中的理想信念与司法实践教育中的理念容易出现偏差①。例如，在劳动争议案件中，由于地方经济保护主义的驱使，加之劳动案件重在调解的司法背景，在劳动争议的司法实践中出现了司法能动主义弱化劳动法规则的情形②。因此，学生在直接参与法律案件处理时，若遇到与司法公平和公正精神相背离的做法，也会在一定程度上影响学生的法律权威观念。

三、互补发展：我国法学案例教学方式的完善

综上所述，在我国当前的法学教育环境下，文本式案例教学和法律诊所式案例教学法各有所长，也面临了不同的困境。从本质上看，二者均是实践教学的方式，被用于弥补传统的填鸭式教学在职业法律人才培养上的缺陷。为进一步推动案例教学的发展，各高校应当积极解决两种教学方式所面临的问题，并推动两种教学手段的互补。

（一）推动法学案例教学库的建设

如上文所述，当前文本式案例教学面临的较大问题是缺乏符合教学标准的判决文书，需要指导教师对文书进行筛选、整合以及修改，从而使案例达到教学目标的要求。同时，为了保证教学效果和促进学生积极参与讨论，应当确保学生在课程开始前事先对案例进行研读。因此，在已经开设文本式案例教学课程的学科中，可考虑搭建相应的案例资源库，按照知识结构与课程体系，筛选和汇编相应的案例集，并定期进行更新，以确保案例研习基础资料的科学性。

这种案例库的搭建可以利用网络平台，采取高校联合搭建和资源共享的方

---

① 左卫民，兰荣杰. 诊所法律教育若干基本问题研究 [J]. 环球法律评论，2005 (3)：9-15.
② 周长征. 国际金融危机背景下劳动合同法的实施：兼论司法能动主义在劳动争议处理中的作用与局限 [J]. 清华法学，2010 (5)：16-24.

式。教育部在《关于加强专业学位研究生案例教学和联合培养基地建设的意见》中也特别强调了搭建共享案例数据库的意见。就法学案例的汇编而言，笔者认为可以采取两种方式：一种是由法学教育研究会或者专业性实践教学委员会（如劳动法实践教学委员会）推动相关案例教学的汇编，以便对相关学科的文本式案例教学提供指导与帮助。另一种是高校法学院的法律诊所或法律援助机构之间可以建立定期的案例研讨制度，收集援助过程中的典型案例，并筛选汇编形成案例数据库，将其运用到文本式案例教学和诊所式教学中，形成课堂教学与法律实践的相互指导机制。

（二）建立明确的文本案例式教学指导标准

首先，在课程设置上，应当注重理论课程与案例课程的协调问题，即案例课程开设的对象应当是学习过相关理论课程的学生，否则学生缺乏处理案例的法律知识，教师难以在有限的课堂中完整地进行体系化教学。若在案例课程中安排法律知识内容的讲授，无疑会与专业方向的课程冲突，也占据了案例课程的教学时间。此外，为了确保案例教学课程开设的可行性和有效性，指导教师在开设课程前，应当提交明确的案例教学大纲与教学案例材料，确保课程具有开设的基础性条件。

其次，在教学方式上，各院校在开设案例教学课程时，应当对授课方式和学生参与方式做出要求。基本的授课过程应当包括课前案件材料阅读→教师引导提问→学生回答与讨论→教师总结→学生课后案例文书分析报告等环节。为了确保对学生自主思考与表达能力的锻炼，学生在课堂中的回答与讨论必须占据课堂的主要时间，并可采取多种方式，诸如辩论式（正反双方自由辩论）、模拟法庭式（预设案件不同角色立场）、自由发言式（围绕主题自由讨论)[1]。

（三）探索模拟式的法律诊所教学

所谓模拟式的法律诊所教学，即通过课堂教授学生如何处理实际的法律案件，主要培养学生的法律实务技能。这种方式相对于真实运作下的法律诊所，能够节省案件援助的成本；相对于传统课堂的案例教学法来说，更加侧重于引导学生从律师的角度去处理案件和掌握各个环节的技巧。例如，复旦大学法学院就将模拟法律诊所课程引入了法律硕士的课程中[2]。这种方式对于条件尚不充分的法学院来说，是补充文本案例式教学法的有效方式。具体来说，可以从

---

[1] 季长龙. 卓越法律人才培养视野下案例教学法的常态化应用 [J]. 中国法学教育研究, 2015（4）：125-138.

[2] 章武生. 我国法学教学中应增设"模拟法律诊所"课程研究 [J]. 法学杂志, 2011, 32（6）：88-90, 114.

以下两方面开展：一是利用高校与实务部门人员的互聘"双千计划"，由经验丰富的实务专家予以授课。除校内导师外，可从仲裁机构、法院以及相关领域的律师中选取相关实务型人才作为辅助导师，参与到模拟法律诊所课程之中，从而实现理论导师与实践导师的双重指导。二是在未来，亦可考虑将虚拟现实技术（VR）运用到法律诊所教学之中。在组建的 VR 教室中，学生通过参与虚拟真实的案件处理流程，以弥补其在文本式案例教学中缺少的真实体验①，从而解决传统法律诊所教学所面临的场地、教学规模、资金等问题。

（四）积极利用互联网平台与公共法律服务平台资源

首先，已经建立法律援助中心的法学院可以积极利用网站、微信公众号等互联网平台，开展法律的宣传与咨询工作，扩大高校法律诊所或者法律援助中心的影响力，吸引相关法律诉求者的关注，进而获得相对稳定的案源。例如，武汉大学法律援助中心创建了微信公众号，并通过公众号定期发布维权的案例评析和相关新闻等，以扩大法律援助中心的影响力。安徽大学劳动法律援助项目通过开设网站，宣传劳动法律知识和案例，并接受网络方式的法律咨询等，以吸引符合援助标准的劳动者前来咨询。互联网平台能够在空间上缩短法律求助者与法律诊所的距离，有助于援助案件的增长和案件类型的增多，在很大程度上可以缓解法律诊所教育所面临的案例资源不足的问题。

其次，对于尚未拥有法律援助项目的学校而言，其也可以与当地的法律援助机构建立合作机制。司法部于 2014 年颁布了《关于推进公共法律服务平台建设的意见》，强调加快构建覆盖城乡居民的公共法律援助服务体系，以更好地保障和改善民生。由于提供法律咨询和法律援助是公共法律服务平台建设的重要内容，司法部门和教育部门应当利用此契机，加强高校法学院系与法律公共服务平台的合作，鼓励其参与到公共法律服务体系之中。高校借助公共法律援助的方式，有助于解决法律诊所面临的案源不足和运营成本等方面的问题，实现法律诊所教学的目标，同时为公共法律服务的建设提供一定的人力支持。

①　李勋祥，游立雪. VR 时代开展实践教学的机遇、挑战及对策 [J]. 现代教育技术，2017，27（7）：116-120.

Research on the Dual system of Case Method Teaching and Its Complementary Development

Ban Xiaohui

Abstract：The case method in domestic legal education has developed rapidly in recent decades. It has formed two kinds of method, including textual case method teaching and legal clinic case method teaching. The implementation of text case teaching is relatively easy, but it faces difficulties in case selection, student participation and practical experience. Although the legal clinic case teaching can enable students to participate directly in the process of real cases, it faces problems such as the source of supporting funds and the cases. In order to promote the development of the case method Jaw schools should enhance the construction of case teaching database, set up the guideline of case method and simulated legal clinic method, and use Internet technology and external legal public service platform.

Keywords：Case Teaching；Text Case Legal Clinic；Complementary Development

第四篇
法学实践性教学中的人工智能

随着社会经济的迅速发展，相关科学技术不断推进，人工智能时代悄然来临。人工智能已经逐渐发展成为一门综合性的前沿学科，触角延伸到了医疗、金融、交通、工业等各个领域，法律领域自然也未能例外。人工智能在法律领域的应用可以使法律从业人员摆脱很多重复、简单的烦琐工作。然而，人工智能技术的日渐成熟在催生法律实践领域智能化的同时，也使得将来法科学生面临就业困难。因此，法学教育面临着不小挑战，倒逼学校进行教学理念、教学内容等多方位的变革。

基于此种情况，在本篇的第一篇文章中，周江洪教授指出，在智能司法的背景下，必须培养学生的法律思维，这在人工智能背景下具有基础性的意义；同时，还要使学生获得类案技术的习得能力；并且需要让学生学习必要的人工智能理论与技术知识，以这几个方面作为切入点来培养法科人才。贾引狮教授在第二篇文章中则从多个方面分析了人工智能进入法律领域的利弊，指出对当前法学教育所采取的"学校+实务部门"培养模式和复合型人才培养目标需要进行适当调整，需要对偏重法学知识传授的教育理念进行反思。在最后一篇文章中，梁洪霞教授提出，虽然人工智能给法学教育带来了不小的挑战，但也对法学教育起到了促进作用。因此，应重视法学教育与人工智能高度融合的制度建设，改革教学管理制度，加强学习过程管理，创新评价机制，注重培养适应人工智能时代的法律人才的创新性、自主性，从而实现从人工智能辅助法学教育到人工智能与法学教育相得益彰的分阶段融合发展。

综上所述，第四篇主要探究了人工智能技术对法学教育的影响，并且提出了具体的应对措施，以实现两者之间的平衡发展。总之，在将来的法科人才培养中，如何将人工智能技术的发展与法科人才培养体系之间进行有效的融合，仍然有待积极思考和探究，从而使得培养出来的法治人才，能够真正有效地应对未来的各种挑战。

智能司法的发展与法学教育的未来[①]

周江洪[②]

摘要：对卓越法治人才的培养，要充分关注法学教育与现代信息技术的深度融合。智能司法的发展，仍然离不开卓越法治人才的供给，传统的法学教育模式仍然有其重要的作用，但应当结合时代的发展加以革新。在智能司法快速发展的背景下，对卓越法治人才的培养需要格外重视其法律思维训练的强化、类案技术的习得、人工智能理论与技术知识的获取、职业伦理和技术伦理的养成。同时，智能司法的发展，也有助于法学教育教学方法的更新。

关键词：卓越法治人才；人工智能；法学教育

在《教育部 中央政法委关于坚持德法兼修 实施卓越法治人才教育培养计划2.0的意见》（以下简称《卓法计划2.0》）的改革任务和重点举措中，专门列举了第6项重点任务，即"拓渠道，发展'互联网+法学教育'"，对于新技术的发展给予充分的关注。这对于推动法学教育与现代信息技术的深度融合具有非常重要的战略意义，但从其内容来看，其主要目的是"建立覆盖线上线下、课前课中课后、教学辅学的多维度智慧学习环境"以及"信息化资源建设"，其关注更多的是在法学教育中如何利用最新技术的问题，属于教学方法和教学资源建设方面的内容。

但是，技术的发展本身，不仅仅会对我们的教学方法等提出挑战，同样会对我们的教学内容提出挑战。原因在于，处于法治人才培养出口的法治实践，正在发生着翻天覆地的变化。习近平总书记明确指出："要加强人工智能同社会治理的结合……运用人工智能提高公共服务和社会治理水平。"国内不少法学院校也未雨绸缪，正在积极探索人工智能与法学的深度融合，如对未来法学、数据法学、计算法学、人工智能法学等法学交叉学科的探索。但目前的探

---

① 该文曾在《中国大学教学》2019年第6期发表，特此声明。
② 周江洪，浙江大学光华法学院博士生导师。

索，大多围绕人工智能及相关技术对法律、法治的推动，或者是法律、法治对人工智能及相关技术应用的规范问题，以及人工智能发展带来的新型法律问题的解决方案等法学命题的研究。另外，也有一些法学院校介入了人工智能理论与技术在法律领域的应用，试图拓展人工智能在立法、司法、执法及法律服务等法律领域的智能运用。但是，总体而言，上述命题只是运用法律的手段来研究人工智能现象，或者是运用人工智能理论与技术来研究法律问题，仍然只是研究手段、研究方法和研究对象的问题，对于人工智能的发展，特别是智能司法给法学教育带来的挑战，并未给予足够的关注与思考。个人认为，人工智能技术的发展，不仅仅是研究方法、研究对象的问题，它还会对我们的法科教育产生较大的影响。朱新力教授更是指出，最终的国家法治全景是：形成线上线下、有线无线、内网外网协同一致，方便实用、互联互通的"平台+智能法治"；层出不穷的法律新问题，已无法通过修正或完善工业时代的法学理论应对，它需要法学思维的全面创新①。

新科技对于司法实践的改造催生了法学思维的创新，这同样会带来法学教育的反思。这已经不再是"未来之问"的问题，而是已经到来的必须加紧思考的问题。当然，卓越法治人才培养的目标是"培养造就一大批宪法法律的信仰者、公平正义的捍卫者、法治建设的实践者、法治进程的推动者、法治文明的传承者"，而不仅仅是未来的律师、检察官、法官等司法工作人员。但无论如何，截至目前的法治人才培养，都离不开以裁判为中心的技能训练和伦理养成，而智能司法的快速发展，将深刻地影响未来的国家法治全景。因此，本文拟结合智能司法的发展简况做一点粗浅的思考。

一、智能司法的发展简况

智能司法的发展，特别是智能审判辅助系统的开发，对于法学教育的冲击最为直接。

关于人工智能在法律领域的应用，从世界范围来看，目前主要集中在裁判的预测、合同文书的审查、案例的检索、法庭量刑等方面。例如，美国一些州使用"风险评估工具"（COMPAS）来预测一定时期内罪犯重新犯罪的可能性，进而影响刑期的确定。国内智慧法院建设中，人工智能的应用主要体现在以下几个方面：一是信息的数据化和电子化，特别是庭审语音识别系统的广泛应用。二是智能辅助审判系统的初级开发，实现了裁判文书中固定格式内容的

---

① 朱新力. 法治中国的新维度 [N]. 法制日报，2019-01-16 (9).

一键生成。三是实体裁判的参考系统。如北京市法院体系中的"睿法官"系统，在法官办案过程中自动推送案情分析、判决参考等信息，为法官提供办案指引。另外，还有部分系统模拟裁判，以便实现对法官裁判的自动预警。此外，上海市高级人民法院推出的"206"系统，针对刑事案件的一些罪名构筑智能审判辅助办案系统，已实现证据出示的系统自动抓取。该系统力图运用图文识别、自然语言理解、智能语音识别、司法实体识别、实体关系分析、司法要素自动提取等人工智能技术，为办案人员收集固定证据提供指引，并对证据进行校验、把关、提示、监督①。

总体来看，人工智能在司法裁判领域的运用虽然取得了重大的进展，但还没有应用能够实现全流程裁判文书的自动生成。然而，即使是目前的人工智能法律系统，也仍然只是"简单案件—法律推理系统"，而不是"复杂案件—法律推理系统"，只能适用于简单速裁案件②。但最近的一些进展令人瞩目，在可预期的将来，人工智能审判将显著提升司法案件处理的效率。例如，2018年下半年，浙江省高级人民法院、阿里巴巴集团以及浙江大学组成的智能审判研发专班，已取得了初步的研发成果。在前期研发过程中，其利用基于异构图的随机游走推理和基于多任务学习的文本生成技术，在网络购物智能化审判中，已经实现了在实验室环境中的全流程审判。自动生成的判决书格式规范、体例完整、说理充分、文字流畅，与自然人法官撰写的判决书相比也毫不逊色。另外，最近科技部和"两高一部"（最高人民检察院、最高人民法院、司法部）都设置了大量的智能司法相关的重点研发项目（司法专题），不少高校和科技产业界参与其中，也会进一步推动人工智能在司法领域的运用。

二、职业法律人在智能司法发展过程中的角色定位

从我们的判断来看，随着人工智能审判辅助技术的进步，智能技术对于司法的影响将越来越大，这也同样会传导到我们法科人才培养的环节中来。比如说，语音识别系统的广泛应用，裁判文书固定格式内容的自动生成，庭审笔录自动压缩技术的出现等，都会对我们的司法文书写作教学的必要性、教学内容和教学方法等构成冲击。那么，在智能技术迅速发展的今天，我们应该教给学生什么？我们又能教给学生什么？

---

① 黄安琪. 上海法院运用人工智能办案系统辅助庭审［EB/OL］. http://sh.xinhuanet.com/2019-01/25/c_137772705.htm.

② 张保生. 人工智能法律系统：两个难题和一个悖论［J］. 上海师范大学学报（哲学社会科学版），2018，47（6）：25-41.

要理解法科人才培养如何适应智能司法的发展，首先要理解我们的法科生或职业法律人在智能司法的发展中可以做什么和应该做什么。这个可以从人工智能审判辅助系统的研发和应用角度来做一些思考。

第一是在智能审判辅助系统的研发过程中，职业法律人能做什么？从目前的开发经验来看，"无监督学习"的机器学习方法在法律领域的效果并不理想，必须依赖人工方式事先构建的知识图谱，主流算法仍然是以"知识图谱+深度学习"为主[①]。也就是说，无人工则无智能，智能必须依赖大量的人工投入。在这个过程中，职业法律人的角色主要是标注要素、绘制法律知识图谱、筛选大数据案例、过滤清洗数据、学习法律知识图谱标识和逻辑推理算法构建中的法律专业把关等。不仅如此，法律人也要积极参与系统的研发过程，这不仅可以把法律思维转换为机器思维，更为重要的是，对于我们批评的算法"黑箱问题"，也可以在某种程度上部分得到缓解。而且，要开发出更加"聪明"的智能审判辅助系统，必须要解决"证据推理模拟"和"法律解释模拟"两个重大难题[②]，否则智能审判辅助也只能停留在简单案件的审判辅助层面。这个过程只能依赖职业法律人和计算机技术人才相互协作。

第二是在系统应用中，职业法律人又能做什么？实际上，对机器的使用，仍然离不开人的操纵行为，而且，智能机器仍然无法取代作为法律化身的法官，"人—机"系统解决方案仍然是人工智能法律系统的主导开发策略之一[③]。一方面，对于系统判断为机器无能为力的疑难案件或者是新类型案件，仍然需要我们运用传统的人工来进行审判；另一方面，机器系统的运行也需要不断更新知识图谱和逻辑图谱，否则无法应对新的法律的变化或新类型事实的出现。同样地，系统的运行也需要评估，包括试运行的评估、运行后的评估等，如果存在偏差，则需要纠偏等。这些都需要具备专业法律思维的职业法律人介入。

三、智能司法的发展对法科人才培养的启示

结合上述智能司法技术的发展简况以及职业法律人的角色定位，对于旨在培养法治人才的法学院校（院系）而言，除了要培养学生关注人工智能理论

---

① 左卫民. 关于法律人工智能在中国运用前景的若干思考 [J]. 清华法学，2018，12（2）：109-125.

② 张保生. 人工智能法律系统：两个难题和一个悖论 [J]. 上海师范大学学报（哲学社会科学版），2018，47（6）：25-41.

③ 张保生. 人工智能法律系统：两个难题和一个悖论 [J]. 上海师范大学学报（哲学社会科学版），2018，47（6）：25-41.

及其应用带来的法学命题的革新，更新信息时代的法学思维①，思考人工智能的发展给法学及法律赖以存在的社会关系、社会基础带来的巨大变化，积极引导学生研究和解决人工智能应用带来的法律问题以及培养学生思考如何规范人工智能的发展，积极探索构建独立的人工智能法学学科以外，笔者认为至少还可以从以下五个方面进一步思考我们的法科人才培养：

第一，要坚持法科人才培养中的法律思维的养成训练，甚至要予以强化。特别是法律推理方法与智能审判中的机器推理技术之间的近亲性，决定了法律推理方法的训练等法学方法论方面的训练日益重要。同时，各个部门法领域中相关规范的构成要件、证明责任和证据认定以及推理规则的训练，会显得更为重要。证据推理和法律解释能在多大程度上实现符号化、数字化，决定了智能审判辅助系统能走多远。以智能审判辅助系统开发中的知识图谱绘制为例，其就是针对各个法律效果的主要构成要件及其证据构成、证明责任规则，从法律规范和案例数据库中绘制出大量知识图谱，将法律规则分解成一个个逻辑模型，进而为这些模型提供可供学习的优质数据，以及为模型的改进和最终算法的确立提供前提基础。从这层意义上来说，各大法学院校（院系）这几年来越来越重视的实体法与程序法相结合，越来越重视的要件事实论训练和请求权基础训练的教学内容和教学方法，在人工智能背景下仍然具有基础性的意义，而且显得更为迫切。这些知识、思维和技能的习得，不仅对于智能审判辅助系统的开发具有重要意义，对于智能审判辅助系统运行的监控、评价和系统反馈，也具有重要的意义。

第二，类案技术的习得将日益变得重要。在知识图谱绘制和机器学习的过程中，类案技术显得十分重要。如何让机器来判断是否为类案，首先还得让机器自身先学会类案判断技术。但从我们现有的法科人才培养训练来看，我们各个学校虽然设置了大量的案例研讨课程，但对源于英美法系的案例识别技术等，并没有进行很好的训练。如果我们的职业法律人都无法很好地理解类案技术，不仅无法为机器提供初始的类案识别算法模型，而且对于机器通过自主学习或半自主学习案例大数据而获得的类案识别技术，也无法进行有效监控和纠偏。而事实上，目前我们法院实践中试图通过类案类判系统来达成类案类判的效果并不是十分理想，在如何将人工智能领域先进的算法与法律行业的特性有效结合方面，研究仍然不够②。关于这一点，英美法系已形成了较为成熟的体

---

① 朱新力. 法治中国的新维度 [N]. 法制日报，2019-01-16（9）.
② 左卫民. 如何通过人工智能实现类案类判 [J]. 中国法律评论，2018，20（2）：39-45.

系，我们完全可以在以成文法的法律推理训练为中心的基础上，以案例指导制度为中心，加强这一法律思维的训练。

第三，必要的人工智能理论与技术知识的习得和如何保持对于新知识的学习动力训练，也具有相当的必要性。浙江大学本科阶段的人才培养，非常重视通识教育，也专门要求修读计算机科学与技术这门课程。但是，人工智能的发展日新月异，保证学生对新知识的获取动力和自学能力，具有相当的重要性。比如，在人工智能审判辅助系统的开发中，会出现大量的专业术语，如果不对这些专业术语有所了解，根本无法与参与共同开发的算法专家共同交流，无法开发出双方都认可的辅助审判系统。这些知识，不是泛泛的神经网络、深度学习、大数据、有监督学习、无监督学习、多模态数据提取等时髦话语，而是涉及基于异构图的随机游走推理、信息自动化结构提取、迁移学习、半自动知识图谱构建等各种人工智能的基本技术，学生对此也要有相当的了解。否则，既无法解决系统开发中试图缓解的算法"黑箱问题"，对于算法的运用、维护和更新，也会面临不少问题。有人或许会说，只要掌握我们的法律专业知识即可。其实未必。以驾照考取的科目一考试为例，其考核内容除了交通法规以外，也包括机动车的总体构造，主要装置的作用，车辆日常检查、保养、使用，常见故障的判断和排除方法等机动车构造保养知识。同样地，智能审判辅助系统的开发、运用，也同样需要掌握基本的技术知识。这也是我们在法治人才培养中，对应用型复合型人才培养的基本要求。当然，在此基础上，如果能够与人工智能学科合作交叉培养，探索"人工智能+法学"学科建设，培养专门的法律人工智能人才，那习得的技术知识则需要更加深入。

第四，关于职业伦理和技术伦理的养成问题。一方面，我们仍需要法律人公共精神的养成，坚持"德法兼修"①；另一方面，随着人工智能审判辅助技术的发展，我们的职业伦理教育同样会面临一些革新的问题。特别是技术伦理的导入、一般伦理学的导入问题，等等，都需要我们在人才培养过程中予以加强研究。比如，经典伦理学中的"扳道工难题"，在自动驾驶系统的研发过程中也需要被纳入考虑的范围。在我们的人工智能辅助审判系统的开发和运行中，会不会面临同样的伦理学难题，进而在技术伦理方面需要做一些矫正等，这些都需要我们进一步加强伦理的养成问题研究。以浙江大学计算机学院牵头的人工智能交叉学科的论证方案为例，它就专门设置了人工智能责任与伦理的

---

① 冯果. 论新时代法学教育的公共精神向度 [J]. 中国大学教学，2018，338（10）：56-60，84.

学科方向，体现出了对于伦理的重视。

第五，教学方法的更新。人工智能法律系统的开发，将有助于辅助法学教育和法律培训①。目前，有不少大公司试图在智能司法的基础上构建互联网法律平台，实现裁判的自动预测和合同文书的自动审查。如果这样的系统开发成功，必将极大地推动人才培养模式的革新，案例研讨、实务训练等必然会带来教学方法的革新。其实，即使尚未达到全流程裁判文书生成的智能审判辅助阶段，杭州互联网法院对于我们人才培养方法的革新已经带来了积极的促进作用。比如，我们与杭州互联网法院共同开设"在线法庭"课程，参考"法庭之友"的经验，实时接入杭州互联网，全流程观摩并积极提供我们的"模拟上诉审"结论，这是践行《卓法计划2.0》所要求的"互联网+法学教育"的重要探索，对于人才培养方式的革新和人才培养目标的达成，具有非常重要的意义。

总之，关于人工智能与法律，法律领域通常关注的是人工智能发展带来的法律问题，如人工智能的主体问题、自动驾驶的法律问题等，或者是法律如何规制人工智能的发展问题等。包括浙江大学光华法学院在研究生阶段开设的"人工智能与法学"课程，更多地也只是给学生讲人工智能发展的民法问题、人工智能发展的刑法问题等具体知识论方面的问题，而对于人工智能的发展引发我们各个课程应该讲授什么内容、应该训练什么样的法律思维、应该采取什么样的教学方法等问题，仍然关注得不够。在将来的法科人才培养中，如何将人工智能技术的发展，特别是智能司法的发展与法科人才培养体系之间进行有效的融合，仍有待我们去积极思考和探索，以使得我们培养的法治人才，能够有效地应对逐步来临的智能司法时代。

The development of intelligent justice
and the future of law education
Zhou Jianghong

Abstract：The cultivation of outstanding legal talents should pay full attention to the deep integration of legal education and modern information technology. The development of intelligent justice is still inseparable from the supply of excellent legal tal-

---

① 张保生. 人工智能法律系统：两个难题和一个悖论 [J]. 上海师范大学学报（哲学社会科学版），2018，47（6）：25-41.

ents. The traditional legal education mode still plays an important role, but it should be innovated in combination with the development of the times. Under the background of the rapid development of intelligent justice, the cultivation of excellent legal talents needs to pay special attention to the strengthening of legal thinking training, the acquisition of case like technology, the acquisition of artificial intelligence theory and technical knowledge, and the cultivation of professional ethics and technical ethics. At the same time, the development of intelligent justice also helps to update the teaching methods of law education.

Keywords: Outstanding Legal Talents; Artificial Intelligence; Law Education

人工智能对法律职业的影响
与法学教育面临的挑战①

贾引狮②

摘要： 当前，人工智能已被广泛应用于法律行业。借助智能辅助量刑系统和智慧检务系统，法官和检察官提高了办案质量和效率；借助大数据技术，律师可更好地管理客户的法律风险。但是，人工智能将替代部分法律人的工作，这给未来法科学生从事法律职业增添了障碍。在人工智能迅猛发展的背景下，对当前"学校+实务部门"培养模式和复合型人才培养目标需要适当进行调整，法科学生要重视对科技的应用；当前偏重法学知识传授的教育理念需要反思，应更重视法科学生的法律技能训练；当前灌输式的教学方法也要让位于个性化学习方式。为适应人工智能时代，法学院校必须重视法科学生的法律思维培养，采取与人工智能需求相符的法学教学模式，开设相关课程及研究，教师要学会与人工智能合作并重视法科学生法律人格的塑造。

关键词： 人工智能；法律职业；法学教育影响与挑战

一、引言

人工智能（AI）被誉为连接过去与未来的跨时代技术，正以"润物细无声"的方式悄悄地改变着我们的生活。当人们雀跃于可以告别流水线作业，无须再做工厂的"螺丝钉"，终于从日常琐碎的劳动"绑架"中解脱时，才猛然发现脑力劳动这一人类的最后防线正逐渐被人工智能攻破。未来的人工智能不仅仅是人类的工具，还将胜任与人交流的脑力劳动，人类目前从事的众多岗位将被其替代，大批劳动者将成为"无用阶级"。霍金在《卫报》专栏中写道："人工智能的兴起很有可能会让失业潮波及中产阶级，最后只给人类留下

---

① 该文曾在《法学教育研究》2018年第3期发表，特此声明。
② 贾引狮，桂林电子科技大学法学院教授。

护理、创造和监督之类的工作。"

当前，人工智能已在智能辅助量刑、法律检索与咨询、合同起草与审查、案件预测等方面得到了迅猛的应用，其对法律职业的影响日渐增强。培养符合人工智能时代需要的法律人才，应是我们高校法学教育未来的重要目标。但是，与现今人工智能在法律实践中的应用如火如荼的景象相比，法学教育理论界对其的研究则稍显不足，人工智能还未引起法学教育工作者的重视。本文试图从人工智能对法律行业的影响出发，分析人工智能对法学教育的挑战，并对人工智能时代背景下法学教育的应对等诸多问题进行研究，期望能抛砖引玉，引起法学教育界对此问题的重视。

一、人工智能对法律职业的影响

法律职业是指受过专门的法律专业训练，具有娴熟的法律技能与法律伦理，从事法律事务的专门人员所构成的共同体。狭义的法律职业是指以专业法律知识为基础的法律工作者，主要包括法官、检察官、律师等；广义的法律职业等同于所有从事与法律相关的职业岗位，除了上述狭义的法律职业外，还包括企事业中从事法律事务的职业岗位，如公证员、法务专员、行政机关中的法律从业人员等。本文为了论述方便，仅从狭义法律职业出发，分析人工智能对法律职业的影响。

从"互联网+法律"到"人工智能+法律"，将对未来的法律职业产生革命性的变革。我们应该理性看待人工智能对未来法律职业的影响，既要乐见其产生的积极影响，也要对其消极影响保持足够的警惕。

（一）人工智能对法律职业的积极影响

随着人工智能和大数据等技术热潮来袭，大量的创新型科技公司正潮水般涌入法律服务市场。人工智能试图为法官、检察官、律师等提供系统的智能服务，让机器取代一部分简单和重复的劳动，满足法律从业人员的刚性需求。随着技术的发展，人工智能为人类提供"创造性""智力性"的法律服务将不再遥远。

1. 人工智能对法官和检察官职业的积极影响

近年来，受社会经济发展等多方面的影响，案件数量增长很快，我国已经进入了"诉讼爆炸"的时代。随着法官员额制的改革，法官数量进一步减少，但是庭审、合议及制作裁判文书等核心审判工作却必须由法官亲力亲为，难以由其他人员替代，"案多人少"的矛盾短期内无法缓解。面对现实中不断增长的案件数量和结案压力，通过引入人工智能和大数据技术，推广"智慧法院"，提高办案效率，可以很好地解决法院系统的初级痛点——烦琐的、重复性的工作占据了法官过多时间和精力。目前，卷宗的电子化归档、数据自动引用回填、审判文书自动编辑、案件智能查询等均在我国法院系统得到广泛应用。此外，随着人工智能的技术升级，法院智能量刑系统已经起到了辅助断案的作用，有助于提高法院的办案质量。2017年，最高人民法院部署了推进智能辅助量刑系统的建设工作，计划在2~3年内构建一个完善的全国法院智能辅助量刑系统，运用大数据、人工智能辅助法官办案，从而实现量刑现代化①。广州市中级人民法院对历史上的300多万件同类案件进行了大数据分析，形成了"智能辅助量刑系统"。该系统对影响盗窃案件判决的20多种情形按照一定的权重进行分析，自动推送相似案例并与以往数据进行比对与运算，并对量刑幅度给予数据参照和图形分析。如果量刑幅度与参考值偏差较大，法官就需要思考出现问题的原因②。据统计，目前我国半数以上的法院已引入人工智能，虽然"机器人法官"尚未直接进行判案，但未来实现从"司法助理"到"司法决策者"角色的转变也许真的不只是"愿景"。此外，人工智能语音速录技术催生了"智能速记员"，它可以将控辩双方的庭审对话自动实时识别成文字，包括合议庭法官的评议过程也可实时记录，有助于改变当前的庭审笔录记录模式，提升审判效率，减轻书记员的工作量。

检察机关可以应用人工智能形成电子卷宗，协助勘验、电子证据固化等侦查辅助工作，提高检察系统的工作效率。就基层检察官而言，对案件证据进行摘录、归纳、分析、形成审查报告需要占用大量的工作时间和精力，而很多行政性、简单性、重复性的工作均可由人工智能"代劳"。2017年，最高人民检察院出台了《检察大数据行动指南（2017—2020年）》，将全面打造"智慧检务"体系，让大数据和人工智能更好地服务于检察工作。浙江省检察系统通过试用"智慧公诉"办案辅助系统，部分实现了对证据合法、合规性校验，证据标准指引以及证据链完整性的审查判断，减轻了以往费时费力的工作强度，让检察官有更多的时间和精力聚焦检察主业，具有很强的实用性。深圳市人民检察院开发的量刑建议辅助软件，将所有可能存在的量刑情节在计算机系统里予以确定并计算，将原来半小时的工作量压缩到几分钟之内，该系统提出的上万份量刑建议被采纳率高达80%③。泰安市检察技术研究所开发的检察智

---

① 陈学勇. 最高人民法院立项开发建设量刑智能辅助系统 [N]. 人民法院报，2017-09-27 (1).
② 程姝雯. "机器人法官"驾到，"铁面"参与办案流程 [N]. 南方都市报，2017-09-13 (1).
③ 毛姗姗，郑婆. 专访赵志刚：检察机关人工智能的新纪元来了！[EB/OL]. https://mp.weixin.qq.com/s/n8dgeclKGDgVdXvPqlWmg.

能辅助系统，预设了各种报警规则，将采集的视频导入系统后，运用大数据处理能力可以自动分析并自动抽取出违法、违规情形并报警，有效辅助了检察机关的法律监督。另外，还可以利用该系统一键生成案件舆情报告，1 分钟之内将 200 份卷宗转化为电子卷宗，并自动生成起诉书和审查报告，配置量刑计算器生成量刑建议书等①。

2. 人工智能对律师职业的积极影响

法律工作者可以借助人工智能，对法律文件进行自动化阅读，可以在调查分析、合同合规检查等方面对文件进行系统准确的分析，极大地提高了法律工作者的办事效率。比如公司上市需要尽职调查，传统的做法是需要律师将各种信息进行复制粘贴、汇总文件和装订文件，这些工作很多是单调乏味且没有技术含量的，却要占据律师大量的时间和精力。2012 年，Nguyen 等人在美国开发出了可以完成尽职调查和合同审查的机器人 eBrevia，它可以对客户上传到服务器的文件中的数据进行检索、提取、分类、下载。依据人工智能的自我学习模型，eBrevia 可以识别和提取诸如控制权变更、分配、续约等法律概念，系统也会为客户提供一些与法律概念相关的信息。2016 年 10 月，eBrevia 与RR Donnelley 合作开发出了合同分析软件，自动完成尽职调查和合同审查，并将该软件应用于并购和房地产交易等市场中②。

对于渴望挑战性的律师而言，人工智能技术在法律实践中的应用，可以使他们拥有分析巨量数据、深入挖掘信息的能力，可以使他们摆脱很多重复性、程式化、简单的烦琐工作，将更多的时间和精力放在更有价值的法律事务上。善于应用人工智能的律师将可以依靠大数据为客户管理法律风险，预测案件判决结果，为客户提供更智能、更广泛、更专业的服务。

此外，与人工智能领域相关的新型公司、新型商业模式、新型案件类别也催生了大量的、具有挑战性的法律服务需求，也给法律职业者带来了更多的挑战和机会。2018 年 1 月，中国政法大学法学院大数据和人工智能法律研究中心与京都律师事务所联合发布的《2017 年度互联网法律服务行业调研报告》指出，2016—2017 年中国共有 131 家新上线的互联网法律服务机构，占业内互

---

① 王治国，等. 检察机关人工智能有多酷？山东泰安：两大智慧检务系统让检察官解放双手专注办案 [N]. 检察日报，2018-01-27 (1).

② JULIE SOBOWALE. How artificial intelligenceis transforming the legal profession [EB/OL]. http://www.abajournal.com/magazine/article/.

联网法律机构总量的 50% 以上，已进入了不同细分领域①。对于法科学生而言，熟练应用人工智能、善用人工智能的毕业生将是法律就业市场的"香饽饽"。

（二）人工智能对法律职业的消极影响

随着人工智能的广泛应用，法律文件的人工审阅将逐步变为自动化阅读，人工智能将在合同分析、合规检查、调查取证、法律文书的撰写等方面部分替代传统法律从业人员的工作，而且准确性高，能够 7×24 小时不间断地工作且毫无怨言，而且提供的法律服务价格低廉。随着机器人律师的出现，只需要打开微信公众号或特定的法律辅助软件，就可以得到高质量的法律咨询服务，以前人们遇到法律纠纷求助律师的习惯将会在未来被逐步改变。人工智能在法律争议解决领域的开发与应用，有助于降低当事人解决法律争议的成本，且给当事人提供了更多解决纠纷的渠道，"有纠纷去法院"的现象有望改变，如目前在 eBay 上就有很多用户选择用 Square Trade 的 ODR 来解决买卖纠纷。

2018 年 2 月，法律 AI 平台 Law Geex 与斯坦福大学等高校的法学教授们合作进行了一项新的研究，让训练好的法律 AI 程序与 20 名有经验的律师比赛，4 小时审查 5 项保密协议，并确定 30 个法律问题，包括保密协议、仲裁和赔偿。AI 在 26 秒内就完成了全部任务，且准确率达到了 95%；而人类律师平均需要 92 分钟，且平均准确率为 85%。这一测试结果惊动了整个法律界，意味着在合同分析、合规审查等方面，人工智能有取代人类律师的可能。而美国开发的 Ross Intelligence 系统，以 IBM 的认知计算机 Watson 作为技术支撑，可以理解自然语言，并提供分析性的、特定的回答，被认为是世界上第一个人工智能律师。目前，Ross 已经被多家主流律师事务所"雇佣"。在未来的人工智能时代，类似 Ross 的法律类"数字助理"（digital associate）将会越来越多，其身份将类似于准雇员。人工智能的推动，也会部分解决法律援助的问题，可以协助法官准确判案等，部分替代律师、法官助理等工作。

早在 30 多年前，英国著名法学学者 Susskind 在其著作《明天的律师，遇见你的未来》中，认为法律行业 200 年之内的最大挑战就是人工智能。Jomati 则在《文明 2030：不久将来的律所》研究报告中提出，经过长期的孵化和实验，技术突然可以以惊人的速度向前行进了；在 15 年之内，人工智能和机器人将会主导法律实践，也许将给律师事务所带来"结构性坍塌"（structural

---

① 刘甦，张瑶. AI 变革法律行业尚处前夜：大数据、人文关怀和科技水平都是痛点 [J]. 财经，2018（2）.

collapse），法律服务市场的面貌将大为改观。人工智能的"入侵"已经让很多法律人尤其是年轻律师感受到了阵阵寒意。

随着网上法院、机器人检察官、在线律师等人工智能的广泛应用，人工智能的法律职业化和法律服务商业化已初现端倪，并且会成为法律从业人员是否合格的参照评价物，不合格的法律从业人员将被市场淘汰，低素质的法律从业人员将会失业，尤其结合当前我国本就较低的法学本科毕业生就业率①，无疑为未来的法科学生从事法律职业的前景投下了阴影。

二、人工智能对法学教育的挑战

人工智能技术的发展导致法律就业市场的变化，也将倒逼法学教育改革。甚至有学者悲观地预计，三年之内，现有的法学院如果不顺应形势进行深度课程改革，加入大数据、云计算以及智能科技课程内容，将导致大量的法科毕业生缺乏必要的谋生技能，其毕业之日就是失业之日②。

（一）对传统的法学培养模式和目标提出了挑战

为了实施"卓越法律人才教育培养计划"，我国法学院校多以复合型、应用型法律职业人才作为自身培养目标。在具体培养过程中，结合了自身基础和特色，提出了"法律+医学""法律+会计""法律+英语""法律+新闻"等复合型法律人才的培养目标，建立了不同类型的卓越法律人才教育培养基地，启动"学校+实务部门"共同培养模式以提高法科学生的实践应用能力。

当前推行的"学校+实务部门"共同培养模式的主要目的是训练学生的法律职业技能，提高学生的实践动手能力。法律职业技能主要包括以下能力③：①解决问题；②法律分析和论证；③法律检索；④事实调查；⑤口头和书面沟通；⑥咨询和建议；⑦谈判；⑧诉讼程序和替代性纠纷解决；⑨组织和管理法律事务；⑩认识和解决困境。而上述职业技能所需的许多能力，未来的人工智能完全可以胜任。如最高人民法院开发的"法信"平台借助自然语义分析技术，根据用户输入的案情描述，便可检索到与案情描述相匹配的既往案件；人工智能律师 Ross 可以根据用户提出的问题，从答案库中检索出最接近的答案

① 根据麦可思研究院发布的《中国大学生就业报告》，法学自 2010 年起连续 6 年被列入红牌专业，2016 年本科毕业生就业率最低的是法学专业毕业生，为 84.9%。

② 高云. 律师们都说大势将至，却不知未来已来 [EB/OL]. http://www.360doc.com/content/17/0912/21/32260249686605597. shml.

③ 陈实. 困境与出路：论法律职业技能教育的实现 [M] //刘仁山：法学教育反思录. 北京：北京大学出版社，2011：36.

给出解答，然后根据用户"赞成"或"反对"的回馈自我学习，变得越来越聪明；我国众多法院应用的法官机器人助理，可以与当事人交流，像人类一样处理诉求和回答问题；珠海孜孜科技有限公司开发的"Elawoffice"律师事务所管理平台，实现了律师移动办公和项目协同工作。此外，法科学生借助于人工智能的培训，不但可以学习法律基础知识，还可以获得诸如法律分析与论证、法律检索、律师事务所管理等法律职业技能的培训，未来的法学人才模式也许将升级为"学校+实务部门+人工智能"的共同培养模式。

此外，人工智能技术的发展将对人类的职业产生深远的影响，会计与审计、翻译、新闻记者、房地产评估师等被认为是最容易被人工智能取代的职业。如果是这样的话，我们很多法学院校所规划的"法律+会计""法律+英语"等复合型法律人才培养目标就需要调整，对科技的理解和掌握程度将成为衡量未来法律人生存能力的重要因素之一。在人工智能时代，法科学生不仅需要掌握基本的法律知识和具备基本的法律职业技能，也要理解市场力量是如何影响法律和商业活动的，还要能够熟练应用人工智能分析案情、提供咨询服务、预测案件结果、管理法律事务。顺应人工智能的趋势，法学教育的人才培养目标应调整为：培养既掌握基本法律知识，具备法律职业技能，又懂技术并且善于思考技术伦理的未来法治人才。

（二）对传统的法学教育理念提出了挑战

长期以来，我国法学教育一直存在一个重大缺陷，就是以教师为中心，重知识的传授而轻能力的培养，而且这种现象还是目前我国法学教育的主导和主流。目前我国大多数法学院校仍以通识教育为主，甚至很多院校的法学教育过度重视司法考试，学生疲于记忆与理解基本的法律知识，只掌握了有限的法律方法和法律文书写作技术，形成的法律素养在解决社会真实问题时捉襟见肘。以传授知识为主导的人才培养理念不利于法科学生法律思维的塑造和形成，容易造成法科学生"轻实践，动手能力差；重书本，创造能力差"的特点，显然无法跟上人工智能时代的潮流。

人工智能在语音识别、图像识别和人机交互方面具有明显的优势，且通过与大数据的结合，将会取代知识性教学等简单重复的脑力劳动，可以弥补传统教学模式中的缺陷。法科学生依靠人工智能的辅助，很容易获取该学科的基本知识和信息。比如，依靠 Ross Intelligence 系统可以有效提高法律检索能力，学生使用通俗易懂的语言询问法律问题，Ross 则会检索出海量的判例法、成文法及其他资源供学生学习。

在人工智能时代，学生不再需要教师提供案例，不需要教师讲授更多的基本法律知识，教师的业务重心需要向提高学生的法律思维能力和实践能力等方面转变。相比较而言，美国的"小司法"法学教育理念是将律师作为法学教育的培养目标，由此决定了美国各大法学院均把教学重点放在了律师的技能训练上。美国法学院的学生通过阅读案例、阅读法官判决书来获取法律知识、法律规则、法律原理，通过案例教学法（教师主导提问和回答互动）训练学生的法律思维能力，使学生习惯于用归纳方式来获得法律知识[①]。美国的"小司法"法学教育理念使法科毕业生可以娴熟地进行法律事务的实务操作，能够更好地适应人工智能时代的发展需要，值得我们借鉴。

（三）对传统的法学教学方法提出了挑战

当下我国法学院的法学教育主要通过讲授法这一传统的教学方法而开展，其他的教学方法如案例教学法、研讨课等很少被采用，或者是只有少量的任课教师根据兴趣偏好偶尔为之。以讲授为主的法学教学方法，注重对法律概念、法律原则、法律规则的讲授，教师是课堂教学的中心，教师要课前备课、课堂讲授、课后辅导。这种教学方法是以教师为出发点、以学生为终端的信息传导模式，其好处是便于教师掌控课堂教学的主动权，把控课堂节奏；缺点是整个教学活动中过分强调了教师的讲授角色，学生不会为课堂教学做更多的准备，学生参与感较差，课堂气氛沉闷。传统的教学活动使得课堂教学成了教师唱"独角戏"的舞台，教师传递的信息更多地来自其自身对事物的认识，未必是学生所需要的，学生沦为听众，进入了"只要记录笔记就足够，对内容不求甚解"的学习误区。再加之实际教学中课后辅导处于废弛状态，法学教学的效果可想而知。

随着互联网技术的发展，"互联网+"时代为法学教育的各个环节提供了丰富的资源，学生可以通过"度娘"随时查询法律法规。学生通过网络不但可以看到自己的任课教师上传的视频，还能分享国内著名高校的精品视频课程。电子数据库的建设使学生可以获得众多的理论资源，在线案例库可以使学生获得最新、最权威的裁判文书。人工智能可以根据法学教师的教学大纲，为某个学科领域或特定课堂定制教科书。随着人工智能技术的深入发展，机器人甚至可以取代传统教师与学生进行简单的交流和作业辅导。曾有媒体报道美国佐治亚州理工学院的人工智能助教可以与学生在线沟通交流，整个过程竟无学生发现其在与机器交流，充分证明了人工智能在人工交互方面的应用潜力。今天的课堂授课方式侧重于标准化，忽视了学生之间的学习能力差异，而人工智

---

① 蒋志如. 试论法学教育中教师应当教授的基本内容 [J]. 河北法学, 2017, 35 (2): 2-16.

能辅导系统可以根据不同法科学生的能力和需要量身定制课程，消除标准化的培养方式，打造个性化的学习方式。除此之外，人工智能还在学习即时反馈、个性化测试与辅导、网络远程教学等应用方面日臻成熟，以至于有媒体提出了"未来人们只需要一个机器人就可以完成所有的学习"的论断。

四、人工智能背景下的法学教育应对

在中国传统的法学教育体系下，仅靠大学四年学习的法律知识是很难适应人工智能时代的需要的。我国法学高等教育繁荣发展背后潜藏的"就业危机"，在人工智能时代只会愈加凸显。未雨绸缪，在人工智能背景下，我们必须深化面向未来的法学教育改革。在国务院 2017 年 7 月 20 日出台的《新一代人工智能发展规划》（以下简称《新规划》）中，首次提出了"人工智能+X"复合专业培养的新模式，其中法学专业赫然在列，这表明人工智能背景下的法学教育变革已箭在弦上。

（一）重视法科学生的法律思维培养

顺应人工智能时代的需要，迫切需要我国法学院校加强培养全面发展、具备综合素质的法律人才，需要更加重视具有个性、创造性的法学教育，提高法科学生的法律思维能力。

1. 人工智能背景下凸显法律思维培养的重要性

所谓法律思维，是一种按照法律逻辑（包括法律的规范、原则和精神）来观察、分析和解决社会问题的思维方式[1]。严谨的法律思维是法律人认识、理解、应用、丰富和发展法律等多种能力的根基，无论在什么时代都是法律人必须具备的基本素质与能力，是法律人的职业特征[2]。对法律人来说，思维方式甚至比他们的专业知识更为重要，因为专业知识是有据（法律规定）可查的，而思维方式是决定他们认识能力和判断能力的基本因素，非经长期专门训练则无以养成[3]。且法律知识浩如烟海，任何学生都不可能通过在校学习掌握全部法律知识，学校要做的是着重培养学生的法律分析能力，让学生掌握和理解法律制度的运转模式，而对具体法律条款的运用，更多的则要在实际工作中逐渐学习和掌握。法律思维的深度和广度是"导航仪"，在校法科学生日常的法律知识学习和司法实践只能是"速度轮胎"，法学院所做的一切永远只能是

---

① 郑成良. 论法治理念与法律思维 [J]. 吉林大学社会科学学报, 2000 (4): 3-10, 96.
② 郝秀辉. 法科学生法律思维培养问题探究 [J]. 法学教育研究, 2016, 14 (1): 86-100, 389.
③ 孙笑侠. 法律人的思维规律 [M] //葛洪义. 法律方法与法律思维. 北京: 中国政法大学出版社, 2002: 81.

用法律思维为"速度轮胎"导航。

社会学家马克斯·韦伯曾把法官比作"机器",提出了"自动售货机理论"。他认为:"现代的法官是自动售货机,投进去的是诉状和诉讼费,吐出来的是判决和从法典上抄下来的理由。"① 机器人法官完全符合马克斯·韦伯的设想,但是,机器人法官永远不能代替人类法官。因为,人工智能在具体判案过程中缺乏人类所特有的法律思维,当事人和家属不会信服被机器人判决的案件,人类也不会服从机器人的判决结果。且机器人法官没有"良心",无法判断证据的真假与是否有用,也无法形成"内心确认"。机器人法官"铁面无私"的前提是法律条文足够完善,如果法律条文存在被多重解读的可能,缺乏解读法律的能力就会导致机器"死机"。无论是当下还是未来的人工智能时代,法律思维都是法律人最重要的执业特征和职业能力。法学院校一定要重视对法科学生法律思维的培养,使法科学生形成运用法律概念、法律推理等法律方法分析和阐释法及法律问题的习惯。因此,强调和推崇法律思维的目的和宗旨即是提高法律人的法律素质和职业能力②。

2. 人工智能背景下我国法科学生法律思维培养的反思与改进

当前,我国法学教育对如何培养学生的法律思维能力关注不足,法学教育的主管部门对法律思维能力培养的重要性也不够重视,相关训练及培养法科学生法律思维的课程设置太少。比如,我国的司法考试就忽视了对法律思维的考察,而是更多地测试学生对法律条文及知识点的掌握程度,这从司法考试试题内容、题型和答题设计等方面都可以反映出来,难怪会出现"博士考不过硕士,硕士考不过本科,法本考不过非法本"的奇怪现象,也出现了许多司法考试通过者难以适应司法实践需要等问题。我国很多高校的法学教育比较重视与司法考试的衔接,甚至有些高校将司法考试作为日常法学教育的"指挥棒",片面强调法律知识的传授和考查,忽略了法学作为"实践理性"的本质所要求的法律思维的培养。

当前,我国法科学生还习惯于简单学习状态,无法进入深度学习的场景,这种学习状态不利于其法律思维的养成。所谓简单学习即主要通过机械记忆的方式进行学习,而深度学习则要求学生深度阅读、多维度思考、设计解决问题的方案。开展深度学习需要一系列的教学活动予以支持,从教育学的角度主要包括:设计标准和课程、预评估、营造积极的学习文化、预备与激活先期知

---

① 韦伯. 论经济与社会中的法律 [M]. 张乃根,译. 北京:中国大百科全书出版社,1998:62.

② 莫敏. 法律思维的塑造与法律人才的培养 [J]. 华中师范大学学报 (人文社会科学版),2011 (S3):149-152.

识、获取新知识、深度加工知识、评价学生的学习等①。

在人工智能时代，很多的法律知识可以通过机器的协助而获得，法科学生甚至可以随时随地学习法律知识，获得法律知识将变得轻而易举。人工智能可以对法科学生进行知识点的突破和分层教学，甚至可以对学生进行心理辅导和学习方法的指导，将部分扮演传统教师"传道、授业、解惑"的角色。教师的教学活动将不再是法科学生获取法律知识的唯一来源，且教师在法科学生获取法律知识过程中的重要性将被进一步降低。但是，人工智能时代需要教师帮助法科学生从简单学习状态向深度学习状态转化，需要通过教学活动提高法科学生的法律思维能力；需要教师帮助学生理解当前的社会和未来的人工智能、文明与困境，使学生拥有法律思维的独立思辨能力，通过未来反推现在，通过对人工智能时代法律职业的理解，更好地制订个人成长计划。

（二）采取与人工智能要求相符的法学教学模式

未来的法学教育必须与人工智能的技术发展相结合，而不能成为人工智能的"化外之地"。在教学活动中，法学教师如果仅依靠脑袋里储存的法律知识和曾经研究过的司法案例，在讲授相关法律问题时可能会出现代表性不足、思维偏颇等问题。而依靠人工智能，法学教师则可以将多年来全国类似案件案例、裁判文书等尽收囊中，分析法院判案的依据，传授给学生最准确的法律知识，讲授最权威的司法案例。

人工智能不能完全取代法学教师，相反法学教师可以利用这项技术提高他们的工作效率，使其将精力置于更具价值的部分。借助人工智能技术在法学教学实践中的应用，可以使法学教师摆脱纯粹的法律知识传授，可以从烦琐的教学课堂纪律管理、学习效果检测、作业修改等低质量脑力劳动中解脱出来，转而将更多的精力放在学生法律思维能力的培养上，帮助学生获得法律职业的经验，真正成为学生法律职业的引导者。

在人工智能背景下，单靠教师生动的语言表达和精美的教学课件，很难激发学生探究法律背后思维逻辑的兴趣，传统的课堂教学方法容易使学生养成惰性，缺乏思考的主动性，降低与他人合作的意愿，缺乏承担责任的勇气。因此，我们要转变传统的法学教育模式，树立互动式教学的全新理念，将课堂教学与参与式教学法、案例分析教学法结合起来。互动式教学的目标不是将互动作为一项任务去完成，而是通过释放师生全部的主动性，真正做到教学相长，

---

① ERIC JENSEN, LEANN NICKELSEN. 深度学习的七种有力策略 [M]. 温暖，译. 上海：华东师范大学出版社，2010：86.

进而培养学生真正的独立思考能力与创新能力①。无论技术如何发展，互动式的教学模式是人工智能所无法替代的，体验式和情感化教学是法学教师的基本技能，人工智能在此只能起辅助作用。在人工智能时代，要提升学生主动学习、深度学习的积极性，使学生和教师一样成为教学活动的中心。

参与式教学法不仅可以通过课堂活动的设计为学生提供丰富的课堂体验，影响学生的学习方式及学习动力，还可以通过教师的组织和引导，为学生创造参与各类课堂体验的条件和机会，为学生提供培养其专业综合能力的外在动力与外部环境②。学生通过小组讨论、课堂辩论等方式，积极参与教学活动，不仅能够亲身体会法学知识从教材到应用的转化，感受团队合作的力量，而且能够掌握运用法律推理以及分析问题、解决问题的能力。在此方面，德国的法学教育形成了讲授法、研讨课、练习课三足鼎立的教学方法，很值得我们借鉴。

案例分析教学法原指讨论问题的方式，即从意见对立中寻求矛盾，在矛盾中寻找新的意见，在归纳的基础上，形成对真理的表述③。具体的案例事实，差之毫厘，谬以千里，很少具有雷同之处，分析时必须慎思明辨。通过案例分析教学法，可以培养学生分析问题和解决问题的思考方法，锻炼学生的语言表达能力和法律思维能力，为将来从事法律实务工作做准备。关于案例分析与课堂讲授之间的关系，王泽鉴先生曾指出：法律上之实例，犹如数学验算题，不可徒事记忆，非彻底了解其基本法则及推理过程，实不足应付层出不穷的案例。实例多偏重特别或个别问题，为避免"仅见树木，不见森林"，实例研习应与传统法学教育方式密切配合，俾能彻底了然法律的体系、精神及基本原则。简言之，就现代法学教育而言，实例研习、课堂讲义及研讨会应鼎足而立，不可偏废④。美国法学教育注重案例教学法和诊所式法律教学，在整个教学活动中，学生不再是课堂教学的听众，提升了学生在整个法学教学过程中的地位，调动了学生的积极性，教学效果较好，值得我们借鉴。

（三）法学院要主动调整相关课程并开展相关研究

根据高云在《律师们都说大势将至，却不知未来已来》博文中的预测，到 2020 年，法学院将重新洗牌，重新排列座次，不主动适应人工智能科技的法学院将被逐步淘汰出局。如果各国法学院不能尽快为法科学生开设应对人工

---

① 曹伟. "互联网+"时代的互动式法学教育 [N]. 光明日报，2017-10-13（14）.
② 刘一明. 参与式教学与大学生专业综合能力的培养 [J]. 高等农业教育，2014（11）：76-79.
③ 韩大元，叶秋华. 走向世界的中国法学教育（论文集）[M]. 北京：中国人民大学出版社，2001：925.
④ 王泽鉴. 民法思维：请求权基础理论体系 [M]. 北京：北京大学出版社，2009：14.

智能挑战的创新性课程，那么本国的法学院和法科学生难免在未来的职业竞争中处于劣势。

1. 国外大学法学院开设人工智能课程及开展相关研究的情况

在开设人工智能课程方面，国外很多大学已经开设了与人工智能相关的法学课程，积极推动新的法学教育模式。其中美国是最早开展"法律+科技"跨学科法学教育的国家，如哈佛大学法学院开设有"数据时代的法律咨询与战略""网络法前沿：人工智能、自动化与信息安全""合规与运算""比较数据隐私"等课程。斯坦福大学法学院为 LLM 学生设计了一个"法律、科学与技术项目"，为学生提供广泛而系统的法律与科技课程，其中与人工智能相关的课程包括"人工智能的历史与哲学""计算机与法律""法科技术与信息科学""法律信息科学"等。乔治敦大学法学院设有"科技法律与政策研究所"，开设了"机器人法""律师业务的计算机编程""科技法律与政策研讨""电子化法律调查"等课程。新西兰奥克兰大学法学院开设了"人工智能：法律与政策"、丹麦哥本哈根大学法学院开设了"机器人法：人工智能、机器人技术与法律"、英国爱丁堡大学法学院开设了"机器人法"等①课程。

在开展人工智能相关研究方面，国外法学院研究成果颇丰。国外很多大学法学院较早就成立了相关的研究机构，发表了一系列高水平的科研成果。如美国东北大学创办了法律与计算机科学中心，发表了《以人工智能解决法律体系危机的可能性》等一系列论文，并出版了《人工智能与法律》杂志。乔治敦大学法学院设有"科技法律与政策研究所"，每年组织"钢铁科技律师竞赛项目"，鼓励学生以新技术进行法律服务的创新。斯坦福大学法学院则在网络空间的管辖及争议解决、人工智能与创新政策、人工智能与法律责任、人工智能与隐私、人工智能与监管等领域做了跨学科的研究，旨在解决人工智能在全球经济和文化发展中的难题。

2. 国内大学法学院开设人工智能课程及开展相关研究的情况

在人工智能课程开设方面，近几年我国法学院开始后程发力，个别高校已经尝试开设人工智能与法学结合的前沿课程。早在几年前，中国人民大学法学院在科技法律教学领域进行了诸多改革，并开设了"大数据分析导论"等系列跨学科课程，在"互联网金融课程"中邀请校外新科技领域的专家授课，讲授区块链基本原理及其在金融领域的应用、人工智能技术在大数据征信领域的应用等。清华大学法学院致力于法律和前沿科技交叉融合的复合型人才培

---

① 程蓍. 法学院：拥抱人工智能时代［N］. 法治周末, 2017-02-01 (1).

养，且已经启动了一系列课程改革，其中 2018 年 4 月拟设立的"计算法学全日制法律硕士"是其亮点。该项目拟开设网络、大数据与人工智能等技术类课程，并在此基础上开设与上述科技相关的法律专业课程。该项目旨在培养熟练掌握法学理论与信息技术的复合型、国际化高端法律人才，并参与完善国内的网络与人工智能立法。目前，"计算法学法律硕士项目"已举办夏令营选拔，2019 年招生，首期招生 40 人左右。

在人工智能与法律的研究方面，国内法学院成立了众多研究机构，并取得了一定的成绩。2017 年 9 月，中国人民大学法学院成立了未来法治研究院，其任务是深入系统地开展法律与前沿科技的交叉研究、人才培养、课程改革、跨领域交流和国际合作，其目标是将研究院打造成为新科技与法律紧密结合、交叉融通的研究平台。未来法治研究院已经组织开展了多项与人工智能等与前沿科技相关的研讨会及研究项目，并在人工智能时代的宪法解释、互联网刑法教义学、大数据辅助量刑、互联网规制与治理、人工智能与版权、标准必要专利保护与限制、科技驱动型金融监管、大数据权利等领域进行了深度研究。2017 年 12 月，西南政法大学成立了人工智能法学院，将对人工智能领域的法律和伦理问题进行研究。2018 年 1 月，北京大学成立了法律人工智能实验室和研究中心，致力于为法律与人工智能行业发展提供智力支持，完善大数据时代立法，培养高端复合型法治人才。2018 年 4 月，天津大学成立了中国智慧法治研究院，其研究领域包括科技法律人才培养、人工智能与智慧司法基础科学问题、智慧法院与检察院核心业务运行关键技术与装备、智慧司法业务协同与知识支撑体系、公正司法与司法为民效能评价与综合应用示范等。

3. 国内法学院校开设人工智能相关课程与开展研究的建议

目前，我国法学教育最缺乏的就是专业特色，囿于评估压力或降低诸多风险的原因，绝大多数高校的法学教学内容大同小异。实际上，中国法学院校都应有自身的特色，在从事基础法学教育之上，都可以结合自己学校的学科优势，在"人工智能+法学"领域进行差异化课程设计并开展相关研究，并有望取得突出成果。

相比于国外，我国高校在人工智能与法学结合的相关课程建设方面相对滞后，鲜有创新性的课程开设。建议我国法学院校重点开设以下课程：人工智能与伦理（哲学）、人工智能与知识产权、人工智能监管与法律责任、科技法律与政策等。鉴于我国当前法学院校的教学大纲与培养计划安排，上述课程可以设置为选修课，在本科教学计划中最好安排在大三或大四学年，在研究生教学计划中则可以灵活安排，课程教学最好以讨论、研讨、学术报告等方式进行。

与此同时，我国法学院校开展人工智能与法律问题研究的科研机构还很少，关于人工智能与法律的学术研究在世界范围内仍属于"跟随"状态，期待后程发力。当前我们需要重点研究下列与人工智能相关的法律问题：人工智能对人类的伦理挑战、人工智能生成物的权利归属、人工智能的数据保护、人工智能机器人的姓名和商标、人工智能对法律主体的挑战、人工智能与自然人相结合的公司、大数据保护与垄断、智能算法歧视带来的伦理问题、自主武器的限定与监管、人工智能发展准则、人工智能的发展规划等。不同法学院可以根据本校的历史传统和特色，针对不同的问题进行重点研究。

（四）法学教师要主动适应人工智能时代

2014 年，加拿大律师协会发布的《未来，加拿大法律服务行业要发生转变》中指出，有生命力和竞争力的法律行业的关键在于创新。同样，未来法学教育真正需要的有价值的教师，绝不是可被人工智能替代的素材库和技能练习机。未来优秀的法学教师需要主动去拥抱人工智能，要善于使用人工智能。

1. 法学教师要学会与人工智能合作

知识并不会自动发挥作用，它必须依附于教师，而教师的知识一旦基本定型，由于专有资产和路径依赖的问题，就不大容易自我升级更新[1]。在人工智能时代，年龄和资历的界限会越来越模糊，拥有较强法律思维且能适应人工智能发展的教师才不会被时代淘汰。人工智能是当今时代最伟大的发明，它将深刻影响未来的法律教育行业，但绝不会替代学校的法律教育。法科毕业生除了要具备基本的法律素质外，还应具有从事法律职业所应具备的职业伦理，如公平正义理念，崇尚法治、献身法治的职业精神，清正廉洁的职业道德，以及忠于法律、维护法律的责任感、使命感[2]。人工智能教育技术很难复制教师的行为模型，教师通过课程教学传递给学生的法律职业伦理与职业精神，是富有情感色彩的，是人工智能永远无法替代的。在法学教育中只会照本宣科、缺乏情感交流等将成为法学教师的致命短板，不改变必定会被人工智能时代淘汰。因为从目前的技术发展来看，未来的人工智能在情感领域远不能达到人类的丰富程度。

面对人工智能，法学教育工作者应当持温和理性的人机"合作"观，而不是人机"替代"观[3]。人工智能时代的法学教师要学会放手，即将简单重

① 苏力. 当代中国法学教育的挑战与机遇 [J]. 法学，2006 (2)：3-21.

② 孙学亮. 当前法学教育的困境分析 [M] //齐恩平：法学教育改革与探索. 北京：中国政法大学出版社，2015：10.

③ 饶高琦. 人工智能+法律：加出来效率，减不掉人性 [N]. 科技日报，2018-01-05 (7).

复、不智能的工作交给机器去做；要学会协作，将机器与人类各自的优势结合起来，充分利用人工智能的及时反馈机制、个性化测试辅导等优势，因势利导，培养学生的问题意识和法律思维能力；要注重提高主动自主学习的能力，不仅要及时更新自己的专业知识，掌握相关领域的最新前沿动态，也要加强与人工智能相关的教育理论方面的学习和探索，并将其运用到法学教学活动中；要在课堂教学中向学生讲述人工智能对法律制度的挑战，培养学生的创新思维，鼓励学生发现问题，呵护学生的好奇心，激发学生的求知欲。可以想象，能够与人工智能深度合作的法学教育工作者将获得更高的回报，成为未来法学教育行业中的弄潮儿。

2. 未来的法学教师不能过度依赖人工智能

人工智能绝非万能的，涉及成人育人的法学教育领域绝不能一味盲从技术的号令。法科学生的逻辑思维习惯和学习能力绝非天生的，也绝非简单运用人工智能的教学活动就能获得的，往往需要低阶脑力劳动甚至体力劳动的重复训练和积累才能取得。在此，法学教师的课堂教学经验和高阶脑力活动将起到关键性的作用。法科学生过度依赖人工智能可能导致其好高骛远、眼高手低、知其然不知其所以然，从而容易导致学生变相成为人工智能的附庸，失去独立思考的能力、与人合作的意愿、健全的心智性格。而法学教师如果在教学活动中过度依赖人工智能，则会变成人工智能的助手，将逐步失去应有的职业素养和教学能力。

法学教育的职能仅是培养各种社会所需法律人才的观念是不全面的，因为法学教育还具有培养受教育者的人格，使之身心全面发展的职能。受教育者从生物个体成为社会个体，一方面需要个人化的过程，另一方面需要社会化的过程①。法科学生的法律知识甚至部分法律思维能力可以通过人工智能获得，但是法科学生的人格、对法律的信仰、献身法治的精神则必须通过法学教师的言传身教而获得。在教学活动中过度依赖人工智能，将使法学教师忽视对学生人格的培养。在法学教育中，绝不能"捡了芝麻，丢了西瓜"，偏离教育的最终目标。运用人工智能获取错误的法律知识只会影响学生一时，但如果过度依赖人工智能而忽视对学生法律人格的塑造则会影响学生的一生，法学教师对此应保持必要的警惕。

总之，人工智能时代的法学教师一定要努力超越自我，顺应人工智能时代的发展，不能甘愿只作为法律知识的传授者，而要能够合理驾驭人工智能，为

---

① 乔克裕，曹义孙. 法律教育论 [M]. 北京：中国政法大学出版社，2014：103.

学生设计个性化的学习方案，成为学生从事法律职业的咨询顾问，成为学生学习法律知识的陪伴者、高素质法律人的动力激发者、法律信仰的呵护者，真正成为学生"灵魂的工程师"。

五、结论

即便人工智能在法律知识储备量、法律知识传播速度以及教学手段方面可以远胜于人类，法学教师也仍然具有不可替代的作用，法学教育仍将一直存在下去。但是面对人工智能的强势"围剿"，法学教师群体应该具有忧患意识和革新意识，认真反思法学教育当前的局限与思考其未来的发展方向，努力打造数字化、专业化、终身化的法学教育体系，努力实现更加以人为本、更加开放、更加可持续的法学教育。

任凭科技怎么进步，人类终究离不开教育。而教育的任务不仅是"教书"，更是"育人"。法学教师除了传授法律知识之外，更需要通过思想的引导和情感的投入教会学生如何做一个合格的有正义感的法律人，塑造学生的法治品质。在人工智能迅猛发展的背景下，法学教师要借助大数据对学生有针对性地进行培养和教育，改革传统的"说教灌输式"教学方法，创新法学教育的内容，将更多的时间和精力投入到法科学生法律思维能力的培养上，促进法科学生的全面长远发展，专注于构建和谐稳固的师生关系。正如德国哲学家雅斯贝尔斯所言，教育应该是"用一棵树撼动另一棵树，一朵云推动另一朵云，一颗心灵唤醒另一颗心灵"，人工智能时代的法学教育亦是如此。

The Influence of Artificial Intelligence on Legal Profession and the Challenges in Legal Education

Jia Yinshi

Abstract：At present , artificial intelligence（AI）has been widely used in legal field with intelligent aided sentencing systems and smart procedural systems，judges and prosecutors have improved the quality and efficiency of case handling；With big data technology ，lawyers can better manage clients' legal risks. However，AI will replace some work of some legal professionals which has casted a shadow to the future legal professions of law students. Under the trend of AI ，the current training mode of "school education + practice department" and the target of compound talent training need to be adjusted appropriately. The students of law majors should attach importance to the application of science and technology. The current educational philosophy of imparting legal knowledge requires reflection, and more emphasis should be placed on the legal skills training of law students. The current infusion teaching method also gives way to a personalized learning style. In order to adapt to the era of AI, law schools must pay attention to the legal thinking training of law students, adopt the law teaching mode consistent with AI, offer relevant courses and research, teachers should learn to cooperate with AI and pay attention to the shaping of law students' legal professionality.

Keywords: Artificial Intelligence (AI); Legal Profession; Legal Education; Influence and Challenge

人工智能时代的法学教育[①]

梁洪霞　杨自意[②]

摘要：人工智能技术已经替代部分法律职业和法律服务的事实，倒逼法学教育迎接挑战，进行教学理念、教学内容、教学评价和教学组织等多方位的变革。人工智能在飞快发展的同时，也通过海量案例资源、鲜活教学手段和科学评价体制等，提升了法学教育质量，并拓宽了法学教育领域，为跨学科复合人才、实务精英人才的培养提供了机遇，对法律伦理情感教育提出了迫切需求。法学教育要拥抱人工智能，实现从人工智能辅助法学教育到人工智能与法学教育相得益彰的分阶段融合发展。

关键词：人工智能；法学教育；复合型人才；教育定制化

人工智能时代已经悄然来临。人工智能即制造智能机器的科学与工程，表现出与人类行为智能相关的特征，包括推理、学习、寻求目标、解决问题和适应性等要素[③]。在 1956 年的达特茅斯会议（Dartmouth Conference）上，约翰·麦卡锡（John McCarthy）创设了"人工智能"概念并演示了卡内基梅隆大学首个人工智能程序。经过早期的探索和后来的体系化过程，人工智能学科逐步与计算机科学、神经科学、统计学、逻辑学、伦理学等多种学科相互渗透，发展成为一门综合性前沿学科。所谓人工智能时代，是人工智能作为生产工具的典型代表推动人类社会变革的时代。当代人工智能在社会经济腾飞、相关科学技术发展驱动下，呈现出"跨界融合、深度学习、人机协同、自主操控等新特征"[④]，其触角已经延伸至医疗、金融、交通、工业等各个领域，法律领域

---

① 该文曾在《中国法学教育研究》2019 年第 1 期发表，特此声明。

② 梁洪霞，西南政法大学行政法学院副教授；杨自意，西南政法大学行政法学院 2018 级硕士研究生。

③ 杨现民，张昊，郭利明，等. 教育人工智能的发展难题与突破路径 [J]. 现代远程教育研究，2018（3）：30-38.

④ 国务院. 关于印发新一代人工智能发展规划的通知 [EB/OL]. http://www.gov.cn/zhengce/content/2017-07/20/content_5211996. htm.

也未能例外。从法律规范检索、案件信息提取到法律文本智能分类概括；从法律推理的形式模型、论证和决策的计算模型到立法的可执行模型；从针对单项法律应用的机器学习到自动化多重边缘性法律任务的法律机器人……人工智能正对法律职业生态和法律实践样态产生深刻影响。法学教育虽一贯以实践为导向，但也要顺应科技的发展而适时进行变革。那么人工智能给我们的法学教育带来了什么样的挑战和机遇呢？法学教育又该如何应对呢？本文试就这一问题进行分析，以期顺应人工智能时代的要求，实现人工智能与法学教育的全面融合。

一、挑战：人工智能在法律领域的初步运用

人工智能在法律领域产生剧烈震荡，引起法律服务业和司法实践领域变革，它已经替代了部分法律职业，提升了部分法律实践环节的质量，给我们的法学教育带来了挑战。

（一）法律服务智能化

根据法律科技的研究报告《文明 2030：不久将来的律所》，"在 15 年内，机器人和人工智能将会主导法律实践，也许将给律师事务所带来'结构性坍塌'，法律服务市场的面貌将大为改观"①。这个观点并非危言耸听，近年来人工智能正在一步步侵占传统的法律服务领域。例如，2016 年，美国 IBM 公司与纽约 Baker&Hostetler 法律事务所携手合作，利用旗下超级电脑"华生"（Watson）与人工智能演算系统，打造出全球第一个人工智慧律师 Ross。斯坦福大学一名学生 Joshua Browder 研制的法律机器人 Do Not Pay 继 2015 年逆天打赢 16 万起违章停车罚单官司后，目前已能够自由处理涉及消费者权利和劳动争议的 1 000 多种法律问题。无讼出品的智能律师 App "法小淘"、来自 iPIN 的已独立运营的法律咨询服务机器人"法律谷"、华为原全球法务部部长郭世栈研制的牛法法务机器人、资深律师团队携 Intel 和 Deep Mind 海归技术团队打造的案件咨询与预测平台"法狗狗"、在线法律文件制作平台简法帮出品的智能合同审查平台"简法 AI"、面向中小律师事务所企业的律师案件管理协作系统"法蝉"……国内外众多人工智能的法律应用，迅速勾勒出法律服务行业智能化的基本图景。

在律师行业，目前人工智能技术主要被用于以下四个方面：一是信息抓取与文书生成。法律条文和判决书等被预先进行机器语言处理，律师可以直接用

---

① 曹建峰."人工智能+法律"十大趋势［J］．机器人产业，2017（5）：88-98.

自然语言输入基本案情，从而抓取相应法律规范和类案裁判文书，为案件处理提供思路并自动生成相关法律文书。二是关联信息分析与案件胜率预测。基于大数据、云计算技术，人工智能还可以为律师提供当事人关联信息等各项可视化数据，比较各项诉讼策略并预测案件判决结果，为律师选择最佳代理和辩护策略提供参考。三是客户筛选与推荐。人工智能还可以帮助律师对客户进行初步筛选，为不同专长的律师推荐客户，从而简化律师事务性工作。四是智能客服。众多律师公众号和律师事务所平台推出了纷繁多样的机器人法律顾问板块，可基本解决客户咨询的简单法律问题。另外值得一提的是，人工智能促使法律服务从定制化、标准化向商品化演进，将大大降低法律服务成本，消除法律资源不平等，实现广泛的司法正义①。

（二）司法实践智能化

1. 提升审判效能

在司法领域，世界各国早已频频闪现法律人工智能的身影。早在 1981 年，Waterman 等就开发设计了产品责任的民事裁量模型；1989 年，澳大利亚开发了 IKBALSI 用于解释事故《司法补偿》条例，处理工人事故补偿问题；1995 年，Zeleznikow 开发了用于处理离婚案件财产分割的 Split-Up；2005 年，贝叶斯网络被用于法庭调查中评估火灾事故的证据②。此外，还有诸如 HYPO、IBP、CATO、CABARET、GREBE、SCALIR 和 PROLEXS 等专家系统或裁量模型的诞生，人工智能广泛活跃于司法领域。

在我国，目前人工智能已经被运用于部分法院，大大提高了法院的工作效率。2016 年 1 月 29 日，最高人民法院信息化建设工作领导小组组长周强在第一次全体会议上，首次提出"立足时代发展前沿，建设'智慧法院'"。同年 7 月，中共中央办公厅联合国务院办公厅明确将"建设智慧法院，提高案件受理、审判、执行、监督等各环节信息化水平，推动执法司法信息公开，促进司法公平正义"写入《国家信息化发展战略纲要》。2017 年 7 月 8 日，国务院在发布的《新一代人工智能发展规划》中亦提出"大力推进智慧法庭的建设"。国家战略号召一呼百应，近几年各地法院信息化建设、智能化新应用层出不穷。贵州省惠水县法院 2016 年挂牌成立全国首个大数据审判庭，实现"用大数据审判大数据"。上海市高级人民法院与科大讯飞合作的"206"工程，相继开发了基于人工智能技术应用的刑事、民事、行政案件智能辅助办案系统，

① 曹建峰. "人工智能+法律"十大趋势 [J]. 机器人产业，2017 (5)：88-98.
② 张妮，杨遂全，蒲亦非. 国外人工智能与法律研究进展述评 [J]. 法律方法，2014，16 (2)：458-480.

精准推送办案规范、法律法规、相似案例等信息。北京市高级人民法院新一代审判智能辅助系统"睿法官"，利用电子卷宗等司法审判数据资源、行为分析的智能学习和法律逻辑的知识图谱技术，为法官审理复杂案件提供梳理法律关系、聚焦争议点、提出裁判建议、生成裁判文书等智能服务……

同时，法院通过智能化建设提升审判效能的地区现象波及全国。据最高人民法院发布的《智慧法院建设评价报告（2017年）》，全国智慧法院已经初步形成。2018年最高人民法院工作报告也显示，全国3 525个法院和10 759个人民法庭全部接入专网，基本形成以"云网一体化"为纽带的信息基础设施全覆盖格局，以审判执行为核心，全业务网上办理条件已经成熟。

2. 创新检察监督

2018年8月3日，最高人民检察院检察技术信息研究中心赵志刚主任在参观睿至大数据有限公司北京总部时指出，"一切社会工作都正在被信息科技重新定义，检察工作也必将要告别过去的工作模式，'智慧检务'是必答题而不是选答题"。在安徽省基层检察院，最新的出庭示证智能系统成为检察官的得力助手，该系统具备案情摘要、出庭预案、编目系统和移动阅卷等多项功能。在询问和讯问过程中，语音识别可实时转化为普通话并自动生成笔录；庭审过程中的各项证据可通过无线技术投射在庭审现场大屏幕上，除审判人员外，辩护人、被告人和旁听人员都能即时清晰地看到支撑检察官指控的证据材料。人工智能相关产品在提高检察效率的同时还可以在一定范围内监督检察工作，推进公诉透明，在一定程度上规避承办人员的知识局限性和人情随意性，实现类案处理结果协调一致，为检察公平正义提供强有力的技术支持。在天津大学举办的"新一代人工智能与法律规制"国际会议上，中国人民大学法学院教授刘品新以智能语音识别系统为例，说明了人工智能在审讯中的应用不仅可以提高工作效率、节约人力，还可以有效降低刑讯逼供等违法行为的发生，保障犯罪嫌疑人的权利①。

综上所述，从其他国家和我国的司法实践来看，人工智能技术的日渐成熟在催生法律实践领域智能化的同时，也给法律职业实践样态带来了前所未有的挑战。因为自然人的智力无法超越机器的精准与可靠，所以机械性、重复性、标准化劳动会交由机器完成，相应岗位和职业将会消失。不仅如此，随着人工智能技术的不断提高，一些智能化的法律服务可能也会被机器取代。牛津大学

① 赵璐，郭金石. 人工智能推动法学教育转型 ［EB/OL］. http://www.cssn.cn/zx/bwyc/201804/t20180420_4158430. shtml.

的一份著名研究报告《未来的就业：哪些工作最容易受到计算机自动化的挑战》称，人工智能兴起并成熟以后，第一批被取代的职业就包括法官助理、法官和律师等。与此相适应，向法律实践部门输出人才的法学教育必须顺应人工智能的发展，回应法学人才需求结构的变化，对传统法学教育进行教学理念、教学内容、教学方式、教学组织和教学评价等多方位的变革。

二、机遇：人工智能对法学教育的促进

人工智能技术正逐步改造法律行业已成既定事实，排斥和异化人工智能无异于掩耳盗铃，筑造法律与科技的藩篱无异于画地为牢。法律人应当秉持开放、包容、学习的心态，正视并重视人工智能这一强有力的竞争对手和合作伙伴，准备好迎接法律领域的变革。人工智能时代，随着法学研究理念的转向、知识谱系的更新、理论逻辑的重建和思维方式的调整，法学教育需要走出一条兼收并蓄、自主创新的中国法学发展之路，进而为智慧社会的法治建设提供理论支撑①。

（一）人工智能助力法学教育

人工智能提供了海量教学资源。由中国司法大数据研究院研发的中国司法大数据服务网，是最高人民法院指定的基于人工智能的司法大数据资源整合、共享服务平台，面向社会公众、政府部门、法学研究机构、司法实务机构等各类社会团体和公众用户提供类案智能推送、智能诉讼评估、专题深度研究、诉讼信息服务、司法自主统计等服务，旨在拓展和管理司法大数据资源，推进司法大数据与国家数据资源的融合运用，为司法管理和司法改革提供自主统计服务。诸如法信、九章、无讼等法律检索服务机构都在构建自己的法律知识库，类似的人工智能案例系统不胜枚举。传统"案例式教学法"将不再因案例难以搜集而陷入"巧妇难为无米之炊"的尴尬境地，通过案例分析、对话讨论、判例研究，可以培养出能进行独立思考和判断的卓越法学人才，而不是机械的法律解释者和宣传者。

人工智能提供了鲜活的教学手段。以智慧教室、综合创新实验室等为代表的立体化综合教学场，集线上线下教学于一体，提供个性化学习平台，助力打造智慧法学教育。根据目前的科技发展水平，智能终端设备、机器人"助教"、3D 显示"黑板"和遥控桌椅等或将成为主流教学媒介，VR 技术甚至可以创设虚拟教学空间。生动有趣的课堂组织形式和丰富多彩的教学方式将引起传统法学教育"教师讲课，学生听课，考前补课"模式的颠覆性变革，配合

① 冯果. 大数据时代的法学教育及其变革［J］. 法学教育研究，2018（2）：3-13.

推进启发式、探究式、参与式、合作式的案例教学，将进一步强化培养学生创新精神与实践能力。

人工智能提供了科学评价机制。智能在线教学平台定位考勤、预测抢答、课堂展示等基础板块将改革传统法学教育"一张试卷定成绩"的考核形式，更加注重学生课堂参与度和随机应变、逻辑组织能力，为教师提供更多评价依据；基于数据挖掘技术自动分析学情，实时跟踪在线学习动态，并及时向教师反馈，将提供一套符合知识掌握循序渐进规律的全过程式评价机制。

（二）人工智能拓展了法学教育新领域

国务院在 2017 年 7 月 8 日发布了《新一代人工智能发展规划》，进行了理论、技术、应用的全方位布局，明确提出"建设人工智能学科"，"鼓励高校在原有基础上拓宽人工智能专业教育内容，形成'人工智能+X'复合专业培养新模式"，法学名列其中。2017 年 12 月 6 日，西南政法大学成立全国首个人工智能法学院，随之我国各高等院校纷纷积极响应国家战略部署号召，一大批人工智能法律学院、实验室和研究中心纷纷成立。同月，北京大学法律人工智能实验室、中国政法大学法学院大数据和人工智能法律研究中心相继成立。2019 年 4 月 19 日，天津大学成立中国智慧法治研究院。人工智能与法学教育峰会、论坛也频频举行。2019 年 3 月 21 日，教育部批准全国 35 所高校首批建设"人工智能"专业①。由此可见，我国人工智能和法学的互动发展具有良好基础，人工智能助力法学教育的同时也拓展了法学教育的新领域。

1. 学科交叉培养复合人才

一方面，全球法律科技上市公司数量激增，涵盖从业管理软件、在线法律服务、公证工具、律师推荐等多重领域，法律人工智能成为创业新宠。2019年 1 月 15 日，福布斯发布的文章《713%增长：法律科技在 2018 年创下投资记录》中提到，2018 年法律科技领域融资总额达到 16.63 亿美元，较 2017 年实现了 713%的爆炸式增长。众所周知，新事物的成长之路是曲折向前的，人工智能的蓬勃发展同样离不开顶层设计护航。百度 CEO 李彦宏在《智能革命》一书中也提出，"法治管理需要嵌入生产环节，比如对算法处理的数据或生产性资源进行管理，防止造成消极后果"，"这需要法律人和程序员、人工智能专家合作"②，如此方能挣脱算法歧视与偏差的"黑箱"绑架，最终实现"算法进入法律，法律进入算法"。

---

① 赵璐，郭金石. 人工智能推动法学教育转型 [EB/OL]. http://www.cssn.cn/zx/bwyc/201804/t20180420_4158430.shtml.

② 曹建峰."人工智能+法律"十大趋势 [J]. 机器人产业，2017（5）：88-98.

另一方面，法律人工智能职业将以新兴岗位的面貌不断涌现。理查德·萨斯坎德在其《法律人的明天会怎样？——法律职业的未来》一书中，提出法律知识工程师、跨学科法律人才、法律流程分析师、法律项目管理师、在线纠纷解决师、法律管理咨询师、法律风险管理师等八种法律人的新工作①。可以说，人工智能在解构和重构部分传统法律职业的同时，也会建构其他新的法律职业。因此，法学教育应当注重培养"人工智能+法律"的复合型人才，高校需利用文理工复合的学科背景支撑，或借力相应学科院校开设的精品在线课程，实现此类跨学科领域的人才培养。在人工智能时代，法学人才除了要具备高度的政治认同、良好的职业伦理、卓越的法治能力、优秀的战略视野外，还需保持对新事物的好奇心，具备过硬的数理基础、全面的计算机思维、较强的编程动手能力，以及思路开阔、全面分析问题、通过技术合理解决问题的能力和素质②。

2. 开拓培养实务精英

习近平总书记在中国政法大学考察时强调，"法学学科是实践性很强的学科，法学教育要处理好知识教学和实践教学的关系"③。法学教育要充分认识到新兴技术对法律实践面貌的深刻改变，真正做到对这一关系的正确处理。随着部分重复性、机械性工作被人工智能取代，法学教育需要改变以往只重视法律知识传授的教学方法，适当扩张实务操作类学习。此外，人工智能创业勃发、新兴法律职业诞生拓宽了法科学生的就业渠道，这也要求法学教育注重产、学、研结合，提供更丰富的课程体系。实际上，在国外一些精英法学院，已经可以窥见法律课程体系设置从学习经典理论向学习实务操作革新的趋势。从微观层面来讲，人工智能技术可能造成法律实践领域机械化、趋同化。法学教育模式和人才培养机制注重多元复合、兼容并包的同时，应着眼地方和院校特色，有针对性地培养本地企业需要的实践人才。诚如法国著名思想家孟德斯鸠所言，"法的精神存在于法律和各种事物所可能有的种种关系之中"④，法学教育要因地制宜，弥补人工智能标准化、统一化教育模式的缺陷。

（三）人工智能需要伦理情感教育

中国科学院杨叔子院士指出，高等学校的主旋律是"育人"而非"制

---

① 萨斯坎德. 法律人的明天会怎样？——法律职业的未来［M］. 何广越，译. 北京：北京大学出版社，2015：129-137.

② 马长山. 智能互联网时代的法律变革［J］. 法学研究，2018，40（4）：20-38.

③ 国家互联网信息办公室. 习近平在中国政法大学考察时强调 立德树人 德法兼修 抓好法治人才培养 励志勤学 刻苦磨炼 促进青年成长进步［EB/OL］. http://www.cac.gov.cn/201705/03/m_1120913316. htm.

④ 孟德斯鸠. 论法的精神（上册）［M］. 张雁深，译. 北京：商务印书馆，1961：307.

器"，科学教育应该与人文教育相通相融，培养出全面发展和主动发展的"全人"①。法学教育在日益关注人工智能改革教学理念、教学内容、教学组织形式的同时，也需关注人工智能时代学生社会情感能力发展，培养未来法律人才转型升级的方向将不再是理性方向，而是感性方向。我国当前教育政策重视关键能力和必备品格的核心素养，可以说是对学生伦理情感和价值观的深刻观照。於兴中教授在《人工智能与法律之碰撞》一文中也提到，"机器人是人的智性结晶……但人不光有智性，还有心性和灵性"。因此，法学教育过程也应当注重法学伦理教育，尤其是在人工智能激荡下，法学教育更应坚守法律共同体对法律的信仰，培养德法兼修的法治人才。

此外，人工智能冲击着既有法律、政策、伦理秩序，例如人脸识别储存数据泄露可能侵犯隐私权，网络犯罪集团的破碎化、流动化、智能化导致传统刑侦体系和司法体制的级别管辖和地域管辖处于尴尬境地，算法黑箱可能埋伏偏差与歧视，智能滥用导致算法统治的异化发展，机器人伦理、人机关系伦理、人文精神危机四伏②。这些问题都要求我们对人工智能进行法律规制和政策约束。正如中国社会科学院"创新工程"执行研究员、HOW 机器人实验室创办人、中央电视台特约评论员杨延超所言，"公平、正义的法治思维不仅仅要赋予人，同时也要赋予机器人"。机器人时代的"算法正义观""数据正义观"的法律理念，从机器人时代伊始就必须以法律的形式固定下来。这甚至不是一个国家的问题，从长远来看，它事关人类社会的共同命运③。可见，德法兼修的法治人才乃时代顶层设计所必需。

三、融合：人工智能与法学教育的阶段式发展模式

教育部印发的《关于加快建设高水平本科教育 全面提高人才培养能力的意见》（简称"新时代高教 40 条"）提出，"推进现代信息技术与教育教学深度融合，重塑教育教学形态，大力推进慕课和虚拟仿真实验建设，共享优质教育资源；构建全方位全过程深融合的协同育人新机制，完善协同育人机制，加强实践育人平台建设，强化科教协同育人"④。人工智能为促进教育公平、提

---

① 杨叔子. 是"育人"非"制器"：再谈人文教育的基础地位 [J]. 高等教育研究，2001 (2)：7-10.

② 马长山. 智能互联网时代的法律变革 [J]. 法学研究，2018，40 (4)：20-38.

③ 杨延超. 机器人法：构建人类未来新秩序 [M]. 北京：法律出版社，2019.

④ 教育部. 关于加快建设高水平本科教育 全面提高人才培养能力的意见 [EB/OL]. http://zx.chinaedu.edu.cn/zctz/201810/t20181019_30359.html.

高教育质量提供了切实方案和有效路径。法学教育也必须居安思危，首先应发挥人工智能的工具性价值，围绕激发学生学习兴趣和潜能深化教学改革，借势建立互动式学习模式，推动课堂教学革命，释放师生双方全部主动性和积极性，真正做到教学相长；其次应着重法学教育与人工智能高度融合的制度建设，改革教学管理制度，加强学习过程管理，创新评价机制，改革考试制度，注重培养适应人工智能时代的法律人才的创新性、自主性。

（一）初步融合：人工智能辅助法学教育

科学家通常将人工智能分为弱人工智能和强人工智能。当前正处于弱人工智能时代，人工智能技术发展尚在感知智能阶段，以任务型人工智能为主。人工智能在法学教育领域的应用范围也相对狭窄，局限于学校教育这一特定场域，且仅被用于教学、学习、管理层面的某一特定方面，尚未形成全方位、系统化的高效应用体系。慕课、爱课程、网易等开放式在线共享资源平台为全社会学习者提供了时空无限的学习平台，任何人只要注册账号登录，即可根据自己的兴趣，自由选择国内外各知名大学提供的在线学习资源，实现任何时间、任何地点的自主学习。同时，众多在线教学平台也支持教师的教学活动组织、作业指导、辅导答疑、学情分析等常规教育教学工作，为探索新型教学模式提供了助力。通过大数据、云计算技术，教师可以直观便捷地统计学习访问量、视频观看时长、讨论参与程度、作业完成情况，实现对在线学习全过程式的管理与监督，促进教学方式与学习方式互动变革。目前人工智能和法学教育仅实现了初步融合，人工智能作为一种辅助性的教学工具，扮演着一个精准、高效、"任劳任怨"的教学助理角色。法学教师虽从烦琐、零碎的统计工作和监督评价中解放出来了，但不应坐享其成，更应重拾忧患意识和革新意识，认真反思当前法学教育的困境和出路，为打造数字化、定制化、终身化的法学教育体系，实现更加以人为本、更加开放、更加可持续的法学教育耕耘不辍①。

（二）高度融合：人工智能与法学教育相得益彰

《新一代人工智能发展规划》提出要"完善人工智能教育体系"，"利用智能技术加快推动人才培养模式、教学方法改革，构建包含智能学习、交互式学习的新型教育体系。开展智能校园建设，推动人工智能在教学、管理、资源建设等全流程的应用，开发立体综合教学场、基于大数据智能的在线学习教育平台，开发智能教育助理，建立智能、快速、全面的教育分析系统"。教育部办

① 贾引狮. 人工智能对法律职业的影响与法学教育面临的挑战 [J]. 法学教育研究，2018，22（3）：91–112.

公厅发布《关于开展 2018 年度网络学习空间应用普及活动的通知》，提出"着力推动网络学习空间的大数据应用和人工智能应用，提供精准化、个性化、智能化、适应性教学服务，为发展公平而有质量的教育提供技术支撑"。国家战略将如何推进人工智能与法学教育的高度融合提上了正式议事日程。

时任教育部在线教育研究中心副主任的孙茂松介绍了"学堂在线"和清华大学联合研发的人工智能学伴"小木机器人"，其产品功能包括制订个性化学习计划、智能记忆复习、知识点推荐、知识点导航、智能提问、游戏化激励、社交引导、学习能力训练与提升等。当前人工智能教育者集辅助选课、知识查询、学习问答、学习管理、机器人客服于一身，有助于"建立以学习者为中心的教育环境，提供精准推送的教育服务，实现日常教育和终身教育定制化"。

杨绪辉和沈书生基于技术现象学"人性结构"的视角，也指出人工智能技术是弥补教师大脑生理缺陷的"代具"，未来人工智能技术不再是过渡性质的，也不再是哗众取宠的技术，而是具有革命性价值和意义的、受到教师呵护的、与之建立联合的"构成自身存在之物"①。人工智能时代的法学教师要因势利导，深刻分析人工智能与法学教育的特点，取长补短，实现两者在彼此不断相互作用过程中的进化和发展。

目前各高校正在如火如荼地进行的泛在学习环境下的"混合式教学"改革便可以成为人工智能与法学教育高度融合的一种典型模式。"混合式教学"一般以线上"教学短视频"和线下"交互式练习"为基本教学单位和知识学习模块，教师提前布置文献阅读，学生在课外自主安排视频学习，并依托社交网络完成学生即时反馈和师生互动交流；在有限的课堂时间里，教师组织学生集中进行线下"交互式练习"，进行观点展示、冲突辩论，使课堂成为思想碰撞的竞技场。"混合式教学"实现了法学教育课堂内外的完美融合，机器人与人类优势结合，人工智能与法学教育相得益彰。可以预见，在不远的将来，传统法学教育的教书育人功能会出现明显分化，教书功能将主要由人工智能承担，育人功能将继续由自然人教师主导。因此，在人工智能通过及时反馈机制、个性化测试辅导等优势为学生设计定制化的学习方案的同时，法学教师要重新定位职业角色，着重培养学生的问题意识、法律思维和职业信仰。

四、结论

在人工智能时代，人与人的关系将转化为人与机器的关系，人与国家的关

---

① 杨绪辉，沈书生. 教师与人工智能技术关系的新释：基于技术现象学"人性结构"的视角[J]. 电化教育研究，2019，40（5）：14-19.

系将趋向自由和权力的双向增长，公民自由完成史无前例的扩张，从娱乐到教育、从出行到餐饮、从情感到物质，机器人无所不在。在公民自由膨胀的同时，国家权力并未被削弱，相反，公民对于机器人的完全依赖恰恰完成了国家对公民的 360 度监控和管理。人工智能在重塑法律职业和实践领域的同时，也孕育着新的法学人才培养模式，法学教育与人工智能的融合必定是循序渐进的阶段式发展过程。从当前人工智能迅猛发展态势可以预测，尚未到来的强人工智能极有可能具备知觉和自我意识，可以独立思考、制定解决问题的最优方案，并能够处理前所未有的细节。福兮？祸兮？人工智能是否能够满足于当前在法学教育领域仅仅充当工具或协同教学的角色？是否可以合理想象高级人工智能取代自然人，独立作为主体扮演法学教育者的全部角色？人工智能是否可以通过深度挖掘和机器学习，掌握人类天生具有的伦理、价值、情感倾向？这也不禁令人深思法学教育的终极目标是不是培养和锻炼人的终极理性？等等。这一切问题的答案都将成为法学教育智能化的时代注脚。

The Legal Education in the Era of Artificial Intelligence

Liang Hongxia　Yang Ziyi

Abstract：The fact that artificial intelligence technology has replaced some of the legal professions and services has forced legal education to meet the challenges, carry out profound reforms in teaching orientation, content, evaluation and organization. The development of artificial intelligence has also improved the quality of legal education through massive cases, vivid teaching methods and scientific evaluation system, and broadened the scope of legal education, providing opportunities for the cultivation of interdisciplinary talents and practical elites and putting forward urgent needs for legal ethics emotional education. Legal education should embrace artificial intelligence, promote the different phases of development, from artificial - intelligence - assisted legal education to artificial intelligence and legal education reinforcing each other.

Keywords：Artificial Intelligence；Legal Education；Interdisciplinary Talent；Customized Education